Breaking the Persona Dilemma:
Counseling Case Studies

突破人格面具困局

心理咨询案例集

黄国胜　主编

Billson International Ltd.

Published by
Billson International Ltd
27 Old Gloucester Street
London
WC1N 3AX
Tel:(852)95619525

Website:www.billson.cn
E-mail address:cs@billson.cn

First published 2025

Produced by Billson International Ltd
CDPF/01

ISBN 978-1-80377-177-9

©Hebei Zhongban Culture Development Co.,Ltd All rights reserved.

The original content within this product remains the property of Hebei Zhongban Culture Development Co.,Ltd, and cannot be reproduced without prior permission. Updates and derivative works of the original content remain the property of Hebei Zhongban. and are provided by Hebei Zhongban Culture Development Co.,Ltd.

The authors and publisher have made every attempt to ensure that the information contained in this book is complete, accurate and true at the time of printing. You are invited to provide feedback of any errors, omissions and suggestions for improvement.

Every attempt has been made to acknowledge copyright. However, should any infringement have occurred, the publisher invites copyright owners to contact the address below.

Hebei Zhongban Culture Development Co.,Ltd
Wanda Office Building B, 215 Jianhua South Street, Yuhua District, Shijiazhuang City, Hebei province, 2207

内容介绍

《突破人格面具困局：心理咨询案例集》是一部理论与实践紧密结合的心理咨询案例作品。该作品通过丰富的案例分析和详细的技术介绍，全面展示了人格面具技术在心理咨询中的应用，涵盖了返校恐惧、家庭冲突、身份认同修复、厌学、夫妻关系等多个主题，表现了心理咨询的多样性和复杂性。

书中案例生动具体，技术讲解深入浅出，既有理论支撑，又有实践指导，具有极强的可操作性和实用性。此外，作品还探讨了人格面具的形成、转化及使用，为心理学爱好者和专业咨询师提供了宝贵的参考。

编委会成员

主　　编　黄国胜

编　　委　邹其西　林显芝　张　静　张雪艳
　　　　　　曹秀华　汤萍萍　于　琳　吕红景
　　　　　　陈　飞　黄金琴　陆小天　陈小芬

编者信息

黄国胜，人格面具技术创始人，心理学硕士，精神科副主任医师，曾任温州市人民医院心理科主任、温州市心理卫生协会理事长、温州市心理咨询师协会名誉会长、温州医科大学兼职副教授，从事心理咨询30余年，已出版专著《佛教与心理治疗》《超越心理障碍》《心灵之约》《隐藏的人格》《心灵之约②》。

邹其西，人格面具督导师、国家二级心理咨询师，系统研习人格面具技术、精神分析理论和交互分析技术，长期从事网络心理咨询工作，善于运用人格面具技术分析心理问题背后所隐藏的人格面具，帮助来访者整合、重建面具，擅长运用人格面具理论与精神分析视角，解码被潜意识编码的人生剧本。

林显芝，人格面具督导师、国家二级心理咨询师、执业医师，现任温州市心理服务志愿者协会理事、永嘉县心理卫生协会副会长，系统研习精神分析理论与人格面具技术，融合后现代创意叙事精髓，独创性整合"人格面具"与"叙事重构"，形成温暖而富有创造力的咨询风格。专注青少年心理健康领域，擅长通过个体咨询、团体辅导及心理科普讲座，帮助来访者解构心灵困境，重塑积极人生剧本。

张静，人格面具督导师，国家二级心理咨询师，婚姻家庭咨询师，温州市龙湾区社会心理服务人才库成员，龙湾正智心理咨询工作室创办人，龙湾区首届中小学心理健康教育先进工作者，龙湾区妇联、法院、关工委咨询师，龙湾教育局"润心"家庭教育讲师团讲师，专业从事心理咨询20余年。

张雪艳，人格面具培训师、国家二级心理咨询师、婚姻家庭咨询师、家庭教育指导师、温州市龙湾区人民法院特聘心理咨询师、温州市瓯海司法所驻点心理咨询师、温州市中小学驻点心理咨询师、温州市鹿城区家庭教育学会讲师团讲师、温州市张雪艳心理工作室创始人。系统受训精神分析、沙盘、曼陀罗、意象对话、正念等，擅长儿童青少年心理咨询、家庭亲子教育问题咨询、婚姻家庭及个人成长议题咨询。

曹秀华，人格面具培训师，精神科主治医师，温州市瓯海区社会心理服务公益心理咨询驻点咨询师，系统研习精神分析（证道两年制精神分析取向心理咨询系统培训、中法多尔多儿童青少年精神分析）、认知行为疗法与人格面具技术，抱着"好奇、敬畏"之心在咨询中遵循"尊重、真诚、共情、理解、包容、中立"，时刻保持反思，把慈悲心包裹在技术中。

汤萍萍，人格面具培训师，四级高级警官，国家社会工作师，国家三级心理咨询师，深耕心理辅导行业15年，先后修习精神分析、动力性催眠、合作对话疗法、焦点解决技术、沙盘治疗、格式塔疗法及家庭治疗等，擅长解决青少年心理困境、婚姻家庭矛盾及个体成长议题，长期从事公职人员压力管理、情绪调适及团体心理建设。

于琳，人格面具培训师、国家二级心理咨询师、中国生命关怀协会静观委员会会员、GCDF美国认证生涯发展规划师。深耕心理学15年，先后修习精神动力学、荣格分析心理学、MBTI分析、正念、沙盘、曼陀罗艺术治疗、短程焦点解决、艾瑞克森催眠等系统课程。专注于青少年和成人的人格解析和潜意识心理，擅长综合使用曼陀罗、沙盘等艺术疗法结合人格面具技术，陪伴疏导情绪、探索自我的深层核心人格和人格结构。

吕红景，人格面具培训师，国家二级心理咨询师、婚姻家庭咨询师，NLP高级执行师。永康市壹凡心理咨询工作室创始人，永康市民政局婚姻家庭调解辅导员，曾有五年心理诊所工作经历，师从人格面具技术创始人黄国胜导师，系统受训精神分析、人格面具技术、艾瑞克森催眠三大核心体系。从事心理咨询十余年，专长人格面具技术与人本主义疗法。

陈飞，人格面具培训师，国家二级心理咨询师，国家心理治疗师，临床心理督导师，国家社会工作师，婚姻家庭咨询师，中加精神动力取向高级咨询师，中英精神分析取向儿童青少年心理治疗学院学员，温州市心理卫生协会瑞安办事处副主任，瑞安市司法局心理咨询师，全科主治医师，目前专职从事心理咨询、心理治疗。

黄金琴，人格面具体验师，国家三级心理咨询师、国家初级心理治疗师、性与亲密关系咨询师、家庭暴力当事人辅导师，家庭教育指导师。学习过人格面具量表解析、精神分析、正念、催眠、沙盘、绘画、易术心理剧和心理剧等。在精神医院实习10个月，从事线下和线上心理咨询6年及民政局婚姻心理辅导9年。

陆小天，人格面具体验师，小学心理老师，从事线上咨询9年，擅长人本主义。先后修习精神分析、人本主义、认知行为疗法、萨提亚家庭治疗、心理剧、叙事疗法、易经、道德经、黄帝内经、阿含经等。

陈小芬，人格面具体验师，中学高级教师，资深心理教师，奉行"人是目的"的宗旨。专注于婚恋情感、孩子厌学等课题，擅长整合心理动力疗法、认知行为疗法、人格面具分析和意象对话，对治低价值、高内耗等症状，帮助来访者直面问题、释放情绪、疗愈创伤、修复关系、独立人格、重建力量。发表《和你在一起》《绝望还是不绝望，这是个问题》等多篇核心期刊论文。

Contents | 目 录

引言：人格面具心理咨询 …………………………………… 黄国胜　1

返校恐惧、家庭冲突与身份认同修复 ………………………… 林显芝　16
　　人格面具理论 ……………………………………………………… 25

允许悲伤才能不悲伤 …………………………………………… 陆小天　31
　　主体面具分析 ……………………………………………………… 39

一个厌学的女孩——囚徒困境 ………………………………… 于　琳　49
　　客体面具分析 ……………………………………………………… 69

感觉自己不被偏爱、行为回避的女孩 ………………………… 陈　飞　80
　　人格面具量表 ……………………………………………………… 92

想拥有一段幸福和谐的夫妻关系为什么这么难？ …………… 张雪艳　105
　　人格面具命名技术 ………………………………………………… 129

情绪失控的母亲 ………………………………………………… 陈小芬　136
　　人格面具观想技术 ………………………………………………… 146

女中豪杰受拖延者面具困扰·················· 黄金琴　155
　　人格面具感受技术 ····················· 163

她的婚恋关系被"弃婴"搞砸了················ 邹其西　172
　　人格面具表演技术 ····················· 179

我都活不下去了，怎么还管得了你的死活·········· 张静　185
　　人格面具 OH 卡技术 ···················· 194

网络诈骗受害者的心理干预·················· 汤萍萍　200
　　人格面具沙盘技术 ····················· 210

强势外壳下：爱与温柔的觉醒之旅·············· 吕红景　217
　　人格面具内观技术 ····················· 231

一个女孩极度渴望爱却始终活在被抛弃中·········· 曹秀华　238
　　人格面具圆梦技术 ····················· 249

引言：人格面具心理咨询

黄国胜

M女士今年43岁，因婚姻问题来咨询。她是办培训机构的，老公给她打下手。但是，老公总是对她颐指气使、发号施令，诋毁她，辱骂她，把她搞得战战兢兢，心神不安，长期失眠。亲戚朋友都说她太软弱。她也觉得奇怪，自己为什么这么软弱？明明家庭的支柱是她，为什么活得像个小媳妇？她做过心理咨询，参加过身心灵的培训，仍然克服不了自己的软弱。

M女士向我讲述上述情况时，气定神闲，声音洪亮，一点儿也看不出软弱和战战兢兢的样子。这说明，她有两个面具：一个是讲故事的人，一个是故事中的人。我把前者称作求助者，把后者称作当事人。当事人战战兢兢，求助者气定神闲。当事人出了问题，求助者来咨询，这种情况类似于家长认为孩子有问题，带孩子来咨询。求助者通常都是非常配合的，当事人往往不认为自己有问题，对咨询存在抗拒。

在咨询早期，当事人通常是不露面的，由求助者向咨询师描述当事人的问题。咨询师根据求助者的描述，确定当事人的问题，分析原因，制定咨询方案。随着咨询的深入，当事人可能会来到咨询室，直接把问题表现出来，精神分析称之为"症状性行为"，也叫"移情""见诸行动"（acting out）或"活现"（enactment）。这个时候，咨询师就不需要再跟求助者讨论当事人，可以直接与当事人互动，改变当事人的认知、情绪和行为。我把前者称为"一般咨询"，把后者称为"深度咨询"。短程咨询通常都是一般咨询，长程咨询则是一般咨询+深度咨询。

一、短程咨询

短程咨询一般分为三个阶段：初始访谈、咨询阶段、结束阶段。

（一）初始访谈

初始访谈的任务是建立咨询关系、搜集信息、制定咨询方案。

有些来访者第一次来做咨询，对心理咨询不太了解，内心会有一些忐忑、疑惑和防御。咨询师要热情、温暖、真诚地对待来访者，向来访者介绍心理咨询的原理和保密原则，让来访者安心、放心，消除疑虑，解除防御。

与此同时，通过询问，向来访者了解情况。根据来访者的叙述，确定问题，分析原因，这叫"个案概念化"。然后与来访者一起确定咨询目标，选择咨询方法。问题、原因、目标、方法，构成咨询方案。

1. 问题

人格面具心理咨询采用事件分析，分析当事人面具，也就是来访者在心理问题中使用了哪些人格面具，确定心理问题是由哪些人格面具造成的。

每一个人格面具自带一个脚本。也可以说，人格面具就是脚本。暴君面具的脚本是打压别人、贬低别人，苦命人面具的脚本是把自己弄得很惨。面具命名的方法之一就是用面具的脚本、行为特征或心理状态来命名。

大多数心理问题都是面具错用导致的。本来应该用A面具，却用了B面具；本来面具用完了要及时摘下，却一直摘不下来。

错用的原因主要有两个。一个是用得太多、太顺手，一般见于职业面具。一天24小时，8小时睡觉，醒着的16个小时中有8个小时使用职业面具，剩下的8个小时使用其他面具，使用最多的职业面具就成了主导面具，有的人下班以后还戴着。

另一个原因是，有些面具由于不符合社会要求，或者会带来痛苦，所以被压抑了，变成了隐性面具。由于没有机会表现，面具的能量渐渐积累，达到一定的程度，会被无关刺激激发，甚至自动暴发。例如，苦命人面具人人都有，遇到不幸的事情感到痛苦是很正常的。但是，有的人不接纳苦命人面具，不让苦命人面具露面，导致苦命人面具能量聚集，有一天爆发出来，表现为无缘无故的情绪低落，而被诊断为抑郁症。

2. 原因

找到了导致心理问题的面具，那么它是哪里来的呢？可以通过成长史分析找到它的来历。

一个人的成长过程就是不断形成新的人格面具的过程。如果生活一成不变，一个面具就够用了。如果换了一个环境，接触了不同的人，有过特殊的经历，就会形成新的面具。通过成长史分析，了解来访者在人生的各个阶段的重要经历，找到相应的人格面具。再把它们与造成心理问题的面具进行比对，就可以找到心理问题的深层原因。

人格面具的形成与环境密切相关。跟某个人有过抵触，就会形成相应的面具。通过了解来访者生活中的重要他人，可以找到心理问题的深层原因。

对于大多数人来说，家人和亲人都是重要他人。通过家谱图分析，可以发现某些面具的来历。

除了成长史分析和家谱图分析，通过"观想"也能发现面具的来历。当来访者观想一个面具时，能够看清它的长相、年龄、性别、身世。

3. 目标

心理咨询的目标通常分为近期目标和远期目标。近期目标是解决心理问题，远期目标是人格完善。

短程咨询只有近期目标，就是解决心理问题。从人格面具的角度来讲，心理问题是面具的能量太强、错用的结果，咨询目标就是降低面具的能量，防止错用。

4. 方法

怎么降低面具的能量呢？人格面具心理咨询所用的方法是观想、感受、表演、象征。

（二）咨询阶段

咨询阶段的任务是用人格面具技术处理造成心理问题的人格面具，降低面具的能量，防止错用。

观想，就是让来访者闭上眼睛，想象眼前有一个人，仔细观察这个人的性别、年龄、长相、打扮、表情、姿势、动作、言语，猜测他的心情、思想、身世。必要的时候跟他互动、对话。

感受，是在观想的基础上，想象自己进入面具的身体，与面具合一，然后感受自己（同时也是面具）的身体、心情、思想、身世。必要的时候想象用面具的感官感知外界，想象用面具的身体去行动（帮面具实现愿望）。

表演，是在感受的基础上，用表情、姿势、动作和言语把面具的感受、心情、思想和身世展现出来。

象征是用OH卡、沙盘、空椅或面具等象征物代替人格面具，用观察和描述代替观想，与象征物互动、对话，想象自己变成象征物，去感受象征物的身体、心情、思想、身世，用象征物的感官感知外界，用象征物的身体去行动。

（三）结束阶段

心理咨询不是普通的聊天，不能不了了之，要有始有终。经过咨询阶段，如果来访者的问题都处理好了，就要评估一下效果，做一个总结。心理咨询的目的是助人自助，不但要帮助来访者解决问题，还要让他了解解决问题的方法，让他学会自己解决问题。

二、咨询关系

人格面具有人物面具、角色面具、原型面具之分。人物面具是某一个具体的人的内化，角色面具是某一类人或一个社会角色的内化，原型面具是先天具有的、潜在的面具或面具的类别。人物面具最丰满，最具体；角色面具单一一些，抽象一些；原型面具最单一，最抽象。

与此相应，咨询关系也分为三种：角色关系、私人情感和神秘联结。角色关系是角色面具之间的关系，私人情感是原型面具之间的关系，神秘联结则是人物面具之间的关系。

（一）角色关系

一般心理咨询是"坐而论道"，咨询师使用咨询师面具，来访者使用求助者面具，就能正常进行，并有效地解决问题。换句话说，在咨询过程中，咨询师和来访者都是在扮演角色。双方只要演好自己的角色就可以了，不需要太多的情感投入。

心理咨询的种种"设置"，就是为了强化角色和角色期望，突出双方的权利和义务。

求助者分为三种类型：合作者、支配者和依赖者。

合作者是一个人格比较成熟的面具，通情达理，实事求是，客观，中立，能够与咨询师平等合作，同心协力处理心理问题。

支配者比较自我中心，气场很强，喜欢对咨询师颐指气使，把咨询师当工具，要求咨询师无条件配合他。如果咨询师不配合，他会威逼利诱，软磨硬泡。

依赖者像一个可怜的小孩，战战兢兢，唯唯诺诺，把咨询师当救命稻草，同时又担心咨询师会伤害他。

咨询师面具也有三个：爱心大使、灵魂伴侣和精神导师。

爱心大使的特点是无条件接纳。在他的眼里，一切都是最好的安排，来访者没有错；就算错了，也是有原因的，或者原因不在于他。在爱心大使面前，来访者感到很温暖，很安全，渐渐接纳自己，敢于探索自己，变得越来越自信。

灵魂伴侣的特点是能够进入来访者的内心，与来访者感同身受，设身处地地了解来访者的内心，找出问题所在。

精神导师的特点是通过苏格拉底式提问、示范、援引、隐喻、强化和激将法，鼓励、启发、引导，帮助来访者解决问题，而不是说教。

爱心大使适合各种求助者，灵魂伴侣适合合作者，精神导师适合支配者和依赖者。

（二）私人情感

随着咨询的深入，或者日久生情，双方会渐渐产生感情。

所谓感情，其实就是一种人际互动模式或脚本。脚本里有两个人，一个人做了某些动作，另一个人做出"对应"的动作，构成一个"回合"。

精神分析的客体关系理论认为，这样的脚本是在婴儿早期形成的。在原初脚本里，一个人是妈妈，一个人是婴儿。婴儿长大后，如果遇到具有相同脚本的人，两个人就会演对手戏；一个人扮演妈妈，一个人扮演婴儿。角色可以轮换，也可能固定。如果咨询师和来访者有相同的脚本，也会联袂上演一出好戏，客体关系理论称之为"投射性认同"或"相互投射性认同"。

投射性认同的本义是，来访者把脚本里的妈妈或婴儿投射给咨询师，如果咨询师接招了，就扮演起妈妈或婴儿，配合来访者的表演。

咨询师之所以能接招、能配合，是因为他有相同的脚本，他会演妈妈或婴儿。所以，投射性认同是相互的。

客体关系理论把投射性认同分为四种：权力、迎合、依赖和情欲。

1. 权力

来访者对咨询师发号施令，要求咨询师配合他，不然就威胁咨询师，咨询师怕丢了饭碗，只好顺从来访者。

2. 迎合

来访者对咨询师言听计从，引发咨询师对他特别关照或颐指气使。

3. 依赖

来访者表现得很无能，什么事情都不会做，咨询师不得不出手帮忙。这样就无形中增加了咨询师的负担，最后导致咨询师恨铁不成钢。

4. 情欲

来访者向咨询师展示性魅力，引发咨询师的性幻想，或者引诱咨询师做出违反伦理的事。

人格面具理论把人格面具分为十六类，称为原型面具。其中，明君、仁君、昏君、暴君、讨好者、幸运儿、叛逆者、苦命人是外向的，其他八个是内向的。人际交往主要是外向的面具的事，内向的面具不参与交际。

八个外向的面具分为四对：明君和讨好者，仁君和幸运儿，昏君和叛逆者，暴君和苦命人。它们之间是对应的关系，相当于脚本里的妈妈和婴儿。如果妈妈是明君，婴儿就是讨好者；如果妈妈是仁君，婴儿就是幸运儿；如果妈妈是昏君，婴儿就是叛逆者；如果妈妈是暴君，婴儿就是苦命人。反之，如果妈妈是讨好者，婴儿就是明君；如果妈妈是幸运儿，婴儿就是仁君；如果妈妈是叛逆者，婴儿就是昏君；如果妈妈是苦命人，婴儿就是暴君。

在权力的投射性认同中，来访者扮演明君，把讨好者面具投射给咨询师。在迎合的投射性认同中，来访者扮演讨好者，把明君面具投射给咨询师。在依赖的投射性认同中，来访者扮演苦命人，把暴君面具投射给咨询师。在情欲的投射性认同中，来访者扮演昏君，把叛逆者面具投射给咨询师。

观察者	保护者	纵容者	策划者
明君 权力	仁君	**昏君 情欲**	暴君
讨好者 迎合	幸运儿	叛逆者	**苦命人 依赖**
自强者	自娱者	抵制者	逃跑者

因为外向的面具有八个,所以应该还有四种投射性认同。

5. 理想化

来访者扮演仁君,把幸运儿面具投射给咨询师,觉得咨询师非常厉害,咨询师也因此沾沾自喜。

6. 贬低

来访者扮演暴君,把苦命人面具投射给咨询师,对咨询师各种贬低和挑剔,让咨询师妄自菲薄。

7. 夸大性自体

来访者扮演幸运儿,把仁君面具投射给咨询师,在咨询师面前展示自己的才艺,咨询师也觉得来访者很厉害。

8. 挑战

来访者扮演叛逆者,把昏君面具投射给咨询师,不断地打破设置,迫使咨询师妥协。

(三)神秘联结

人们把经典精神分析称作"一人心理学",把客体关系理论、自体心理学、主体间性、场论称作"二人心理学"。原因在于,经典精神分析要求咨询师当"空白屏幕",把自己隐藏起来,让来访者一个人唱独角戏。通过观察来访者的表演，了解他的内心，再把它们投射到空白屏幕上，让来访者看见自己，获得"领悟。

客体关系理论认为，咨询师不可能真的变成空白屏幕。咨询师再怎么隐藏自己，也会暴露自己的身份、性格、心理状态和无意识的肢体语言。你以为来访者在唱独角戏，其实是在跟观众互动。独角戏演员并不自由，他受观众的制约。

咨询师不但隐不了身，他的存在对来访者是有好处的，因为他可以当配角，跟来访者演对手戏，把来访者的戏引出来，让来访者更入戏。

心理咨询也是如此。一般咨询是一人心理学，咨询师把自己当局外人或旁观者，头脑清醒地观察、研究、指导来访者；深度咨询是二人心理学，咨询师亲自上场，配合来访者的表演。

角色关系是一人心理学，适用于一般咨询，私人情感和神秘联结都是二人心理学，适用于深度咨询。

任何两个人，如果相处时间久了，都会互相内化。或者说，当事人会把自己和对方，连同两个人之间的关系和互动模式一起内化，形成人际脚本。两个人在一起的时候，脚本就被激活，驱使两个人不由自主、轻车熟路地按脚本表演，配合得天衣无缝。

后来，两个人分开了，但脚本还在。有一天，其中的一个人遇到了一个陌生人，那个陌生人与脚本中的人有某些相似之处，于是脚本被激活，邀请陌生人一起表演。如果陌生人碰巧有相同的脚本，两个人就一拍即合了。

来访者过来做咨询，往往带着多个这样的脚本，总有一款适合咨询师，于是就跟咨询师跳起了双人舞。这就是弗洛伊德所说的"移情"。弗洛伊德认为，移情就是咨询师让来访者想起了某个重要他人，把对重要他人的情感转移到咨询师身上，像对待重要他人那样对待咨询师。如果来访者让咨询师想起某个重要他人，把对重要他人的情感转移到来访者身上，像对待重要他人那样对待来访者，就叫"反移情"。这说明，移情和反移情都是人物关系或神秘联结。

当咨询师被来访者投射性认同、对来访者产生反移情时，他已经不是咨询师了。他摘掉了咨询师面具，换上了其他面具，统称"非咨询师面具"。非咨询师面具因人而异，最常见的自然是妈妈面具和婴儿面具。妈妈面具和婴儿面具也是因人而异的，有的人的妈妈是好妈妈，有的人的妈妈是坏妈妈，有的人的婴儿是好孩子，有的人的婴儿是坏孩子。弗洛伊德把移情分为正移情和负移情，正移情就是好妈妈遇到好孩子，负移情就是坏妈妈遇到坏孩子。

也可以把非咨询师面具分为受害者、迫害者、拯救者。这三个面具统称"创伤性面具"。

当一个人遭遇心理创伤时，创伤经历会内化，形成受害者面具，其特点是痛苦、害怕、退缩、"僵住"，丧失解决问题的能力，只能任人宰割。

与此同时，他会把伤害他的人内化，形成迫害者面具，其特点是凶狠、残暴、冷酷无情，喜欢攻击别人、打压别人、否定别人。

如果有人来救援，他会把救援者内化，形成拯救者面具，其特点是非常有爱，而且神通广大，可以解除任何危难。心中有了拯救者面具，需要的时候就可以自救或救人。

如果咨询师的受害者面具被激活，就会丧失工作能力；如果迫害者面具被激活，会对来访者造成伤害；如果拯救者面具被激活，会过分卷入，给来访者造成压力，或者造成来访者的依赖。

人物面具属于复合面具，因为每一个人都有很多人格面具。当两个人相遇时，双方都有N个面具，面具之间就有N×N种组合，有些组合是友好的，譬如仁君和幸运儿、明君和讨好者，有些组合是对抗的，譬如昏君和叛逆者、暴君和苦命人，有些组合是错位的，没有关联，不产生互动。这样一来，两个人的关系就会显得非常特别，独一无二；这两个人跟别人相处都不会表现出这样的关系。这就是主体间性。

三、深度咨询

当当事人来到现场，他的问题就会直接在咨询室里表现出来，不再需要求助者转述，咨询师可以亲眼看到。与此同时，当事人会激发咨询师的潜在面具，引诱咨询师配合他的表演。

经典精神分析认为，咨询师如果配合来访者的移情，就是见诸行动，对分析是不利的。这是因为，精神分析需要保持一定的张力，这样的话，无意识的东西才会浮现出来，进入意识。如果咨询师配合了来访者，使来访者的愿望得到即刻满足，来访者就没有分析的动力了。所以，咨询师要非常节制，完全不去配合来访者。来访者哭了，咨询师不能给他递纸巾；来访者渴了，咨询师不能给他泡茶；甚至来访者向咨询师问问题，咨询师也不能回答。咨询师的工作是让来访者反思他为什么想哭，为什么口渴，为什么问这个问题；咨询师不配合他，他有什么感受，有什么想法。

客体关系理论也不主张配合，但会把咨询师的反应用语言表达出来，让来访者了解他的行为给别人造成了什么样的影响。

自体心理学认为，移情源于童年的缺憾，咨询师如果配合来访者的移情，可以弥补童年的缺憾，促进自体的发展。

自体心理学、主体间性理论、波士顿小组和场论都认为，精神分析的效果并不是解释和领悟，而是脚本的修改。如果咨询师不配合，脚本是出不来的，也就没有机会修改。但是，如果咨询师完全配合，虽然脚本出来了，但没有得到修改。只有咨询师部分配合，才能既把脚本激发出来，又让表演与原先的脚本有所不同，从而使脚本得到修改。

由此可见，一般咨询与深度咨询有很大的区别，一般咨询是通过求助者，间接地影响当事人，深度咨询直接与当事人互动；一般咨询是坐而论道、纸上谈兵，深度咨询是赤膊上阵、真枪实弹；一般咨询走脑，深度咨询走心；一般咨询需要借助于设置，保持一定的心理距离，深度咨询常常打破设置，进行心灵的碰撞。

（一）配合

当来访者出现移情时，经典精神分析和客体关系理论会把移情指出来，让来访者觉察到移情，以及移情背后的无意识的童年经历，称为"移情解释"；自体心理学主张配合来访者的移情，因为移情源于童年的缺憾，应该予以满足；主体间性理论、波士顿小组和场论也主张配合来访者的移情，因为通过配合，可以修改来访者的人生脚本。

如果咨询师不配合来访者，移情就无法展现，因而也没有机会修改。

如果咨询师完全配合来访者，移情完整地展现一遍，毫无变化，也没有得到修改。

只有部分配合，既能引出移情，又能修改脚本，才能取得咨询的效果。

如何部分配合？

1. 节制

咨询师对来访者的移情做出反应，配合来访者，与来访者"共舞"，但不要被卷入，被带走，要克制自己，有节制地配合。

经典精神分析非常强调节制，认为如果不节制，一有冲动，立即见诸行动，即刻满足，就会失去张力，无法进入分析。只有节制，限制见诸行动和即刻满足，才能保持张力，为分析提供动力。咨询师在咨询过程中不能配合来访者的见诸行动，自己也不能见诸行动。但是，有些来访者是无法忍受这样的节制的，过分节制会破坏咨询关系。所以，在实际操作中，要根据来访者的心理水平调整节制的程度。如果来访者的水平比较高，就多节制一些，少配合一些；如果来访者的水平比较低，就少节制一些，多配合一些。

自体心理学、主体间性理论、波士顿小组和场论也讲节制，但不是完全不配合，而是部分配合：配合一部分，不配合一部分；配合"合理的部分"，不配合"不合理的部分"。

2. 觉知

若要节制，必须先有觉知。咨询师要用"第三只眼睛"观察来访者的移情、自己的反移情，以及咨访双方的互动，实时判断这样的互动是否对咨询有利，如果有利就继续，如果不利就停止。如果没有觉知，是很容易配合过度的（也可能完全不配合）。有了觉知，才能不过度配合，才能节制。

有了觉知，自然就能节制，因为觉知是需要能量的，觉知会导致"分心"。把一部分心理能量给了觉知，就不会全神贯注、全力以赴、一意孤行地配合来访者，被来访者带走。

有了觉知，如果发现不节制对咨询有利，也可以不节制，甚至加倍地配合来访者，强化来访者的移情，把来访者的脚本推向极致。这种方法叫"扰动"。

3. 人格

如果咨询师人格比较健全，不像来访者身边的人那样极端，那么，咨询师的配合，相对于来访者身边的人来说，都是节制的。这样的配合不会强化来访者的脚本，而会使来访者的脚本得到修正。

来访者身边也有人格比较健全的人，他们可能不是心理咨询师，但是，他们会通过日常的接触，潜移默化地修改来访者的脚本。他们是来访者生命中的贵人。作为咨询师的你，为什么不做你身边的人或来访者的贵人呢？

当然，想做贵人，必须不断地修炼自己，使自己的人格更加健全。

4. 督导

除了节制、觉知、人格健全，督导也是非常重要的。督导就是第三只眼睛，可以帮助咨询师对咨询过程中的移情、配合和咨访互动保持觉知，及时调整。

（二）扰动

有了觉知，如果情况需要，不但可以不节制，还可以夸张地使用非咨询师面具，去激发来访者的当事人面具。例如，来访者有一个"不认错者"面具，当他犯了错误，别人向他指出，或批评教育他时，他总是矢口否认，所以别人都很烦他，喜欢找他的茬（"找茬者"面具）。这样一来，每天都会上演别人"找茬"、他"不认错"的闹剧，搞得科室的氛围非常不好，大家都不开心。有一天，领导忍无可忍了，狠狠地骂了他，逼他认错。他终于第一次认了错。从那以后，他就相对比较容易认错了，因为他发现，他一认错，别人就不再追究了，比起不认错而被别人揪着不放清静多了。

马索克的小说《穿貂皮的维纳斯》的男主角是受虐狂，心甘情愿当美女的奴隶，非常享受美女的虐待。后来美女烦他了，想跟他分析，他死活不同意。美女没办法，雇了打手，把他痛打一顿。他很享受虐待，却承受不了这一顿痛打，终于放手。这一顿痛打也治好了他的受虐狂。

1. 拯救者扰动

大多数咨询师的拯救者面具都是比较强的，它可以安抚来访者的受害者面具，给受害者面具提供有效的帮助，解除受害者面具的痛苦，激发来访者的幸运儿面具、叛逆者面具、自娱者面具、自强者面具，使来访者变得有活力，积极主动，乐观开朗。

但是，有些受害者会拒绝被拯救，越是有人来救他，他越把自己弄得很惨，深陷于受害者的角色，沉迷其中。而且，过多的帮助会使对方变得贪婪、懒惰、依赖，甚至失去功能。对于有些人来说，过多的帮助和好意是侵犯隐私，甚至人格侮辱，如果拒绝，还会被扣上"不近人情""不识抬举"的帽子，令人左右为难。所以，拯救者面具要慎用，如果使用恰当，可以把来访者的受害者面具激发出来，使它的能量得到释放。很多时候，受害者遇到拯救者就会彻底破防，所有的悲伤和委屈喷涌而出，就像一个受了委屈的小孩，妈妈不在的时候还能强装坚强，一见到妈妈就号啕大哭。

2. 迫害者扰动

迫害者面具对来访者是有伤害的，会强化来访者的受害者面具，必须慎用。但是，适度地使用可以消除某些负性的面具（类似于厌恶疗法），还可以激发受害者面具，使受害者面具的能量得到释放。

有人把精神分析的方法分为两类，一类是支持，一类是探索。如果来访者很痛苦，咨询师要支持他；等来访者不怎么痛苦了，咨询师就要去探索。探索会使人痛苦。如果来访者承受不了，又要采用支持的方法。这也就是弗洛伊德所说的张力，要在支持和探索之间保持平衡。

3. 受害者扰动

咨询师如果使用受害者面具，通常会激发来访者的拯救者面具，使来访者振作起来，去帮助咨询师，在帮助别人的过程中帮助了自己。同时，也可能会强化来访者的受害者面具，"同病相怜病更重"，类似于"交叉感染"，所以也要慎用。但是，如果使用恰当，可以激发来访者的受害者面具，使受害者面具的能量得到释放。

个别情况下，咨询师的受害者面具会激发来访者的迫害者面具，可以借此释放来访者的攻击性和活力。

4. 咨询师扰动

咨询师面具也具有扰动的作用。爱心大使无条件地接纳，可以激发来访者的幸运儿面具；灵魂伴侣设身处地地理解，可以融化来访者的苦命人面具，激发观察者面具；精神导师的旁敲侧击、循循善诱、出其不意，可以激发来访者的叛逆者面具、纵容者面具、策划者面具，化解抵制者面具。

与观想、感受、表演一样，扰动具有双向调节的作用。如果来访者的某个面具很弱，扰动可以使其增强；如果来访者的某个面具很强，扰动可以使其减弱。这是因为，扰动的作用就是激发来访者表演。在一般咨询中，咨询师使用表演技术时，会事先告知来访者，引导来访者先观想、感受，把面具激发出来，再让他表演；在深度咨询中，不事先告知，直接把来访者带进某种情景，把面具激发出来，让面具自发表演。在一般咨询中，咨询师是导演，引导来访者表演；在深度咨询中，咨询师是配角，跟来访者演对手戏。在一般咨询中，来访者知道自己在表演；在深度咨询中，来访者不知道自己在表演，而是"真实表现"。所以，咨询师事后要做一些解释，帮助来访者"退角"（从面具里出来，跟面具告别），以免假戏真做，入戏太深。

（三）参与性观察

咨询师要对移情、反移情和投射性认同保持觉知。如果反移情出来了，经典精神分析的做法是节制：尽量不让它出来，赶紧做个人体验。客体关系理论也主张节制，不能表现出来，但可以用语言表达出来。自体心理学认为可以表现出来，配合来访者的移情，但要有觉知。有觉知的配合叫"深度合作"，没有觉知的配合叫"合谋"。有觉知的配合具有疗愈作用，没有觉知的配合反而会激发来访者的问题。

所谓觉知，也叫"自我观察"，就是 I 观察 me。I 叫观察性自我，me 叫体验性自我。me 配合来访者的表演，I 在一边冷眼旁观，沙利文称之为"参与性观察"：me 在参与，I 在观察。

参与性观察是有难度的，很多人都有过这样的体验：看别人的问题可以看得清清楚楚，看自己的问题就看不清楚了；团体活动的时候，站在圈外可以把团体动力看得清清楚楚，进了圈子就被团体动力带走了。这说明，一旦参与，就会忘了观察，一旦观察，参与就会受阻。所以，参与性观察是需要训练的。

训练的方法有两种：先观察后参与，先参与后观察。

1.先观察后参与

看心理学的书，掌握心理学知识，了解人性。

再看案例书，了解别人是怎么做咨询的。

参加个案督导，听听别人是怎么做咨询的。

如果有条件的话，可以观摩别人做心理咨询。

然后试着自己接个案。刚开始接个案的时候，尽量不参与，把自己当旁观者，仔细观察来访者，倾听来访者，用已经掌握的知识分析来访者。这就是一般咨询。在这个过程中，偶尔会"卷入"一下。但是，卷入不会太深，卷入的时间也不会太久，可以快速地把自己拉回到旁观者的位置。在此基础上，可以有意识地多参与一些。慢慢地，就能够一边参与一边观察了。

2. 先参与后观察

先试着接个案，做完咨询后立即写记录。写记录的过程就是回顾或"事后观察"，即"后知后觉"。

反复练习后知后觉，觉知能力会不断提高，最后自然就能"现知现觉"（一边参与一边观察）了。

继续练习，也许就能"先知先觉"了，能够"预判"心理咨询的进展。

其实，每个人都有预判的能力，只是意识不到。例如，第一眼见到来访者，甚至还没见到来访者，咨询师就会自动脑洞大开，产生各种猜想、想法或想象。很神奇的是，有些猜想居然是对的，在后续的咨询中会得到验证。

不过，更多的时候，有了猜想之后，人们会选择性地寻找证据，证实自己的猜想。这就是先入之见。所以，咨询师要对先入之见保持觉知，不要被它限制了思路。

返校恐惧、家庭冲突与身份认同修复

林显芝

一、案例报告

（一）一般情况

来访者小乐，女，18岁，高二学生，生活在村镇，家庭经济状况一般。有一个哥哥已经工作，还有一个16岁妹妹，职高高一学生，已休学在家一年。父亲打一些零工，妈妈给镇上一些场地打扫卫生，偶尔卖些野菜、土特产。小乐无重大既往病史，但自述经常有肚子痛、皮肤过敏等。

（二）来访者主要诉求

我在家三周了，我想回到学校。每次晚上的时候和妈妈说得好好的明天可以去学校，可第二天早上要去学校时我又会很害怕，会控制不住地哭，还会有肚子痛、拉肚子这些表现出来，所以就算到了校门口还是进不去学校。妈妈觉得我是装的，想偷懒，不相信我真的不舒服，会不停地唠叨。我也想去学校啊，可是我现在真的不想去。我知道不去学校时间越久，也越学不懂，要跟不上老师画画的节奏了，我自己也很担心。在家还要老是被休学在家的妹妹找事，她总是在我面前故意说些话气我。说我像我上面那个去世的姐姐，所以妈妈才会爱我比爱她多。（哭）我又不认识那个去世了的姐姐，我出生的时候她都不在了，我也不知道有她的存在，凭什么拿我去和她比。妹妹说了这件事后，我觉得自己是那个去世姐姐的替代品。还有现在学习成绩也没有以前好了，重男轻女的爷爷奶奶现在对我也是指指点点，说我不去学校该去精神病院看病。我也知道，他们讲什么不要去听就好了，可是我还是会被影响，不能很好地控制自己的情绪。本来学业上的事情卡住不想去学校，已经让我够烦的了，家里人不仅帮不了我，还这样天天地烦着我。

来咨询的目的是希望可以对自己的情绪有更好的控制，能够顺利地回到学校。

（三）相关情况

小乐从小起一直和父母一起生活，性格内敛，懂事乖巧，小学、初中成绩都比较优秀，妹妹也基本上是她管，妹妹也比较听她话，她有好吃的会留给妹妹，零花钱自己不舍得花省着给妹妹买东西。父母打点零工，虽然家庭经济条件一般般，父母有时候也会吵架，但小乐觉得家庭还是算过得去的。她的妈妈是很焦虑的妈妈（2004年大女儿意外死亡带给她很大的创伤），平常爱絮叨，而且一直告诉小乐，要努力学习，有好的成绩将来才会有出息，重男轻女的爷爷奶奶才会对她好，所以小乐努力学习，希望将来可以有出息，也希望爷爷奶奶对她好一点。在她成绩好的时候，她的爷爷奶奶也确实有对她好些。

直到2023年妹妹和同学发生矛盾冲突，之后妹妹不去学校在家待着，脾气也变得暴躁，有时还会砸东西，不听她话，还和她顶嘴，说些话气她，常说妈妈对姐姐比对自己好。她妈妈带她妹妹去精神专科医院就诊诊断为中度抑郁，开了药回家吃，妹妹有时不吃药，妈妈会求着妹妹吃药。一年来她妹妹会时不时地发脾气，她妈妈也一改以前对妹妹的凶悍，开始对妹妹言听计从，也要求小乐多让让妹妹。小乐觉得，妈妈从小到大很少管妹妹，没有她了解妹妹多，妹妹有时候就是故意的，不能都这么惯着她，但她妈妈没有在意小乐的话。直到三周前，小乐说了几句妹妹，妹妹开始闹脾气，并且说：大姑姑说了，你很像那个已经死了的姐姐。当她听到自己前面还有个姐姐，而且自己还和她长得很像时，她突然间觉得自己就是一个替代品，妈妈对她的好都是因为那个去世了的姐姐，爷爷奶奶对她的好是因为她的学习成绩，加上现在学习上遇到了卡顿，成绩也在下滑（高二选了美术特长专业，去杭州参加画画集训班，被老师否定，对于画画的信心受到很大的打击，回来后一直想换到普通的班级，和她妈妈提了多次，但她妈妈都会以"你画得挺好的""画画是你自己选的，都花了这么多钱，说换班就换班，哪那么容易"等理由拒绝，所以，她想换班级的想法被搁置）。当小乐听到妹妹讲去世姐姐的这件事情后，对于近期原本因为学业卡顿而不悦的小乐，带来了很大的冲击，使得她更没有了动力去学校。当小乐也不去学校在家后，和妹妹的冲突时时发生。

（四）主要问题表现

1. 低自我价值感和不合理信念：小乐容易认同他人的负面评价，自我价值感逐渐下降。原有信念受到冲击，使得认知偏负性。认为自己是去世了的姐姐的替代品，妈妈爱的不是自己，而是借着自己与去世姐姐长得像而被爱；重男轻女的爷爷奶奶爱的不是自己，爱的是自己的成绩；原本听自己话的妹妹也被妈妈惯着不听自己话了，就像原来一直如妈妈一样在管妹妹的自己突然没有了作用。想什么都不管了，想要好好做自己，但她觉得在这个家里是不可以做自己的。

2. 情绪方面：时常陷入焦虑、悲伤、无力、敏感、自我否定等负面情绪中。

3. 家庭关系和人际关系不良：平常与爸爸关系疏离，与妈妈"爱恨情仇"，关系上小乐觉得时近时远，尤其是在家三周以来，家庭关系渐渐变得冲突，与父母之间的冲突也越来越多，和妈妈的关系逐渐疏离。家庭成员间彼此关怀较少，其他的亲戚受其妈妈人际关系很差影响，几乎不来往，缺乏支持。与高中同学关系疏远，觉得高中同学见不得她好，平常时有一些讽刺的话语说她（与初中同学的关系维系较好，对她有所支持）。

4. 学业卡顿：高二选了美术特长专业，去杭州参加画画集训班，被老师否定，对于画画的信心受到很大的打击，认为自己没有画画天赋，画得不够好，而且觉得未来美术特长生没有太大的优势，自己不一定能考上本科，于是向妈妈提出想要换班级的想法，被她妈妈以各种理由拒绝，学业陷入了迷茫、无力之中，这是她不去学校的很大原因。

（五）成因分析

1. 家庭原因：小乐妈妈是一个自我价值感很低的人，二十多年前小乐姐姐的去世带给她很大的创伤，有很强的苦命人面具，总是会从消极悲观的视角看待问题，并向小乐和小乐妹妹灌输很强的负面情绪，小乐不喜欢妈妈的苦命人面具，但同时她又担心自己也会成为妈妈这样的人。小乐爸爸没什么文化，脾气暴躁，有一个暴君面具，偶尔会动手打小乐和小乐妹妹，父女关系一直疏远。所以，小乐很少与父母沟通。

2. 心理原因：

（1）认知方面，小乐存在绝对化（我必须成绩好爷爷奶奶才会对我好）、概括化（因为我像去世的姐姐，妈妈才爱我，我自己是不被爱的人）、糟糕至极（我是没有人爱的人，我的学习学不下去，和妹妹一样坐吃等死）等典型的不合理信念，引发其情绪问题。

（2）个性方面，小乐偏向内向、自卑，比较压抑自己的想法。

（3）情绪方面：存在对未来学业规划的焦虑，同时伴随对关系的焦虑。

（六）咨询目标与过程

1. 咨询目标

（1）帮助小乐找到回学校的动力，改善情绪状态；

（2）提升家庭沟通质量，缓解亲子关系紧张；

（3）教会小乐情绪管理技巧，减少冲动行为。

2. 咨询过程

（1）初步访谈，建立信任关系，了解问题全貌；

（2）深入了解家庭背景，分析家庭教育方式对来访者的影响；

（3）制定干预方案，通过人格面具分析、沙盘等，帮助小乐找出她的人格面具（苦命人面具、照顾者面具、替代者面具等），并通过沙盘，使得小乐更加具象地"看见"自己的问题。

（七）家庭互动指导

1. 沟通技巧培训

（1）教授父母有效沟通技巧，如倾听、共情、正面反馈等；

（2）鼓励家庭成员相互尊重、理解，共同寻找解决问题的方法。

2. 家庭活动建议

（1）安排定期家庭活动，如户外郊游、观看电影等，增进家庭成员之间的感情；

（2）鼓励父母陪伴孩子一起面对现在的困境，给予及时帮助和支持。

（八）成长历程回顾与反思

1. 成长历程

（1）回顾小乐的成长经历，了解其性格形成和心理发展的影响因素；

（2）分析小乐家庭环境、教育方式对其成长的影响。

2. 自我认知与情感体验

（1）引导小乐认识自己的优点和不足，树立自信心；

（2）帮助小乐学会正确表达自己的情感和需求，提高自我价值感。

（九）咨询效果

1. 经过五次咨询，小乐的觉察力和感悟力有很大的提升（如：五一假期去医院补牙，补牙过程比她预期的要简单得多，她反思自己并联想到过往很多事情，是自己想的太多，而没有去实践，最终都停留在了想象的恐惧当中而没有付诸行动），家庭关系有所改善，小乐和她妈妈的沟通增多，勇敢地向其妈妈再次提出想要换班的事情，最终在她妈妈的帮助下顺利换了班级，换班后的小乐对于自己未来学业有了规划，对于其自我以及所要面对的事有了更多的掌控感，顺利地回到了学；

2. 情绪管理能力提升，能够较好地处理与父母、妹妹的冲突和矛盾。

3. 自我认同感提升，接纳不同的面具，并且能够自然地表达自我的需求。

二、问题综述

1. 精神分析学派

聚焦俄狄浦斯期未解决的同胞竞争：妹妹的挑衅激活早期被忽视的愤怒，通过躯体化症状转移对母亲的攻击冲动；死亡驱力表现为自我惩罚倾向（"坐吃等死"幻想）。

2. 认知行为学派

识别条件性核心信念：只有保持优秀才能获得爱（成绩=价值）；安全行为分析显示，回避上学短暂缓解焦虑却强化无能感。

3. 客体关系学派

妈妈将过世女儿理想化客体投射到来访者身上，导致其内化过渡性客体身份；妹妹通过制造冲突争夺母亲关注，重现分裂–投射防御模式。

4. 存在主义学派

症状源于存在性孤独：当"替代者""照顾者"等社会角色崩塌后，未能建构独属自我的生命意义；选择的逃避体现为将换班阻力归咎于她的妈妈。

5. 系统家庭学派

家庭通过症状代际传递维持平衡：母亲借由补偿妹妹缓解丧女愧疚，来访者成为代际创伤的"承载容器"；父亲缺位强化母女共生关系。

三、人格面具技术的使用

在案例中，咨询师主要通过以下人格面具技术帮助小乐整合内在冲突，提升自我觉察和情绪管理能力：

1. 面具识别与命名

（1）替代者面具：小乐因被妹妹指出"像去世的姐姐"，产生了替代者面具。这一面具让她认为妈妈对她的爱是"借来的"，自己存在的价值仅仅是因为与姐姐的相似性。咨询师通过引导小乐回顾与妈妈的互动细节（如妈妈关心她的日常生活而非仅关注成绩），帮助她区分"妈妈对姐姐的怀念"与"妈妈对小乐的爱"，逐步瓦解替代者面具的绝对化信念。

（2）照顾者面具：小乐从小承担照顾妹妹的责任，形成了"懂事、付出"的照顾者面具。这一面具让她压抑自我需求，但妹妹休学后的叛逆打破了她的角色认同，导致自我价值崩塌。咨询师通过沙盘呈现小乐与妹妹的关系（如摆放象征"保护"与"冲突"的沙具），让她意识到自己过度认同照顾者面具，并鼓励她允许自己暂时"卸下责任"。

（3）苦命人面具（与母亲投射相关）：小乐妈妈因丧幼女创伤长期传递"人生艰难"的苦命人面具，小乐虽然反感却内化了这一面具，认为自己若不优秀就会"被抛弃"。咨询中透过角色扮演，让小乐模仿妈妈的口吻抱怨生活，再切换回自己表达真实感受，帮助她剥离对母亲面具的认同。

2. 面具冲突的整合

（1）替代者面具与自主性面具的对立：小乐一方面渴望做自己（自主性面具），另一方面又因替代者面具怀疑自我价值。咨询师通过沙盘让她分别用不同人偶代表"像姐姐的小乐"和"真实的小乐"，并引导两个人偶代表进行对话。例如："姐姐的存在对我没有威胁，我是安全的，我也有自己的喜好，比如喜欢画星空而不是妈妈建议的写实风格。"这一过程帮助她接纳对姐姐的复杂情感，同时确立自我独特性。

（2）照顾者面具与受害者面具的循环：小乐长期扮演照顾者，但妹妹的叛逆和妈妈的妥协让她感到"付出无回报"，滋生受害者面具（如"全家都欺负我"）。咨询师通过布置家庭格盘，让小乐用沙具摆放家庭成员的位置和互动模式，直观看到自己过度承担的责任，并尝试将部分责任"归还"给父母（如让"妈妈"沙具靠近"妹妹"）。

3. 新面具的建构

（1）实践者面具：针对小乐"想象恐惧远大于实际困难"的特点，咨询师利用她补牙的成功经验（实际做起来比想象的简单），强化其实践者面具。布置行为实验任务，如早起困难，可先尝试下午半天而非全天，记录过程中验证的积极证据，逐步替代"灾难化想象"。

（2）边界守护者面具：针对家庭中的情绪侵扰（如妹妹挑衅、爷爷奶奶指责），通过空椅子技术让小乐练习设定边界。（如用空椅子代表妹妹，小乐对着"妹妹"大声说："你可以说你想说的，但我不会认同你的评价"）

4. 家庭内部的面具互动

（1）妈妈的苦命人面具 vs 小乐的拯救者面具：妈妈通过诉苦（如：我命苦，你们还不听话）激发小乐的拯救者面具，迫使她压抑自我需求。咨询师指导妈妈用"肯定式沟通"替代抱怨（如"我看到你为妹妹操心，这很不容易……"），打破母女间的情感勒索循环。

（2）妹妹的叛逆者面具 vs 小乐的权威者面具：妈妈通过挑衅（如"你是姐姐的替代品"）挑战小乐的权威者面具，引发权力斗争。在家庭会谈时，咨询师引导妹妹表达真实需求（如"我希望你多陪我玩，而不是管我"），帮助小乐从"管理者"转变为"支持者"。

5. 面具转化的关键节点

（1）换班事件：小乐提出换班被妈妈拒绝后，咨询师引导她识别妈妈的"焦虑者面具"（害怕被校领导、班主任拒绝，害怕小乐换了班还是没有变化……），邀请小乐尝试用"合作者面具"与妈妈沟通："妈妈，如果继续在这个班，我不仅画画没有进步，我可能真的会休学。如果换班了，我会制定学习计划，我会每月向你汇报进度……"小乐使用"合作者面具"与她妈妈沟通后，将与其妈妈的对抗转化为合作，最终她的妈妈同意并帮助她去学校做好协调，促成了换班成功。

（2）返校行动：小乐返校当天，咨询师建议她携带画有自我激励符号、象征实践者面具力量的手环。成功返校后，咨询师与小乐做了最后一次咨询，小乐反思："开始进校门时手心都是汗，但进到了新班级，有以前认识的同学，没了陌生感。然后，发现自己的成绩在现在的班级还是靠前的，对于成绩的焦虑也没有那么明显了，再就是发现没有出现肚子疼"。

总结：通过人格面具分析技术，咨询师帮助小乐完成了以下转化：

（1）从"替代品"到"独特个体"：分离替代者面具，确立自我身份；

（2）从"照顾者"到"自我关怀者"：卸下过度责任，允许自己优先满足需求；

（3）从"想象恐惧"到"行动验证"：用实践者面具替代灾难化思维。

此案例体现了人格面具分析技术对身份认同危机和家庭角色固化问题的干预有效性，核心在于通过具象化、对话与行为实验，将内在冲突转化为可操作的成长目标。

四、咨询中的面具互动

咨询初期，小乐以"乖学生面具"进入咨询，礼貌且回避冲突性话题（如对妈妈的愤怒）。咨询师通过自我暴露（如"我以前也害怕让父母失望"）降低防御，激活她的当事人（真实自我）面具。

咨询中期，当小乐表达对妹妹的愤怒时，咨询师用"镜子技术"反馈："我听到你说妹妹故意气你时，你拳头握紧了。这种愤怒是否也在其他关系中出现？"以此联结她未被表达的深层情绪（如对母亲偏心的委屈）。

在咨询过程中，咨询师通过切换不同人格面具角色，为小乐提供情感支持，又引导其认知与行为的深层改变。结合案例具体情境，咨询师运用了"爱心大使""灵魂伴侣""精神导师""家庭指导老师"等面具角色，推动小乐的自我整合与家庭系统修复。

1. 爱心大使面具：咨询师通过无条件接纳、非评判的态度，成为小乐情绪风暴中的稳定锚点。当小乐因妹妹的挑衅崩溃哭诉时，咨询师通过镜像化情感、躯体同步，帮助其从情绪淹没状态回归理性思考。

2. 灵魂伴侣面具：咨询师以"灵魂伴侣"角色与小乐共同探索"我是谁"的核心命题，通过隐喻对话打破身份困局。借助沙盘，通过空间位置调整具象化身份分离过程。

3. 精神导师面具：针对"成绩＝价值"的扭曲认知，咨询师以"精神导师"角色进行认知解构。

4. 家庭指导师面具：针对母亲"苦命人面具"与父亲"暴君面具"，设计结构性家庭对话，教授父母有效沟通技巧，如倾听、共情、正面反馈等，鼓励家庭成员相互尊重、理解，共同寻找解决问题的方法。

人格面具理论

人格面具（Persona）原指古希腊演员在表演的时候戴在脸上的面具，类似于中国京剧的脸谱，它用来表现角色的身份和性格。后来，随着古希腊文化的衰落，面具也渐渐被人遗忘。两千多年后，荣格重新发掘出这个词，赋予了它新的含义：人格面具。它不再是指有形的、物质的面具，而是无形的、心理的面具。

荣格把心理活动分为意识、个人无意识、集体无意识。集体无意识由许多原型构成，与人格结构有关的原型有六个：自我，自性，阿尼姆斯，阿尼玛，人格面具，阴影。自我是意识的中心，自性是整个人格的中心，阿尼姆斯是男性灵魂，阿尼玛是女性灵魂，人格面具是人的社会性，阴影是人的动物性。

人为了适应环境，必须发展出与环境相适宜的心理模式或脚本，这就是人格面具。例如，领导要像领导的样子，员工要像员工的样子，父亲要像父亲的样子，儿子要像儿子的样子。

每一个人格面具都有自己的性别、年龄、长相、衣着特征、表情、姿势、动作、说话的方式，甚至拥有自己的名字，并且具有特定的心理功能，譬如内向和外向、理性和感性、思维和情感、感觉和直觉。

每个人都有很多人格面具，所谓"人格"，就是一个人所拥有的人格面具的总和。

人格面具越多，适应环境的能力越强。如果缺少某个面具，在相应的环境中就会不知所措、无所适从。在这种情况下，只能用其他面具代替。这样一来，他的表现就与环境格格不入，显得不太正常，自己也觉得别扭，还会影响人际交往，这就是心理障碍和人际冲突的原因。

心理障碍和人际冲突是面具使用不当导致的。认识人格面具，学会识别人格面具，正确使用人格面具，有助于消除心理障碍和人际冲突。

一、人格面具的种类

人在不同的场合使用不同的人格面具。按场合的不同，可以把人格面具分为外交面具、工作面具、社交面具、朋友面具、家人面具、伴侣面具、独处面具。

外交面具是在非常正式的场合、隆重的仪式上、会见重要人物的时候用的，必须非常端庄，不能随随便便。

工作面具是在工作的时候用的，必须遵守劳动纪律。

社交面具是在社交场合、休闲娱乐的时候用的，相对比较轻松，但也要遵守社交礼仪。

朋友面具是在非常要好的朋友面前用的，通常非常放松。

家人面具是在家人面前用的，按身份的不同分为父母面具、子女面具、兄弟姐妹面具。

伴侣面具是单独与配偶或恋人一起的时候用的，分为丈夫（男友）面具和妻子（女友）面具。

独处面具是一个人的时候用的。

这七个面具一个套一个，像俄罗斯套娃。

按来源的不同，可以把人格面具分为人物面具、角色面具、原型面具。

人物面具是某一个具体的人的内化，可以是生活中的人，也可以是报纸、电视上看到的人，可以是历史人物，也可以是虚构的人物。

角色面具是一类人或某个社会角色的内化，如军人、警察、医生、教师。

原型面具是先天具有的，它以"原型"的形式刻在基因中，并在生活中不断地得到充实。

原型面具有16个：

观察者	保护者	纵容者	策划者
明君	仁君	昏君	暴君
讨好者	幸运儿	叛逆者	苦命人
自强者	自娱者	抵制者	逃跑者

按形成方式和作用的不同,可以把人格面具分为**主体面具**和**客体面具**。主体面具是通过身体力行、实践和练习而形成的,是自己的思想感情、言行举止的记录,用在自己身上(戴上某个面具,就能按面具的脚本行事)。客体面具是通过观察而形成的,是他人的音容笑貌、思想感情、言行举止的内化,用在他人身上,用于识别、评判、预测他人的行为。

每个人都有很多人格面具,使用频率最高的面具叫**主导面具**。一个人的性格主要是由主导面具决定的。

有些面具基本不用,甚至连自己都不知道它的存在,称为"**隐性面具**"。虽然自己不知道,但还是会表现出来,被别人看到。

按社会标准,可以把人格面具分为**正性面具**和**负性面具**。正性面具就是社会认可的、对社会有利的、积极的、友好的,譬如仁君、明君、幸运儿、自强者;负性面具是社会不认可的、对社会有害的、消极、破坏性的,譬如暴君、苦命人、叛逆者、逃跑者。

正性面具也叫正常面具,负性面具也叫病态面具。

正性面具比较容易成为主导面具和主体面具(自己用),负性面具比较容易成为隐性面具和客体面具(投射到别人身上)。

另外，根据人格面具的年龄的不同，可以分为儿童面具、成人面具、老人面具。儿童面具还可以细分为婴儿面具、幼儿面具、学龄前儿童面具、学龄儿童面具。一个人儿童面具越多，说明心理年龄越小，老人面具越多，说明心理年龄越大。

根据人格面具的性别，可以分为男人面具和女人面具。每个人都有男人面具和女人面具，通常情况下，男性的男人面具多于女人面具，女性的女人面具多于男人面具。有的人男人面具和女人面具一样多，就是中性化。

二、人格面具的形成和转化

主体面具是通过实践和练习而形成的。刚上学的孩子还没有"学生面具"，老师教他怎么做"小学生"，经过一段时间的练习，大多数孩子都形成了学生面具。也有个别孩子一直形成不了学生面具，因而被贴上"问题学生"或"多动症"的标签。

成长就是一个不断地形成新的人格面具的过程，人生的不同阶段会形成不同的人格面具。刚出生的婴儿是没有人格面具的（指人物面具和角色面具，不包括原型面具），它在与妈妈的互动中渐渐形成"宝宝面具"。后来接触的人越来越多，他的面具也越来越多。上幼儿园的时候形成"小朋友面具"，上学的时候形成"学生面具"。如果在班级里担任某种职务，就会形成相应的面具，如"班长面具""学习委员面具"。参加工作以后，会形成各种职业面具。

客体面具是通过观察而形成的。认识的人越多，客体面具越多。

与主体面具一样，客体面具的形成也需要一个过程。一般情况下，只见一面，往往不会形成客体面具。只有密切接触一段时间，才能形成客体面具。而且，"接触"的质量非常重要。但是，在应激状态下，由于意识的过滤作用被破坏，可以瞬间形成客体面具，称为"曝光学习"。有些男孩谈恋爱的时候喜欢带女朋友做一些刺激的事情，譬如坐过山车、看恐怖电影，就是制造应激，让自己深深地印在对方的记忆里。

主体面具的形成还有一种方式，就是别人把某个面具投射给你，你不知不觉地接受了。例如，你的妈妈希望你成为什么样的人，你真的成了什么样的人；别人都说你是什么样的人，你最后就变成了什么样的人。有的人会自己给自己投射，认为自己是什么样的人，最后变成了什么样的人。如果非常希望自己成为什么样的人，最后也是会成为什么样的人的。

如果两个人长期接触，会发生面具交换。甲的一部分面具（B）转移到乙的身上，乙的一部分面具（A）转移到甲的身上。结果，甲"失去"了B面具，A面具被加倍，而乙"失去"了A面具，B面具被加倍。本来两个人都有A面具和B面具，都是完整的个体，现在甲只有A面具而"没有"B面具，乙只有B面具而"没有"A面具，都成了"半个人"，不完整了。这样的两个人必须互相合作，取长补短。由于甲有的面具乙"没有"，乙有的面具甲"没有"，看起来两个人是相反的，但合在一起是一个整体，所以往往亲密无间，这叫"共同人格"。这里所说的"失去""没有"，并不是真的失去了，没有了，而是主体面具变成了客体面具。

主体面具和客体面具是可以互相转化的。主体面具转化为客体面具叫"投射"，譬如以小人之心度君子之腹；客体面具转化为主体面具叫"认同"，譬如"长大后我就成了你"。

三、人格面具的使用

主体面具是自己用的。遇到特定的情景，或者特定的客体，主体面具就会被激活。例如走进婚礼现场，快乐的面具就会自动上身；遇到老师，学生面具就会被激发出来；遇到暴君，自己就会变成苦命人。如果情景比较复杂，既是婚礼现场，又遇到了仇人，而且这个仇人还跟老师在一起，就会发生面具冲突。在这样的场合，理论上应该是有最合适的面具的。如果用对了，可以避免尴尬；如果用错了，会带来麻烦。

有的人为了制造某种气氛，会故意用错面具，譬如用小丑面具消除尴尬，或者老板用朋友面具迷惑员工。

客体面具是用在别人身上的，当然要根据对方的身份来使用。一般情况下，是对方的某种特质激发了客体面具，然后用在对方身上。例如对方表情非常严肃，激发了你的暴君面具；或者对方穿着军装，激发你的军人面具；或者对方打扮成阔佬，激发了你的阔佬面具，实际上他可能是劫匪。

把人认错了，就是客体面具用错了，说明这个客体面具能量太强。如果客体面具能量再强一些，直接投射到空气中，看见了不存在的人，那就是幻觉。

在人际互动中，面具会互相激发。如果你使用老师面具，会迫使对方使用学生面具；如果你使用苦命人面具，会把对方变成暴君；如果你使用仁君面具，会激发对方的幸运儿面具。

使用面具的前提是必须要有这个面具。如果没有某个面具，即使处在某种情景中，遇到特定的人，也无法使用这个面具。

另外，如果某个面具能量太强，即使不是适宜的情景，没有特定的对象，也会自动激发，导致面具错用。

四、面具错用

人格面具理论认为，所有的心理问题都是人格面具错用的结果。譬如在婚礼上失声痛哭，在葬礼上开怀大笑，在公共场合脱光衣服，在社交场合过分拘谨，无缘无故情绪低落，没有实际危险却惊恐万状，把别人的善意当成羞辱，本应反击却选择退缩。

错用分两种情况，一是一个面具用得太得心应手（通常是主导面具），不该用它的时候还在用。譬如很多教师，在生活中，在家人面前仍然戴着教师面具。

二是负性的面具，因为不被认可，长期受到压抑，能量得不到释放，积累到一定的程度就自动暴发。很多心理障碍的"发作"就是如此。发作出来的面具与当时的环境不适宜，所以被戴上"心理障碍"的帽子。遇到这种情况，大多数人还是想方设法把发作出来的面具重新压回去，包括使用药物。

负性的面具通常都是创伤的结果。人在遭遇创伤的时候，创伤经历会被记录下来，形成受害者面具。受害者面具的表现有：（1）逃跑，躲避，退缩，伴恐惧情绪；（2）进攻，乱抓乱咬，伴愤怒情绪；（3）僵住，动弹不得，任人摆布，但内心非常痛苦（抑郁情绪）；（4）讨好，妥协，投降，伴焦虑情绪。不难看出，几乎所有的心理障碍都是受害者面具的显现，只有一个例外，那就是躁狂。躁狂是对抑郁的防御。

其实，恐惧、愤怒、焦虑也是对抑郁的防御。

允许悲伤才能不悲伤

陆小天

一、案例报告

（一）基本情况

小尘，37岁，男，机械行业工人，未婚。父亲是出租车司机，母亲是家庭主妇。

小尘在上小学的时候，成绩优越，也懂礼貌，善解人意，很受大家的喜欢。之后到了初中开始堕落。初中毕业后就去打工，又开始努力上进，带他的师傅以及厂里老板都很看得起他。但是因为父亲去世这件事对他的打击很大，人财两空——父亲没了，这么多年攒的钱也没了，他非常绝望。以前周末经常跟同事朋友打球、钓鱼、吃饭，自从父亲去世之后，啥都不想做，在床上一躺就是一天。后来通过朋友介绍用微信语音做了十几次咨询，慢慢恢复到以前上班的状态。

（二）面具分析

好学生面具：他上小学的时候挺优秀的，成绩好，唱歌好听，跑得快，跳得高。反正在玩的方面虽然不能数一数二，但是一直是高手的行列。

受害者面具：有一次午休时间，老师在上课，看大家很沉闷，就想找个人来唱首歌，活跃一下气氛。大家都叫他名字让他上去唱歌，他有点害羞，拒绝了一两次，老师发飙了："不想唱就不唱，过度的谦虚等于骄傲。"瞬间他满脸通红，一肚子委屈。他说他是一个上课举手回答问题都要发抖的人，他是真的不敢上去唱，不是谦虚，虽然他唱得好听。

坏学生面具：他上初中的时候越来越堕落，跟一帮坏学生一起去网吧、去游戏机房。到最后他只是认识课本的封面，翻开来都不知道在讲什么。

自强者面具：初中毕业后先去了工地上干了一段时间。后来想着不能一直干力气活，要学点技术。于是学了车床，学了电工。可能是受师傅的影响，不再像混混一样了，又开始努力学习，非常肯吃苦，学得很快，收入也逐渐提高。他从小就喜欢拆东西，自己琢磨着修电器，而且真的还可以修好，这一点让他特别有成就感。

安逸者面具：他一直在这个厂里面做了七八年，业余时间跟朋友出去吃饭、打球、钓鱼。日子过得平平淡淡。

抑郁者面具：他父亲去世之后他就一蹶不振，不想上班，也不想出去玩。他也想快点好起来，但是就是没有力气。他家人也很担心他。如果他再出事的话，他家人肯定要崩溃的。所以他必须要快点好起来。但是越是这么想，内心越是痛苦。

人格面具理论认为，面具没有好坏之分，每一种人格面具都有它的功能。人格面具没有对错，只有用对和用错。来访者的父亲去世之后，抑郁者面具是用对的，而且是自然而然就带上的，因为父亲去世这件事从开始到结束都需要处理很多事情。这些事情都压在他一个人身上，早已经疲惫不堪。换了任何人经历这些，都会瘫软在地。但是只要得到充分休息之后都可以重新站起来。他本该在父亲去世之后好好休息。但是他却强行地让自己早一点进入上班的状态。一个人格面具想休息，另外一个人格面具想让他上班，两者不断地冲突。一直得不到休息，身体一直得不到恢复，所以一直就处于躺平的状态。

（三）人格面具分析技术之人格套娃的具体使用

最开始，小尘只是跟我抱怨工作中的一些事情。后来就说到他父亲出车祸这件事，他这几年存的钱全花在了抢救父亲上了，也没有救活。料理完后事之后，没法上班就辞职了，半年浑浑噩噩，也不知道自己怎么过来的。感觉再不上班就要没饭吃了，又找了一份工作，但是工作之余基本上都是躺平，啥都不想做。

他问我怎么做才可以摆脱这种颓废的状态。我说先允许自己颓废，了解自己为什么颓废，包容自己颓废，最后才可以走出颓废。

咨询师（以下简称"咨"）：你知道自己为什么颓废吗？

来访者（以下简称"访"）：因为太累了，这几年工作太累。再加上家里发生的事情，对我打击太大了，花光了所有存款，也花光了所有精力，这个时候不颓废，什么时候颓废？

咨：对啊，换了任何人经历了这些事情，都免不了颓废。最好换个词，不要用"颓废"，用"摔跤"。没有哪个人可以保证一辈子不摔跤。如果摔得不是很痛就可以站起来，如果摔得很痛可以先坐一会儿。如果骨折了就包扎一下。伤筋动骨100天，即可痊愈。

访：那要是100天后还不好咋办？

咨：一般来说骨折包扎好之后，定期复查，100天就会长好。这是自然情况下。如果你因为担心长不好，时不时地把绷带打开，一直检查，那当然不容易好。当你急着让自己摆脱躺平的状态，其实是还没有接纳，你只是知道了要接纳你自己，但是没有做到真正接纳。

访：那我怎么做才能够真正接纳？

咨：先忘掉接纳自己颓废这件事，别管接纳自己颓废这件事。如果你左手摔断了，那你右手该干嘛干嘛，该玩手机玩手机，该看电影看电影，两只脚该散步散步。

访：那我要做点什么呢？

咨：找点自己喜欢的事情做做。同时深入了解自己，看看自己是怎么成为现在这样的自己的。

访：认识自己具体要怎么做呢？

咨：就是尽可能多地了解自己有哪些人格面具，如果看到自己对一些人格面具不接纳，我们尝试着去接纳，因为每个人格面具都有它的功能，都有它的好处。当我们的人格面具越来越多，而且人格面具之间的关系越来越和谐的时候，我们就会更加强大，适应这个社会的能力就越强，更有力量去面对现实生活中的问题，可能颓废的问题自然就没了。

访：好的。

我让他说一下自己在七种不同场合时候的性格特点：在非常正式的场合，比如谈判的时候；在工作的时候；在社交场合，就是跟一般的朋友在一块儿的时候；和好朋友一起的时候；和家人一起的时候；和伴侣一起的时候；独处的时候。

他说他一个人的时候非常放松，沉浸在自己的世界里，很喜欢那种感觉，平时喜欢拆东西，喜欢玩手机游戏、钓鱼（自娱者面具、自强者面具）。

他跟伴侣一起的时候很照顾对方，非常为对方考虑，但是伴侣总是忽略自己。比如一群人一起聚餐的时候，伴侣和其他人聊得很开心，忽略自己，后来分了，痛苦了一段时间。总觉得自己很卑微，不值得被爱（仁君面具、苦命人面具）。

他问我为什么分手那次虽然也很痛苦，但并没影响上班。这次却影响这么大。

我说，可能分手对大家来说是家常便饭，大家都有过这种经历，所以就大大方方接受分手后的痛苦，允许自己情绪低落。而中年丧父这种创伤更大，而且有这种经历的人不多，所以更希望像一个没事的人一样出现在同事面前。越是想压抑自己低落的情绪，越是不容易从中走出来。哪里有压迫，哪里就有反抗。

他问我，他该怎么做？

我说，多给自己一点时间吧。允许悲伤才能不悲伤。

他跟家人一起的时候，很少说话，经常板着脸，因为他不知道家人什么时候又会吵架，非常怕他们争吵。一旦听到家人互相指责，他就会非常愤怒。最开始他会加入他们，劝他们不要吵，结果越吵越凶，后来他就选择离开，爸妈反而吵着吵着就不吵了（叛逆者面具、苦命人面具、逃跑者面具）。

他说看到自己爸妈以及爷爷奶奶的婚姻关系，觉得自己不结婚也罢。几乎天天都小吵小闹，烦都烦死了。他知道自己家里的这些关系还算好，别人家还有冲突更严重的。

说到他父亲的时候，他又忍不住哭了，他说父亲生前，他对父亲有些恨意、有些愤怒，因为父亲只顾挣钱养家，没有好好经营这个家庭。在情绪价值上没有满足他的妈妈，是他妈妈经常在小时候在他面前抱怨爸爸。但是父亲去世之后，他好像一点都恨不起来了，反而体会到父亲不容易。

我说很有可能父亲离开之后，你自动地承担起了顶梁柱的角色，就非常理解父亲的不容易，父亲赚钱辛苦。

他说是的。父亲并非不想，而是不能，没有余力去做别的。光谋生已属不易。就像我何尝不想振作起来重新上班，好让家人不再担心我，但我一点力气都没有。

我说没事的，休息够了自然就可以去上班了，别急这一时半会儿。允许自己偶尔躺平。

他跟非常好的朋友在一起的时候，有的朋友面前他充当倾听者的角色，开导别人，给别人指导；有的朋友面前他扮演请教者的角色。但是相同的地方都是非常坦诚，很真实，也很放松。大部分朋友那里他都是倾听者，指导对方（老师面具、学生面具）。

在一般的朋友面前，社交场合，基本上都是肤浅的开心，逢场作戏，但他并不喜欢这样的场合（幸运儿面具）。

工作的时候，很拼，领导吩咐的任务都能够保质保量地完成。有些同事他很烦，也会直接怼他们。有的同事，聊得挺多的，互相开玩笑，也会约出来一起吃饭、钓鱼，比一般的朋友关系更深一点（讨好者面具、自强者面具、叛逆者面具、幸运儿面具）。

从他的叙述中可以看出，他挺要强的，不太接纳自己低落的情绪，也可能他仍然没有接受他父亲去世的事实。他更喜欢自强者面具，讨厌抑郁者面具。而解决的关键在于接纳抑郁者面具。

（四）小结

人格面具没有对错之分，当一个人状态不佳的时候，一定是用错了人格面具。父亲去世之后还能妥善料理后事，沉着冷静，完成一项又一项的任务，多亏了自强者面具。抑郁者面具也相当配合，没有在这么重要的时刻，影响他的决策。

但是父亲去世之后，本该要释放抑郁者面具，好好休息，好好释放内心的悲伤和痛苦。但是他却强行把抑郁者面具压制下去，甚至关起来，不让它出来，想继续像没事一样去上班。两个人格面具之间就起了冲突。最后显然是抑郁者面具获胜。

当来访者知道每一个人格面具都有它的功能的时候，他的抑郁者面具得到理解，被允许，被接纳。他也知道了，不能时时刻刻都使用自强者面具，会让自己疲惫不堪。

当他知道内心发生的这一切之后,冲突得到缓解。等到自己身心得到充分休息之后,就是重新上班之时。

二、居丧反应

居丧反应是指个体在经历亲人或重要他人死亡后的一系列生理、心理和行为上的反应,具体表现如下:

(一)生理反应

1. 睡眠障碍:常出现入睡困难、多梦、易醒或早醒等问题,睡眠质量严重下降。

2. 食欲改变:可能食欲明显减退,对食物缺乏兴趣,体重减轻;也有部分人会通过过度进食来缓解情绪,导致体重增加。

3. 身体疼痛:会出现头痛、胸痛、肌肉酸痛等身体疼痛症状,可能是由于长期处于应激状态,身体肌肉紧张、激素分泌紊乱等原因所致。

(二)心理反应

1. 震惊与否认:在得知亲人离世的初期,往往会感到震惊,难以接受现实,表现为反复说"这不是真的",试图否认死亡的发生。

2. 悲痛与抑郁:随着时间推移,会深切感受到失去亲人的痛苦,陷入长时间的悲痛、哀伤情绪中,常伴有抑郁症状,如情绪低落、自责自罪、对未来失去信心等。

3. 焦虑与恐惧:可能会对未来生活感到焦虑,担心自己无法独自应对生活中的各种问题,对死亡相关的事物产生恐惧,害怕类似的事情再次发生。

(三)行为反应

1. 社交退缩:常常不愿与他人交流,回避社交活动,喜欢独自待在安静的地方,沉浸在对逝者的思念中。

2. 过度怀念:会频繁回忆与逝者的过往,收集和保留逝者的遗物,经常去逝者生前常去的地方,以此来缓解内心的痛苦,寄托哀思。

3. 行为紊乱:部分人可能出现行为混乱、无目的的行为,如在房间里来回踱步、整理物品却毫无条理等。

一般来说，居丧反应会随着时间逐渐缓解，但如果这些反应持续时间过长，严重影响到日常生活和社会功能，就可能是出现了病理性的哀伤反应，需要及时寻求专业心理帮助。

三、人格套娃

此案例主要使用了成长史分析以及人格套娃分析这两种。在这儿简单介绍人格套娃技术的内容。

人在不同的场合使用不同的人格面具，按场合的不同，可以把人格面具分为：外交面具、工作面具、社交面具、朋友面具、家人面具、伴侣面具、独处面具。

外交面具是在非常正式的场合使用的，所以比较端庄。

工作面具是上班的时候用的，工种不同，面具也不同，每种工作都有一些成文的或不成文的规定，必须遵守。

社交面具是下班以后、参加聚会或休闲娱乐的时候用的，比较轻松、随意，但要遵守社交礼仪。

朋友面具是跟关系非常好的朋友一起的时候用的，最放松、最敞开、最真诚。

家人面具是在家人面前使用的，按身份不同而分为父亲面具或母亲面具、儿子面具或女儿面具、兄弟面具或姐妹面具。

伴侣面具是夫妻或恋人单独相处的时候用的，按身份的不同而分为丈夫（或男友）面具和妻子（或女友）面具。

独处面具是独自一人的时候用的。

小尘的外交面具不是很清楚。他在工作的时候很拼，领导吩咐的任务都能够保质保量地完成。有些同事他很烦，也会直接怼他们。有的同事，聊得挺多的，互相开玩笑，也会约出来一起吃饭、钓鱼，比一般的朋友关系更深一点。

在一般的朋友面前，社交场合，基本上都是肤浅的开心，逢场作戏，但他并不喜欢这样的场合。

他跟非常好的朋友在一起的时候，有时候充当倾听者的角色，开导别人，给别人指导；有时候扮演请教者的角色。但是相同的地方都是非常坦诚，很真实，也很放松。大部分朋友那里他都是倾听者，指导对方。

他跟家人一起的时候，很少说话，经常板着脸，因为他不知道家人什么时候又会吵架，非常怕他们争吵。一旦听到家人互相指责，他就会非常愤怒。最开始他会加入他们，劝他们不要吵，结果越吵越凶，后来他就选择离开，爸妈反而吵着吵着就不吵了。

他跟伴侣一起的时候很照顾对方，非常为对方考虑，但是伴侣总是忽略自己。比如一群人一起聚餐的时候，伴侣和其他人聊得很开心，忽略自己，后来分了，痛苦了一段时间。总觉得自己很卑微，不值得被爱。

他一个人的时候非常放松，沉浸在自己的世界里，很喜欢那种感觉，平时喜欢拆东西，喜欢玩手机游戏、钓鱼。

四、咨询互动中的面具分析

咨询师在咨询过程中主要运用了两个咨询师面具：

1. 爱心大使面具：不管来访者说什么，都无条件接纳他。关注他、理解他、支持他、包容他，真诚地对待他。他可以哭，可以愤怒，可以躺平，可以抱怨，可以真实展现自己。最后让他也学会这样接纳自己。

2. 灵魂伴侣面具：在他讲述自己过去经历的时候，跟着他的情绪，为他的高兴而高兴，为他的悲伤而悲伤，为他的愤怒而愤怒。进入到来访者的内心世界，感受他的感受，体验他的体验，设身处地地理解来访者，然后把感受和理解反馈给来访者，使来访者更加了解和理解自己。

最后稍作提醒：解决问题的关键在于接纳自己的人格面具。知道这一解决方法之后就把它忘掉，不必刻意追求接纳，让接纳自然发生。多看看每个人格面具的优势，理解每个人格面具之所以存在的意义。剩下的就交给时间。

主体面具分析

人格面具按来源和作用的不同,分为主体面具和客体面具。主体面具是通过身体力行而形成的人格面具,是自己的言行举止和思想感情的记录,是自己用的;客体面具是通过观察和模仿而形成的,是他人的言行举止和思想感情的内化,用在他人身上。

所谓人格,就是主体面具的总和。客体面具虽然也在当事人的"心"里,但还不是"他的",只有转化为主体面具(认同)之后,才成为人格的一部分。

一、作用

1. 了解主体面具

主体面具分析的主要目的是了解当事人都有什么样的主体面具。了解了主体面具,就可以预测一个人在什么场合会有什么样的表现。

2. 了解人格

人格主要是由主体面具构成的,了解了主体面具,也就了解了一个人的人格。但是,一个人的人格面具是了解不完的,变通的做法是了解他的主导面具。主导面具就是使用频率比较高、经常使用的人格面具。

3. 动力学诊断

绝大多数心理问题都是面具错用的结果,从某种意义上讲,主导面具就是被滥用的人格面具。通过主体面具分析,可以了解被错用或滥用的人格面具是什么,它是在什么情况下形成的,从而找出心理问题的根源。

4. 安置

知道了被滥用的人格面具来自哪里,等于把它与它的"发源地"重新"锚定",这就是安置。

二、方法

主体面具分析的方法有很多，比较常用的有事件分析、成长史分析、"典型的一天"、人格套娃。

1. 事件分析

根据生活中发生的一件事，分析当事人在这个事件中所使用的人格面具，也叫情节分析。

一般人都会以为，当一个人遇到一件事情的时候，他一直戴着同一个人格面具。其实，他在这个过程中很可能先后使用了好几个不同的人格面具。由于人格面具的差别不大，从外表上看不出来。如果深入到当事人的内心，各个人格面具就会清晰可见。

AN与男友已经交往三年多，她对他越来越不满意。但是，她又离不开他。为什么离不开他？她说，他很纠缠。她好几次提出分手，他都不同意，继续纠缠她，甚至威胁她和她的家人。另外，他们曾经爱得轰轰烈烈，周围的人都知道了。如果真的分手了，她担心自己嫁不出去。再说，有时候他对她还是很好的。

不难看出，在这个事件中，AN先后使用了七个人格面具：

（1）挑剔者面具，觉得男友不够好，对男友不满意；

（2）分手者面具，想跟男友分手；

（3）被纠缠者面具，摆脱不了对方，失去自由，也叫"囚徒面具"；

（4）受害者面具，男友威胁她，她担心自己受到伤害；

（5）保护者面具，为了保护自己和家人，她不得不继续跟他交往；

（6）"破鞋"面具，觉得自己名声不好，找不到新的对象，只好保持现状；

（7）恋人面具，他有时候对她很好，她很享受他对她的好。

七个人格面具中，挑剔者、分手者想分手，被纠缠者、保护者、"破鞋"、恋人不想分手，受害者既想分手又不想分手，所以她一直分不了。

除了上述七个人格面具之外，可能还有：

（8）教育者面具或改造者面具，发现男友不符合她的期待，一般情况下会先尝试改造男友，改造不了才决定分手；

（9）花心者面具，她可能已经喜欢上别人，通过比较，才对男友越来越不满意，所以想分手。

花心者面具想分手，教育者面具不想分手。

2. 成长史

个人成长就是一个不断形成新的人格面具的过程。人在不同的时期会有不同的人格面具。婴儿期形成婴儿面具，幼儿期形成幼儿面具，上学以后形成学生面具，工作以后形成职业面具，结婚以后形成丈夫面具或妻子面具，生了孩子后形成父亲面具或母亲面具。

有的人从小到大一直生活在相同的环境里，面对的永远是相同的人，他的人格面具就会比较单一。如果环境变化比较大，经常"搬家"，不断地结交新朋友，他的人格面具就会比较丰富。

用成长史进行面具分析，人们会很自然地把自己的人生划分为若干阶段。每一个阶段都会有新的人格面具出现。

人格面具一旦形成，永远不会消失。所以，新的人格面具诞生了，旧的人格面具就会退居幕后，转入"地下"，变成隐性面具。

每个人都有儿童期、成年期，但是，每个人的儿童面具和成人面具都是不一样的，因为不同的人所面对的人不同，不同的人所处的环境不同，不同的人有不同的行为模式。

但是，人与人之间最大的区别在于特殊经历。一段特殊经历会留下一个特别的人格面具。例如，有的人曾经长时间远离父母，跟爷爷奶奶在一起，有的人跟随父母四处飘零，有的人参过军，有的人坐过牢。

荣格出生在瑞士的凯斯威尔。他有两个哥哥，但都在他出生之前夭折了。在他六个月大的时候他的家从凯斯威尔搬到了洛封城堡，住进了一所牧师宅邸。

荣格小的时候有几个比较清晰的记忆：

（1）他躺在树荫下的一辆儿童车里，看着蓝蓝的天空和金色的阳光穿过绿色的树叶，这些美景让他觉得很舒适；

（2）他坐在餐厅里，蹲在一把高高的椅子上，用小汤匙舀热牛奶喝，牛奶里泡着碎面包块，味道非常好；

（3）在一个美好的夏天傍晚，他的姨妈带着他去大路上看沐浴在夕阳中的阿尔卑斯山脉，那时整个山都变成了红色；

（4）他的母亲带着他去看一些朋友，这些朋友住在美丽的湖边，他被湖边的美景迷住了；

（5）在他不到四岁的时候听说一个孩子死去，他要去花园里看，他的母亲严厉制止了他，但是他还是跑到了一个通道里看到了血和水；

（6）他生病了，他的父亲抱着他来回踱步，唱着一首老歌给他听。

在这些记忆片段中，荣格都是很孤独的。第四个片段出现了母亲，但他的关注点仍然是湖边的美景。而美好的记忆来自父亲，他生病了，父亲抱着他，唱歌给他听。由此可见，荣格小时候的主导面具是孤独者面具。他孤独而忧郁，总是一个人玩，喜欢幻想，经常做白日梦。

孤独者面具是弃婴面具的变体。

出生就是被抛弃。所以每个人都有弃婴面具。大多数人从妈妈的子宫中出来，很快就回到妈妈的怀里，所以弃婴面具不会太强。两个月大以后，孩子已经能够识别妈妈了，妈妈的每一次离开都是一次抛弃，会不断强化弃婴面具。然后，断奶是一次巨大的抛弃。

荣格六个月大的时候搬了一次家，除了环境的改变，不知道有没有人员的变动，而使弃婴面具被强化。在他3岁的时候，母亲因病离家在外疗养数月，由他的姨妈和一位女仆来照料。这对弃婴面具是一个强化。

在童年，荣格也常常会遇到一些让自己受伤的事情。有一次他从楼梯上摔了下来；还有一次摔在一个火炉腿的一个角上，头部摔破流血；有一次差点从莱茵瀑布桥上掉下去；还有一次他跟着妈妈去天主堂，他在阶梯上绊了一跤，下巴撞在一块铁上，血流不止。这一系列的伤害事件，荣格认为是"潜意识中自杀的冲动，或是对生在这个世界上的一种极力反抗。"其实这是他的受害者面具的显现。

每个人都有受害者面具，因为每个人都曾经被伤害过。父母吵架就是对孩子的伤害，自己被打骂更容易形成受害者面具。另外，受害者面具的出现有时候是为了寻求保护。如果他受伤了，爸爸就会抱着他，唱歌给他听，妈妈就会关注他，给他做好吃的饭菜。

小学阶段，荣格基本上是优等生，因为家庭教育的优势，他早早就会阅读，所以他形成了"幸运儿面具"或"优秀生面具"。他不再像以前那样孤独忧郁了，和同学在一起与在家里的时候完全不一样，他可以和同学打打闹闹，玩各种各样的恶作剧。

到了中学时代，荣格被送进了巴塞尔的大学预科，离开了乡村的伙伴，进入了真正的"大世界"。在这里荣格再也不是那个优秀的幸运儿，在许多有权势的家族面前，他第一次意识到自己只是一个贫穷的乡村牧师的儿子。"苦命人"面具开始形成。

荣格在这里再也不是名列前茅的好学生，神学课、数学课对他成了极大的折磨，老师和同学们也不喜欢他。在12岁的时候意外被同学推倒撞到石头上，荣格便戴上了病人面具，出现"癫痫"、昏厥，无法学习，再也不用去学校。病人面具是受害者面具的一个变体，在各种受害者面具中，病人面具最容易引起别人的同情。于是，荣格通过自编自导患上了"神经官能症"。然后，久病成医，他成了精神科医生。因为他有很强的病人面具，所以他非常能够理解病人，他会很用心地分析病人的心理，早年迷恋弗洛伊德的精神分析，后来创建了自己的分析心理学。

3. 典型的一天

"典型的一天"不是一天，而是很多天，譬如一个星期，被"压缩"了一下，变成一天，展示一个人从早上醒来到晚上入睡之间16个小时左右所使用的人格面具。这种方法可以展示一个人的大部分人格面具。

这一天从凌晨开始，当事人醒来，他要做的第一件事是什么？通常是刷牙、洗脸，这是住户面具。有的人醒来之后不立即起床，而是躺在床上胡思乱想，这是思想家面具；或者玩手机，这是玩家面具。有的人第一件事是给家人做早餐，就是厨师面具；然后把孩子叫醒，给孩子穿衣服，带孩子去刷牙、洗脸，这是服务员面具。

吃完早餐，准备出门，这时候换上乘客面具。如果自己开车，就是司机面具。到了单位，换上职业面具，根据工种不同使用不同的职业面具。

如果是周末，不用上班，早上可能会睡懒觉，这是懒惰者面具。或者找朋友去打牌，这是朋友面具、赌徒面具。中午和朋友一起喝酒，这是酒鬼面具。如果是和家人一起去郊游，就是旅游者面具。如果是去看电影，就是观众面具。

晚上下班，有的人直接回家，换上家庭面具。有的人要经过菜市场，就要换上顾客面具。买了菜，回到家，开始煮饭、烧菜，这是厨师面具。然后招呼一家人出来吃饭，这是服务员面具。

如果家里有父母，当事人要使用儿子或女儿面具。如果家里有公公婆婆、岳父岳母，就要使用媳妇面具和女婿面具。如果有兄弟姐妹，还要使用兄弟面具或姐妹面具。如果有孩子，则使用父亲面具或母亲面具。如果有保姆，还要使用主人面具。如果有宠物，还要使用饲养员面具。

吃了饭以后，有的人收拾桌子，是服务员面具。有的人出去应酬，使用外交面具或社交面具。有的人坐下来看电视，这是观众面具。有的人上网，这是网虫面具。有的人看书，这是读者面具。有的人做作业，这是学生面具。有的人八卦，这是八卦者面具。

"典型的一天"包括了工作和生活等场景，可以了解工作面具、社交面具、朋友面具、家人面具、伴侣面具。因为是按时间顺序进行的，不容易漏掉重要的人格面具。

下面是一篇从网上下载的学生作文，《我的一天》：

今天，我早早地起了床，乘坐11路公交车去博山学数学。教我数学的那位老师教学经验非常丰富，教得也不错，使想要放弃数学的我又重新对数学有了希望。他首先让我温习了一下初一上册的知识，复习得差不多了，又教了教我下册的知识。我感觉前面的内容非常简单，可我大体看了看后面的内容，全跟比例尺有关，和地理差不多，地理里面也有和比例尺有关的内容。我地理本身就不好，数学也弄成比例尺，哎，可真要命啊！但是，我相信在我的努力下，一定会学好。学完数学后，我乘坐50路公交车去福乐园看牙。我一进门，两排椅子上的人都满满的，我过去"报了个到"，就在那儿等，等了不到20分钟，终于轮到我了，我躺在椅子上，准备看牙。看完牙后，我就打道回府。回到家，吃完了午饭，我闲着没事儿干，就是想出去玩儿，于是，我给好友白路千文打了个电话，约她去博山玩。我再一次乘坐10路车去博山，刚一下车，我就看见有一个人像我妈妈，可不知道是不是，我有些紧张，但还是继续往前走，近了，近了，妈呀！那就是我妈妈。我放慢了脚步……妈妈来到我跟前，又吃惊又疑惑地问道："咦？你怎么来了呀？"我若无其事地答道："来找你呗！"妈妈又说："那回家吧。"我可没话了，我结结巴巴地说："嗯……那个……白…白…路千文在那儿等着我呢……"妈妈："你……"妈妈噼里啪啦地说了我一顿，我倒霉地走了。去后，豆豆也到了（豆豆是白路千文的小名），我俩开始逛……今天我们也不知咋了，没有说说笑笑，没有打打闹闹，逛了一会儿，我们就各回各家，各找各妈了……

这就是我的一天，哎，真没意思啊！

文中的"我"先是坐公交车（乘客面具）去学数学（学生面具），遇到了一个好老师，"使想放弃数学的我又重新对数学有了希望"。在好老师面前，"我"变成了好学生。但是，当学到初一下册时，"我"把数学和地理联系起来，就变成了坏学生。还好，好学生面具还在，鼓励自己"我相信在我的努力下，一定会学好"。然后"我"又换上乘客面具，去医院看牙（病人面具）。看完牙打道回府，父母都不在家（独处面具），自己做饭（厨师面具），吃饭（吃货面具），闲着没事儿干（无聊者面具），就找朋友玩（玩家面具）。路上遇到了妈妈（儿子或女儿面具），妈妈问"我""你怎么来了呀？""我"撒了一个谎（说谎者面具），结果被妈妈噼里啪啦地说了一顿（错误者面具，被骂者或受害者面具）。最后见到了朋友（朋友面具），却没平时那样开心。

4. 人格套娃

人格面具分公开面具和隐私面具，也可以细分为：外交面具、工作面具、社交面具、朋友面具、家人面具、伴侣面具、独处面具。

外交面具是在非常正式的场合使用的，譬如外事活动、商业谈判、重大庆典、接见外宾、与重要人物（如未来的丈母娘）见面，其特点是衣冠整洁、身板挺直、表情严肃、不苟言笑、说话铿锵有力、义正词严。一个人如果长期使用外交面具，会觉得很累。

工作面具就是职业面具，是上班的时候用的，其特点是认真工作、尽职尽责、虚心学习、精益求精。工作面具按工种的不同而分为医生面具、教师面具、服务员面具、学生面具（学生的工作就是学习）等。

社交面具是下班以后、参加聚会或休闲娱乐的时候用的。按社交和娱乐的方式不同，社交面具可以细分为演说家面具、小丑面具、酒鬼面具、政治家面具、军事家面具、运动员面具、慈善家面具等。演说家喜欢"演讲"（也就是吹牛），小丑擅长搞笑，酒鬼嗜酒，政治家爱谈论政治，可能也喜欢玩权术，军事家爱谈论军事，可能也喜欢玩模型，运动员爱谈论体育，可能也喜欢运动，慈善家喜欢帮助别人，提供服务，热衷于公益事业。

朋友面具是跟朋友一起的时候用的，最放松，最敞开，最真诚，同时人际界线清楚，有担当。

家人面具就是家庭面具，按身份不同而分为父亲面具或母亲面具、儿子面具或女儿面具、兄弟面具或姐妹面具。

伴侣面具是夫妻或恋人单独相处的时候用的，按身份的不同而分为丈夫（或男友）面具和妻子（或女友）面具。有些夫妻关系很紧密，有些夫妻关系很疏离。有的人在夫妻关系中扮演照顾者，有的人在夫妻关系中扮演被照顾者。

独处面具是独自一人的时候用的。有的人独处的时候做家务或种花，有的人独处的时候看书，有的人独处的时候上网或看电视，有的人独处的时候发呆或睡觉。有的人根本无法独处，必须时刻有人陪伴。

人格面具就是这样一层一层叠加起来的，隐私面具在里面，公开面具在外面，一个套一个，像俄罗斯套娃。越里层的人格面具越柔软、感性、自由，越外层的人格面具越"坚硬"、理智、节制。外交面具就是所谓的"心理盔甲"。

来访者过来做咨询，一开始都是戴着外交面具的，表情严肃、举止谨慎，试探性地提问，有保留地回答问题。稍微熟悉了一下环境后，换上工作面具。心理咨询就是一项"工作"，所以应该使用工作面具。但是，由于每个人的职业不同，表现千差万别，一个人如果是当领导的，可能会使用领导面具，对咨询师发号施令；如果他是服务员，可能会使用服务员面具，对咨询师低三下四；如果他是从事研究工作、专门跟数据或机器打交道的，可能会使用科学家面具，单刀直入，缺少情感色彩；如果他是搞人事工作的、非常擅长跟人打交道，可能会使用接待者面具，对人热情友好，慷慨大方。

跟咨询师工作了一段时间后，互相熟悉了，来访者会渐渐轻松起来，换上社交面具，跟咨询师开开玩笑、吹吹牛。这样开玩笑和吹牛可能是掩盖内心的焦虑或自卑，它是不真诚的，是表演性的。再熟悉一点，来访者会换上朋友面具，对咨询师推心置腹，向咨询师敞开心扉。有的来访者走得更远，把家人面具、伴侣面具和独处面具也用了起来，表现得非常任性。

来访者使用家人面具有三种情况：（1）自己使用子女面具，把父母面具投射给咨询师；（2）自己使用兄弟姐妹面具，把对应的兄弟姐妹面具投射给咨询师；（3）自己使用父母面具，把子女面具投射给咨询师。这三种情况都叫移情，其中第一种最多见。如果是团体治疗，则更容易出现第二种，表现为团体成员之间争风吃醋、拉帮结派。

来访者使用伴侣面具称为"色情性移情"，就是把"配偶"面具投射给咨询师。

心理咨询既要遵守规则，又要敞开心扉，所以需要工作面具和朋友面具的配合。来访者如果使用外交面具和社交面具，说明他有阻抗；如果使用家人面具、伴侣面具、独处面具，就是移情。对于一般心理咨询来说，阻抗需要克服，移情需要避免。但是，精神分析认为阻抗和移情都可以变废为宝。人格面具理论则认为，阻抗和移情的出现说明来访者的外交面具、社交面具、家人面具、伴侣面具、独处面具过强，需要安置。安置的方法就是识别它们，然后借助于观想、感受、表演等技术释放它们的能量，接纳它们，驾驭它们。

"套娃"技术就是从外到里或从里到外分析当事人的主体面具。

荣格出名之后，需要参加各种"外交"活动，他的第一个"外交"身份是国际精神分析学会首任主席，后来还担任过《国际精神分析年鉴》主编。他还是分析心理学的创始人和多所国际名牌大学的荣誉博士和荣誉教授。

他的工作面具是医生和教授。他用这个人格面具从事科研、临床、教学，与同事、病人、学生交往。

对于荣格来说，社交面具和工作面具分化不明显，消闲和工作是连在一起的，因为他的兴趣和事业是一致的。他的很多学生和病人都成了他的"朋友"，经常出现在他的生活中，按现在的观点，严重违反"咨询设置"。但是，按罗杰斯的观点，他已经做到"真诚一致"。

虽然很多事业上的伴侣都成了朋友，但并不是真正的朋友。朋友面具是指一个人在与知心朋友（闺蜜、死党）交往时所使用的人格面具。有意思的是，荣格的知心朋友也都是从同事、学生和病人发展起来的。弗洛伊德曾经是他的知心朋友，他的妻子爱玛也是他的知心朋友，他的病人黑塞、保利、萨宾娜、托妮都是他的知心朋友。其中萨宾娜和托妮还不仅仅是知心朋友，而是红颜知己和情人。

荣格的家人面具是儿子、哥哥、父亲。

他的伴侣面具就是丈夫面具。他的丈夫面具很不纯正，被工作面具和社交面具严重污染，譬如他给妻子做精神分析，后来把妻子培养成心理分析师，成为他的圈子中的重要一员。1916年分析心理学俱乐部成立的时候，爱玛出任第一任主席。

荣格自幼孤独，他的独处面具非常发达。与弗洛伊德闹翻后，他把自己封闭起来，对自己进行分析，最终"认识"了自己，与自己"和解"了。荣格认识自己的方法是主动想象、画曼陀罗、玩泥巴（石头）、雕刻、建筑（波林根塔楼）、旅行、研究诺替斯教和炼金术、写日记（《黑书》和《红书》）。

荣格把自己的独处面具称为"第二人格"，把其他人格面具统称为"第一人格"。童年的时候第二人格占主导，所以喜欢独处，爱思考。上学以后，第一人格占了上风，表现为活泼开朗、好学上进。12岁时的"神经官能症"是第二人格的显现，很快又被打压回去。第一人格给他带来适应良好、成绩卓著、功成名就等好处，令他充满自豪，所以他非常喜欢这个人格面具，不愿意摘下来。跟弗洛伊德决裂后，第二人格又跑出来了。这一次荣格接纳了它，从而走上"自性化"之路。

三、注意事项

主体面具和客体面具是可以互相转化的，所以两者无法截然分开。在做主体面具分析的时候，都会涉及重要的他人，这些重要他人对当事人的人格形成有着巨大的影响。而且，有相当一部分主体面具是从客体面具转化而来的（认同）。但是，对于初学者来说，做主体面具分析的时候仍然要把重点放在主体面具上，等熟练之后，在实际运用中，可以把主体面具分析和客体面具分析结合起来使用，譬如在回顾成长史的同时，了解当事人的家庭成员和各个阶段的重要他人。

一个厌学的女孩——囚徒困境

于琳

一、案例报告

（一）初始印象

Q，女，高一学生，被父亲带来咨询。个子不高，娃娃头，皮肤略黑、偏胖，胆小不敢抬头，说话支支吾吾、声音小。Q对自己的评价是长相不行、学习不行、玩也不行，什么都不行。

（二）咨询问题

厌学、心情低落

（三）心理问题的形成

独生女，父亲是企业中层管理者，母亲是老师。初一时父母离异，父母离异前她基本都是母亲带大的，父亲整日忙着工作应酬，很少见。父母离异后母亲搬出了家，Q跟父亲一起生活。

Q从小是母亲带大的，母亲是一个很有时间观念、做事利落的人。Q觉得小的时候母亲很辛苦，所有的家务都是母亲做，既要上班又要做家务还要带自己。Q很心疼母亲，总想帮母亲做点儿什么，母亲总是嫌弃自己做得不够好，或者慢。Q觉得好像自己什么都做不好，而母亲好像是全能的，什么都能搞定。Q大部分业余时间经常是跟在母亲后面，跟着母亲的节奏。

Q觉得印象中自己童年时期的父亲还蛮好的，虽然不经常在家，但是在家的时候还是很宠着她的，童年对父亲的印象还蛮好，感觉父亲比母亲要更和蔼可亲。父亲重男轻女，因为没有儿子而遗憾，感觉父亲就是把自己当儿子养大的。从Q开始上学，父亲喜欢只盯着她的学习成绩。从小学四、五年级开始，每次成绩出来的时候就是她的噩梦，父亲总是会逼问她题是如何错的。她感觉自己是个神经大条的人，记不住那么多细节，但是父亲却总是逼问各种题目的细节，她很痛苦。父亲还经常在吃饭前批评她，必须站好了回答，回答得不对就不能吃饭，经常被这样罚站半小时起。刚开始这样的时候，她还寄希望于母亲身上，希望母亲能够帮她说说好话，不用罚站，却发现母亲根本不管，她只能听父亲的。所以Q特别讨厌考试，也讨厌学习，觉得学习和考试都是负担。

Q从小就没什么爱好，朋友很少，很少跟朋友出去玩。上小学之前也跟小朋友出去玩过，发现自己玩什么都不太行，经常跟不上小朋友们的节奏，时间长了大家就不愿意带她一起玩了。她大多数时间都是一个人在家玩，一个人玩玩具、一个人看动漫、一个人看书，甚至有时一个人发呆。

上学之后，Q总是想讨好别人。想讨好老师，发现老师们喜欢学习好的学生，但是自己的学习平平，没有办法讨好老师；想讨好同学，每当同学有需要她帮助的时候，她总是特别开心地帮助，虽然并没有因此交上朋友，但是她却很开心。Q从小学开始，每段时间都会有一个比较稳定的好朋友；上了初中后，交往了两个好朋友，在学校时经常在一起玩。父亲对自己的交友开始干涉，希望Q跟学习好的同学交往，但是学习好的同学大多比较高冷，Q不喜欢；她的两个好朋友学习都很差，父亲不许她业余时间跟这些人出去玩。初一开始父母离婚，离婚后父亲的脾气暴躁、变幻无常，像一颗不定时炸弹，她不敢惹父亲，只能言听计从，但是心里是很不愉快的，每次都只能看着小伙伴们出行的相片默默羡慕。Q的初中生活就这样进行下去，每天准时上学、准时放学，放学后没有任何娱乐活动，需要在第一时间赶回家里继续学习。中考后Q考上了当地一所普通高中，因为考试成绩不理想，整个暑假被父亲禁锢在家反省，没怎么出门。

Q进入高中后，她变得更加内向，也没有交到朋友。高一的第一次考试考了班级里倒数10名，被父亲严厉训斥，罚站了2个小时。从那之后就害怕考试，一想到考试就心慌、手抖，慢慢变得看书也心慌、头晕，无法去学校。近一个月不能上学，父亲没办法只能给她一个手机玩，天天在家躺着刷手机，只要不看书，躺着在家就没问题。

（四）个案概念化和案例分析

1.事件分析

Q的内心冲突在于从小内在一直被忽视，在生活上顺从母亲，在学习上顺从父亲，加上没有得到父母的镜映，自我不清晰、缺少自信、内心没有支撑，导致自体比较脆弱、不够稳定，一直活成了父母想要的孩子（假性自体），而不是自己。

从上学开始被父亲冷暴力，父母过于强势，每天为了成绩而担心、焦虑。Q觉得父亲很难沟通，自己又不擅长表达，长期积累的压力在心理无处释放，勉强考上了高中，而高一的第一次考试成绩的不佳将Q的假性自体击垮，长久失去内在动力，内在非常自卑。

2. 求助者面具分析

（1）合作者：Q刚来到咨询室的时候，不太说话，表达能力也一般。当咨询问道她是否愿意用沙盘或者绘画的时候，她很合作地选择了曼陀罗。在咨询设置方面，她也很合作，很少迟到，基本都能够按照约定的时间咨询。

（2）依赖者：Q的生命中一直没有一个能够真正看见她的人，内在缺少支持她、镜映她的人。当被看见自己内在资源了之后，比较依赖咨询师，经常在非咨询时间给咨询师发信息。

3. 当事人面具分析

（1）自卑者面具：觉得自己长得又胖又黑，学习也不好，也没有什么才艺，好像做什么都做不好。

（2）自娱者面具 ISFP：经常一个人待着、一个人玩、一个人看书。

（3）顺从者面具 ISTJ：表面上的主导人格，一直顺从母亲和父亲的安排，有可能是Q的假性自体。

（4）孝顺者：Q内化了父母和中国文化的孝顺品质，觉得应该孝顺父母，不应该跟父母顶嘴，骂人就是更不能接受的。

（5）受虐者面具：经常因为学习被父亲施以语言暴力，有苦难言；背后隐藏了一个施虐者，在Q脆弱的时候，攻击自我。

（6）孤单者面具：Q的朋友很少，经常觉得很孤单。在初中有了两个朋友，因为学习成绩不达父亲的要求被阻止交往，她变得更孤单了；高中没有交往到朋友。

（7）明君面具：隐藏的明君使得Q平时自我要求很严格，她很自律。但是当她无论如何都满足不了明君的要求时，明君也变成了过度要求自我的利器。

4. 成长史分析：

（1）Q的内在自我一直没有被看见，母亲忙于工作和家务，父亲忙于工作和应酬，没有顾及她内在的心灵世界，如潜能挖掘和优势的发挥。

（2）Q对童年的记忆很少有经常在一起玩的伙伴，经常自己玩，能够跟自己很好地独处。

（3）Q从上幼儿园开始就顺应母亲的生活节奏，成了母亲的小跟班，成了母亲眼中的乖孩子；适应了社会，形成了"假我"面具"顺从者。

（4）Q上学后，经常因为学习问题被父亲严加管教并施以语言暴力和体罚，有苦难言。

（5）中考是Q噩梦的最高峰，被在家拘禁2个月，没有中考压力后的放松，也没有社交，孤独、绝望从此开始。

（6）Q的社交一直很少，在初中父亲因为学习问题而阻碍了Q社会性交往的发展，到高中后友谊中断，也没有新的朋友，生命中只剩下了学习一件事。

（7）高一的第一次考试击垮Q的事件，但冰冻三尺非一日之寒。

5. 原生家庭分析：

母亲：母亲是家里的小女儿，小的时候很受宠。在生活上，母亲做事干脆利落、做事按部就班。母亲不太逼Q的学习，但是在生活上对Q的要求是也要跟她一样按部就班地做事。父亲不在的时间，会允许她看看电视、玩玩手机或网络游戏。母亲有明君面具、幸运儿面具、纵容者面具。

父亲：爷爷奶奶对父亲关心很少，但却经常打骂父亲。父亲面对奶奶的时候，经常无法交流，经常被骂，沟通几句就离开了。父亲对于Q学习总是要求非常严格，如果不能达到他的标准就会批评，从来没有夸奖过Q，只有严厉的要求和批评。即使Q考了第二，也会被问为什么没考第一；Q考了99分，会被父亲问为什么没考100。父亲的面具：明君、暴君、苦命人、受虐者、逃跑者、施虐者。

爷爷：是个农民，话不多、行动慢、做事一本正经，生活特别节省，规矩感很强，绝不越矩，对于有点儿风险的事情绝不冒险，是个本本分分的好人。爷爷是家族里的大哥，对弟弟妹妹很好，会照顾一大家人。跟奶奶经常吵架，吵得赢就吵，有时就不吵了，干脆不说话，有种"秀才遇到兵，有理说不清"的感觉。当遇到棘手的问题时爷爷经常会退缩、扭捏着不行动，既不解决问题也不配合，这个时候问题通常由奶奶来解决。爷爷有观察者、保护者、逃跑者、抵制者面具。Q对爷爷不是很认同，觉得爷爷太弱了，又固执。

奶奶：性格暴躁、能力强，在村子里做小生意，后来跟爷爷到县城里做小生意，卖过水果、蔬菜，也在春节的时候卖过年货、鞭炮。凡是奶奶遇到的人和事，好像都能搞定，是家里的顶梁柱。对奶奶最大的印象就是吵架从来没输过。Q小的时候总是习惯性地与奶奶保持距离，觉得她太强大，自己太弱小，远离奶奶是上策。奶奶主要的面具是暴君和奋斗者。

外公、外婆：接触不多，去世得早，没什么印象。

6. 咨询过程

初始访谈——父亲：介绍了来访者的情况和家庭情况。

初始访谈——来访者Q

Q打量了一圈咨询室，最后把目光对向咨询师，又瞬间低头，坐在沙发上。低头不语，沉默2分钟后说："我爸让我来的，我不知道该说什么，你安排吧。"

咨：既然来了，那做点儿什么吧；我们这里有沙盘，你可以随便摆摆；也可以画画。

访：我想画，但是不会（瞬间眉毛一挑，又低下头去）。

咨：那在一些图案上涂颜色呢，你觉得如何？

访：可以啊，我小的时候经常涂。

咨：这里有各种曼陀罗绘本的图案，你可以随便选一个。

访：（选了一张开始画……）

咨：能说说你画的是什么吗？

访：我也不知道。

咨：那你有什么感受和想法吗？

访：没有。

咨：那你愿意给它取个名字吗？

访：（摇头）。

咨询设置：与来访者 Q 商定初期咨询周期为三天一次，使用精神动力学疗法，具体使用人格面具结合曼陀罗疗法。

连续 5 次咨询都是这样，Q 每次都很准时，很少说话，每次都是选一张曼陀罗开始画，很安静，与咨询师很少交流。咨询师无聊拿了本书看，不时看一眼 Q 画的，但不评论，也不作声。两人好像达成了某种默契，一个看书，一个画画，咨询室里一片宁静。

第六次咨询

访：今天还画画吗？

咨：如果你还是觉得没什么想说的就可以继续画，如果你想说点什么也是可以的。

访：我爸应该都跟你说了吧，我也不知道说什么。

咨：他的确是说了一些，但是我更想了解你内心的想法。

访：（低头）我没什么想法。

咨：我发现你很喜欢画动植物，为什么呢？

访：因为喜欢，我从小就喜欢动物，喜欢大自然，最喜欢去的就是动物园，而且比较喜欢野生动物园。

咨：为什么喜欢野生动物园？

访：那里的动物都不用被关在笼子里，它们可以相对自由地生活。

咨：被关在笼子里的动物是会挺难受的。

访：是非常的难受，我看着那些被关在笼子里的动物，心里就很难过。

咨：那今天就画这个，你看如何？

访：（一个淘气的表情）可以。

Q 画了一半,手开始略微发抖(曼陀罗只画了一个框,里面一个宝宝)……

咨:怎么了,哪里不舒服吗?

访:我也不知道。

咨:现在有什么感觉?

访:觉得心里好像堵着什么东西,胸闷。

咨:没关系,尝试做几次深呼吸,长长地吸气、慢慢地呼气……

访:嗯……好些了。

咨:感觉你好像有点儿压抑。

访:嗯,是,画着画着就不舒服了。

咨:如果压抑有不同程度,10 是最压抑的状态,0 是不压抑,你觉得刚才手抖的时候是几分?

访:7 分,但我有个想法能说吗?

咨:可以。

访:我不太喜欢这种打分的方式,到处都是考试打分烦死了。

咨:那你觉得如何说比较适合呢?

访:正常说就行,比如不压抑、有点压抑、很压抑、非常压抑,这样就挺好。

咨:这个说法也不错,我们就这么愉快地决定了。

访:之前每次你都会问我是否想给它取个名字,我没什么想法,但是今天这个我想给它取个名字，就叫"压抑的动物"。

咨：你能描述一下这个压抑的动物吗？

访：感觉很像那些被关在笼子里的动物们，没有自由……（沉默1分钟）；其实也……像我，我也没什么自由。

咨：你也没自由？

访：嗯……有些话我说了，你可以不要告诉我爸吗？

咨：可以，只要不是伤害你自己和他人的事情，如果你希望我说，我可以暂时保密。

访：其实有些话我也是想让他知道的，但是他脾气太坏，现在还不是时候。

咨：嗯，如果是这样的话，那么等你准备好的时候，我可以跟他说，或者……你自己跟他说。

访：嗯……从有成绩分数开始，就没什么自由了，每天就是学习、应付考试，好像没有其他了；如果只是这样也没什么，同学们大多也都被家长管得挺严，大家都差不多。但是从初一开始，我爸甚至要求我在放学30分钟内必须到家，如果这是一种保护我的方式，我也勉强可以理解。最难过的是中考后的那段时间本来应该是紧张后放松的，同学们都被家长带出去玩了，只有我被拘禁了两个月的时间不让出门，我觉得自己跟那些动物园的动物没什么区别。那段时间就像噩梦一样，我再也不想过了（频繁搓手），好像要自由，但貌似不可能。（她哭了）

接下来的2次咨询，Q在间隙性哭泣中控诉自己的父亲，还有母亲离婚后的很少见面（最长间隔半年才见面一次），她对父母的爱恨交加也是形成她内心冲突和痛苦的一部分。她也自责说自己也尽力了，但是成绩没什么变化，她觉得自己就是那种最笨的鸟，就是飞不高，哪怕是再努力，父亲的高标准、严要求自己实在是无能为力。

第九次咨询

访：咨询就是这样的吗，真没意思（看起来状态不错，说话的语气似乎有了力量感，所谓的理直气壮）。

咨：那你认为咨询应该是怎样的呢？

访：不是应该解决问题吗？

咨：是的，我是陪伴你逐渐探索寻找解决方法的。

访：不是你帮我解决吗？

咨：我并没有那么神通广大，但是可以从心理学的角度辅助你解决。

访：这么多次咨询了，我一点变化都没有。

咨：那为什么还每次都来呢？

访：（沉默……）或许是因为这里安静吧，偶尔有个人听我说话也是好的。

咨：还有吗？

访：这几次哭出来，心里会好受些。

咨：你想知道我感受到了什么吗？

访：嗯嗯。

咨：如果心情像天气的话，至少你的情绪世界仿佛晴天了。

访：（沉思……）好像是，我也感觉内心似乎平静了一些；（沉思……）那接下来是不是要解决一下问题呢？

咨：我们可以一起制定一个咨询目标，然后一起努力；先看看问题出在哪里了，再一起探索解决，你看可以吗？

访：可以的，我想把"压抑的动物"改个名字，叫"囚徒困境"。

咨：听起来就像是游戏的关卡名。

访：还真的是，如果有一天能过关那就太开心了。

咨：那我们的咨询目标就是"解决囚徒困境"；你好像比较喜欢曼陀罗，我们就继续用精神分析人格面具理论结合曼陀罗来延展解决问题，精神分析人格面具理论比较有利于你自我探索、了解问题的缘由；而曼陀罗理论可以辅助呈现心理状态。

访：好的，其实问题的原因很简单，就是我有一个无法反抗的父亲，甚至无法沟通、一意孤行，他认为自己永远是对的，我只能顺从，打又打不过，骂又不孝顺，而且我也从来没骂过人，父亲不许我骂人。他还经常干涉我交朋友，我好孤单。

咨：还有吗？

访：想不到了。

咨：从人格面具来分析，你这个囚徒困境中好像还挺多元化的，包括了顺从者、孝顺者和孤单者，你怎么看？

访：（沉思……）是的，一直以来我都是顺从父亲的，但是渐渐发现父亲的要求我达不到，虽然我不赞成他的想法，但是因为孝顺没法反抗，所以我就被困在这里一个人孤单，变成了囚徒。

咨：好像可以这么理解。心理学有个技术叫作观想和感受，可以帮助你更好地了解这个"囚徒"，你想尝试一下吗？

访：好的。

咨：好的，现在尝试做几个深呼吸，然后慢慢闭上眼睛，你想象一下自己进入了这个囚徒困境中，你就站在"囚徒"旁边，看看它长什么样子，多大了、从哪里来，为什么会被困在这里？

访：他是个男孩子，15岁，浓眉大眼、五官端正，长得很帅气，他待在一个四面墙的地方，出不去、别人也进不来，他很无助、沮丧，蜷缩在一个角落里，他因为考试没考好、被父母关在了这里。

咨：你站在他身边是什么感觉？

访：跟他一样的难过，但是也帮不上忙。

咨：你想不想尝试跟他合二为一感受一下？

访：可以。合在一起之后，感觉身体很虚弱，睁开眼什么都看不见、四周很黑暗、不见光亮，也没有人，孤独、绝望、感觉自己快要不行了。还有一种感觉，就是愤怒、非常的愤怒，想跟把我囚禁在这里的人理论为什么要这样对我，我努力了的，只是我真的不行；不然他换个孩子养吧，我承受不起，只要他能放我出去就行。

咨：你觉得自己哪方面不行？

访：哪方面都不行，智商不行、长相不行，就没有哪里是行的。

咨：你尝试从他的身体里出来，再看看他，有没有什么想对他说的？

访：我想抱抱他可以吗？

咨：当然可以。

访：我抱着他，然后对他说"其实他长得挺帅的，并不像他想象中那么不堪"。

咨：他什么反应？

访：他的眼神里有了光，仿佛看到了希望。

咨：你可以跟他说声再见，有空再来看他。尝试再次深呼吸，从情景中出来，慢慢睁开眼睛。

访：（流泪……）原来那个囚徒很帅，我想起来自己小的时候虽然黑、但是也很漂亮，好像是从上了小学以后，我就慢慢变胖了，也很少照镜子，后来就躺平了、每天的时间都在看书学习，越来越胖。我想问你是如何保持身材的？

咨：这个……我想想，首先我家的基因里没有胖子，其实我吃饭很少吃撑，还有就是我每天会给自己安排时间健身或者晚饭后到楼下遛弯，45分钟起。

访：我家基因里也没有胖子，但是我每顿都吃得很多、也没有运动的习惯，这可能是我胖的原因，或许我可以每天饭后到楼下遛弯。（Q第一次在咨询室笑了，仿佛忘记了那个囚徒还在困境里待着呢）。

咨：可以啊，一切可行性的事情都可以尝试，万一成功了呢。

当Q在人格面具观想中看到自己潜意识里资源的时候，结合了现实的情况分析了原因，打算从遛弯开始提升形象建立自信、找回自我，暂时忘记了困境（有时摆脱困境的方式可能是一个意想不到的方面）。

第十次咨询

咨：这两天过得怎么样？

访：你看呢？

咨：感觉……好像精神了一点。

访：嗯嗯，我也有这种感觉，第一天饭后在小区里遛弯，然后第二天饭后去了附近的公园里遛弯，发现遛弯的人好多啊，之前都没发现，好像每个人都在很努力地活着。

咨：嗯……

访：感觉遛弯后的身体很舒服，心情也好多了。还有我让父亲在网上给我买了曼陀罗的绘本和画笔，我打算没事在家里画。

咨：听起来还不错，感觉好像你要主动出击解决问题了。

访：总要试试的嘛，万一成功了呢。这两天我在想，我的囚徒困境其实也包括自己的"容貌焦虑"，我回想起了小时候自己虽然朋友少、但也还是蛮开心的，好像我的容貌也被困住了。

咨：你是说容貌的变化影响了你的自信，你说话经常低头跟这个有关吗？

访：嗯，很严重地影响了我的自信，都抬不起头了。

咨：关联到囚徒困境，你会有什么想法呢？

访：（沉思……）好像我太弱了，不够自信，也是被困住的原因。我其实挺自卑的，不只是容貌而是对自己的各个方面都没什么自信，可是内心中又隐隐地觉得我好像也没那么弱。

咨：也就是说你还有一个"自卑者"，这个囚徒很顺从、很自卑、很孝顺，也很孤单。

访：是的，而且他还挺重要的。

咨询设置：这次咨询后，Q觉得自己心情已经没有那么糟糕了，希望咨询设置变成了每周一次。

一个月后

咨：你今天好像心情不错！

访：被你发现了，我有了一个新朋友。

咨：能说说吗，怎么交往的？

访：从上个月开始我每天晚上都坚持散步，后来慢慢就可以跑起来了，然后越跑越远，我现在可以连续跑20分钟了。从我生病之后，还是有几个同学一直关心我、跟我联系，起初我怕她们看不起我，不愿意回信息。最近我开始跑步，而且也瘦了一些、自信些了，跟她们分享了一下，她们好羡慕我；还有一个离我家很近的女同学，最近两天刚好周末，就跟我一起散步、跑步，我们聊得很开心。这一次我没有讨好她，而是感觉她是被我吸引来的。

咨：这样是不是觉得更谈得来呢？

访：可能是物以类聚吧。

咨：怎么说？

访：她也跟我一样胖，想减肥，哈哈哈（她难得如此开怀大笑）。

咨询室一片笑声。

这次咨询又做了一次观想，观想中囚徒不再觉得孤单了，平时会自娱自乐地涂曼陀罗、遛弯减肥的同时也交往了新朋友，仿佛变得自信、开朗了很多。

两个月后

访：我昨晚画了一张曼陀罗，今天带给你看。

咨：（好奇……）是吗，快拿来我看看。

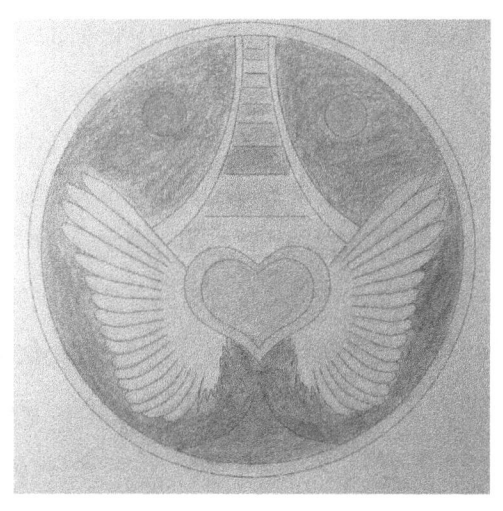

咨：好漂亮的翅膀。

访：被你发现了，你知道吗我是先涂的左右两大片黑色，然后画的这个翅膀，当我画这个翅膀的时候，感觉好像自己真的能够突破这片黑暗，照亮身边的世界，也可以随时飞起。我看着它欣赏了好久，心里好像敞开了一扇窗，迫不及待拿来给你看。

咨：真是太神奇了，那么大面积的黑好像都被弱化了，完全被翅膀照亮了。现实中有什么事情发生吗？

访：没有什么特别的，只是想到了一句话。

咨：什么？

访：不在沉默中灭亡、就在沉默中爆发，我总觉得自己没那么差，只是还不知道自己哪里好而已。我们可以把咨询目标换一下吗，换成"了解我自己"。

咨：可以的。

在自我探索的前期，Q综合了自己、家人和朋友的评价，发现自己的评价太低、觉得自己几乎没有优点。母亲和同学的朋友对自己的反馈比较像，包括"善良、温顺、好的倾听者、独行侠"；让她印象深刻的是父亲的评价，父亲想了一个晚上说："懒、馋、优点没想到。"Q惊奇地发现父亲的评价跟自己的评价居然会如此之像。（如果父亲的贬低是一种毒药，那么她已经中毒很深了，她需要解毒。）

在咨询中Q又发现了自己隐藏的明君面具、暴君面具、逃跑者面具，有一个最重要的是被自己遗忘了很久的面具"自娱者"。

观想中：自娱者是一个五六岁的小女孩，一个人在自娱自乐，她在涂绘本，而妈妈就总是坐在她的不远处，一边做着家务、偶尔关注地看她一下，她觉得很安心。一会儿小女孩又到了外婆家，外婆不像母亲那么雷厉风行、也不像父亲那么严厉，话很少、但很随和，几乎没有发过脾气。外婆家的不远处有一座山，夏天时节漫山遍野的花花草草还有蜻蜓，如果有邻居家的小伙伴，她就与小伙伴们一起去，如果没有她就自己去山上发现各种动植物，像个探险家。她喜欢在天气比较好的时候躺在半山腰的草坪上，看着蓝天、白云飘过，一阵徐风吹来，心旷神怡。

Q从观想中回到现实，脸上洋溢着从未出现过的开心和愉悦，就好像遇到了失踪了多年的知己。

这次咨询后，Q跟母亲说了自己最近的变化和感受，她跟母亲说自己的数学和物理真的太差了，而且自己真的很喜欢大自然和画画，希望以后能够尝试走艺术或设计路线，并希望母亲能够说服父亲。

自我探索后的Q的总结：我可以有着艺术家的优雅和娴静，也有着顺从者的务实和行动力，有着明君的管理能力管理自我，有暴君防御欺负我的人，这样的我挺好的。

两个半月后

Q带来了另一张曼陀罗———只黑天鹅。

Q希望自己能像这只黑天鹅一样,虽然黑但是可以很优雅、很有气质,于清风绿草间,畅游在水域里;身边有朋友也好,自己也可以,游得自由自在。(她对这幅画不太满意,希望有一天能够很写实的画一幅黑天鹅作品。)

最后一次囚徒观想:一个十五六岁的女孩、文静优雅,她把这个四面墙的地方给设计了一下,并与那个男孩(顺从者)一起把这里改造了,有门、有窗,透过窗户可以看见外面的湖水和绿草,屋里有一个很舒服的沙发,累的时候她就赖在那里躺平休息;窗户旁边有花架、她可以在那里画画,房间里东西不多,但是很舒服,想出门的时候,她也可以出去,不出门的时候,房间里有她需要的东西,她可以自娱自乐,很开心……

在母亲的说服下,父亲同意了自己的想法,Q已经开始学习画画,希望走艺术生路线,也有了理想中的大学,她把"囚徒"改名为"现实的艺术家"。新学期开学时,她恢复了上学,从此她学习不再是为了父亲、也不再是囚徒,她要为了自己学习、学自己喜欢和擅长的东西,她想活成自己喜欢的样子和过自己想要的生活。

二、厌学的原因和各流派的解释

（一）厌学的原因

学生厌学是一个复杂的现象，通常由多种因素交织导致。以下是一些常见原因的分析：

1. 心理因素

（1）学业压力过大

长期面临考试、排名、升学压力，导致焦虑或自我怀疑。

家长或教师的高期待超出学生承受能力，产生逃避心理。

（2）缺乏学习兴趣

教学内容与生活脱节，学生感到枯燥、无用。

学科内容难度过高或过低，导致挫败感或厌倦感。

（3）自我效能感低

长期成绩不佳，形成"努力无用"的消极心态。

与他人比较后产生自卑心理，失去学习动力。

（4）青春期心理波动

情绪敏感、叛逆心理或人际矛盾影响学习状态。

2. 教育环境因素

（1）教学方式单一

填鸭式教学、过度依赖题海战术，缺乏互动性和创造性。

教师忽视个体差异，导致部分学生跟不上进度。

（2）师生关系紧张

教师批评过多、鼓励不足，学生产生抵触情绪。

教师对学生缺乏关注，导致学生失去归属感。

（3）学校管理僵化

严苛的纪律要求（如超长学习时间、禁止课外活动）引发逆反心理。

校园欺凌或同学关系紧张，导致学生逃避学校。

3. 家庭因素

（1）家庭教育方式不当

家长过度控制：强迫学习、剥夺自主权，引发反抗。

家长过度放任：缺乏学习引导，学生缺乏责任感。

（2）家庭压力与矛盾

父母对成绩的过度关注或攀比，导致心理负担。

家庭冲突（如父母离异、经济问题）分散学生注意力。

（3）代际观念差异

家长忽视孩子的兴趣选择，强制安排学习方向（如补课、特长班）。

4. 社会与网络影响

（1）网络娱乐的诱惑

短视频、游戏、社交媒体占用大量时间，分散学习精力。

虚拟世界中的即时满足感削弱对长期学习的耐心。

（2）"读书无用论"误导

社会案例（如"网红暴富""辍学创业"）导致学生轻视教育价值。

（3）同伴影响

身边朋友厌学、逃学行为形成负面示范。

5. 个人因素

（1）缺乏目标感

不清楚学习的意义，对未来感到迷茫。

学科内容与个人兴趣、职业规划脱节。

（2）学习方法不当

效率低下导致长期疲劳，形成"学不会—不想学"的恶性循环。

（3）身体健康问题

睡眠不足、营养不良或心理疾病（如抑郁症）影响学习状态。

6. 其他潜在原因

（1）校园适应困难：转学、升学后难以融入新环境。

（2）特殊学习需求：如多动症（ADHD）、阅读障碍等未被关注。

（3）价值观冲突：认为学校教育无法满足自我成长需求（如创造力、实践能力）。

总之，厌学并非单一原因导致，往往是多因素共同作用的结果。解决这一问题需要家庭、学校和社会协同合作，关注学生的心理需求，调整教育方式，减轻压力，同时帮助学生找到学习的内在动力与意义。对于个别案例，可能需要心理咨询或专业干预。

（二）各流派的解释

以下是各个心理学流派对厌学现象的解释：

1. 生物学派

生物流派认为，孩子的大脑发育成熟度以及学习时能否产生内啡肽等生化物质，可能影响其学习态度。大脑功能的不成熟或生化物质分泌不足，可能导致孩子对学习缺乏兴趣。

2. 精神分析派

精神分析派强调早期经历对孩子行为的影响。孩子早期的创伤经历，如家庭冲突、缺乏关爱等，可能使其对学习产生消极态度，表现为厌学。

3. 行为流派

行为流派认为，厌学是环境刺激和强化因素的结果。不良的学习环境、缺乏正面激励等，可能导致孩子对学习失去兴趣。

4. 认知学派

认知学派关注孩子的注意力资源和认知加工能力。当孩子的注意力资源不足或认知加工能力受限时，他们可能难以有效学习，从而产生厌学情绪。

5. 人本主义派

人本主义派强调孩子的主动性和潜能发挥。当孩子感到自己的主动性被压抑，潜能无法发挥时，他们可能对学习产生抵触情绪。

6. 社会文化学派

社会文化学派认为，教育制度、社会文化以及学校环境等因素，都可能影响孩子的学习态度。当这些因素不利于孩子学习时，他们可能产生厌学情绪。

三、人格面具技术与曼陀罗绘画技术

人格面具技术：是建立在精神分析荣格流派基础上的，将每个人人格状态的矛盾部分呈现出来，便于分析人格冲突形成的原因和化解，分为分化、整合、安置和创建几个步骤。

曼陀罗绘画技术：对于不善于表达的来访者，可以结合沙盘、绘画、OH卡牌等技术辅助语言沟通，来访者Q选择用曼陀罗绘画来呈现人格的结构和冲突。

整合：曼陀罗拥有颜色多元化、结构多元化、便于在咨询外的其他时间绘画等特点，可以体现来访者的人格结构，也可以避开来访者的防御，呈现出来访者没有意识到的人格部分（即隐藏的人格），启发来访者的觉察和领悟。当来访者意识到某些隐藏的人格结构，疗愈便开始了；随着咨询的进展，来访者也会为满足功能性需求创新出新的人格面具，并对各个人格结构进行重新安置、整合，逐渐化解冲突、各个人格面具各安其位、平稳发展，应对现实中的问题。

四、来访者与咨询师的面具互动

咨访关系建立阶段：第1-5次咨询，来访者启动了"隔离"防御机制，来到咨询室先是观察了一圈咨询室，然后顺从了咨询师的安排，安静地画曼陀罗，先后启动了观察者、顺从者、自娱者面具，也同时启动了女儿面具，将小时候与母亲之间的互动关系投射给了咨询师（来访者的童年母亲也曾这样安静地陪伴过来访者），咨询师默认了这种互动关系，启动了爱心大使面具和纵容者面具，静静地陪伴、没有打扰却暗中关注，与Q建立了一种极其安静的咨访关系。

情绪疏导阶段：第6-8次咨询，来访者的当事人面具出现，开始描述家庭环境和内心状态，并发泄情绪，启动了苦命儿面具；咨询师用了爱心大使面具和仁君面具，陪伴来访者。

精神分析阶段：第9次咨询——结束，来访者情绪初步稳定，运用了内化了父母的明君面具（支配者），主动要求解决问题，咨询师与来访者一起建立咨询目标。在咨询过程中，咨询师用了灵魂伴侣面具和精神导师面具，陪伴来访者一起探索内在的人格面具、面具之间的互动、调整，以及每个人格面具对来访者的

功能和意义，一起发现、思考、分析、成长、整合。咨询的效果不仅发生在咨询室，来访者与内在客体面具的和解，在现实中与身边人（外在客体）的和解、人际关系也在改善、社会功能逐渐恢复，咨询结束。

客体面具分析

客体面具是他人的音容笑貌、言谈举止、思想感情的内化，其作用是识别、评价和预测别人的行为。在特定条件下，客体面具可以转化为主体面具，而成为人格的一部分。换句话说，在还没转化为主体面具之前，客体面具不是人格的组成部分，但是它会影响人际关系。人格面具理论认为，人际关系就是面具互动，我们把一个客体面具投射给别人，把对方当成某个人，然后与之交往，而对方根本不是那个人。

后现代主义认为，人是关系的动物，人格是由关系决定的，不能撇开人际关系谈人格。从这个意义上讲，客体面具也是人格的一部分。

一、作用

1. 了解客体面具

客体面具是用来识别、评价和预测别人的行为的。通过了解客体面具，可以了解当事人比较容易"遭遇"什么样的人，对这样的人会采取什么态度。

2. 了解人际关系模式

人格面具都是成对形成的，当一个人与别人互动的时候，他会把对方内化形成客体面具，把自己"内化"形成主体面具。主体面具和客体面具之间的关系决定了他的人际关系。

3. 了解认同作用

客体面具可以转化为主体面具，使当事人像"客体"那样行事。这种情况就叫认同。

认同主要有以下几种：

（1）丧失认同，当客体突然"丧失"，当事人会把客体面具转化为主体面具，像客体那样行事；

（2）向权威认同，因为喜欢或崇拜某个人，而模仿他，向他学习，渐渐变得

"像"那个人；

（3）向迫害者认同，别人伤害了我，他被我内化，形成客体面具，在特定的条件下，客体面具变成主体面具，我就会像他那样伤害别人；

（4）向对手认同，当你在跟某个人斗得你死我活时，你已经把他内化，有一天你可能会变成他；

（5）反向认同，如果你很不喜欢某个人，虽然他已经成为你的客体面具，但你故意排斥它，而用相反的人格面具代替它，表现得跟他正好相反。

二、方法

客体面具分析的方法也有很多，比较常用的有家谱图、关系网、生活圈、重要他人。

1. 家谱图

以当事人为中心，画出父母、兄弟姐妹、配偶、子女等一级亲属，再画出父母的兄弟姐妹、爷爷奶奶、外公外婆等二级亲属，再画出堂表兄弟姐妹、爷爷奶奶外公外婆的兄弟姐妹等三级亲属，形成家谱图。同时标出每个亲属的性格和职业，有没有不良嗜好（如酗酒、吸毒、赌博）、犯罪记录、意外死亡，以及亲属间的关系（包括亲属与当事人的关系）。

关系密切的亲属必定会被内化，形成客体面具。这些客体面具可能会转化为主体面具，也可能不会。判断有没有转化为主体面具的标准是，这个亲属与当事人的性格像不像。如果像，说明已经被认同；如果不像，说明还没有被认同。

未被认同的亲属继续以客体面具的形式存在，其作用是投射。当事人在一生中很可能会经常遇到与某个亲属相似的人，与之陷入情感纠葛。

如果亲属（尤其是父母）间的关系是融洽的，当事人的内心就是统一的。如果亲属间冲突非常厉害，当事人的内心就会矛盾重重。如果亲属间关系非常疏离、老死不相往来，当事人的内心就会出现分裂和压抑。

荣格的父亲是一位牧师，几乎把信仰当成生活的全部。荣格把他内化，形成牧师面具。

牧师面具和心理医生面具很相似，荣格后来成为心理医生与此有关。

据说，荣格的父亲的家族里有 3 名牧师（包括荣格的父亲），母亲的家族里有 6 名牧师，所以荣格的牧师面具是很强的。

荣格的母亲具有"双重人格"，白天，她是一个非常好的母亲，有着发自内心的母性温暖，饭菜做得美味极了，对人十分友好且生性愉快。但是，到了夜晚，母亲就显得古怪和神秘。"从母亲的卧室的门传来了怕人的声响。"父母关系不好，经常吵架，长期分居。荣格内化了母亲，也具有"双重人格"。

荣格的祖父是瑞士巴塞尔大学的医学教授。荣格就是用祖父的名字命名的。同名很容易引起内化。荣格一直以祖父为荣。据说祖父在 1850 年前后就重视与强调心理治疗的作用，尤其是在精神病院引入心理治疗的必要性。荣格把祖父内化，形成心理医生面具。

荣格的外祖父是瑞士巴塞尔的主教，知识渊博，而且富有诗人的才气，据说还具有通灵的能力，有第六感的视觉。荣格把他内化，形成通灵者或巫师面具。后来他提出心理医生的三个原型，分别是：疗伤者，巫师，炼金术士。

荣格有一个表妹，也有通灵的能力，荣格曾多次参加由她表演的"降神会"和特异功能，他的博士论文《超自然现象研究》就是以表妹为研究对象的。

荣格有两个哥哥，但都在荣格出生前就夭折了。他有一个妹妹，比他小九岁。

荣格的妻子叫爱玛，荣格 21 岁的时候认识她，当时她只有 15 岁，荣格对她一见钟情，当场认定她就是他命中注定的伴侣。七年后，他娶了她。

爱玛的娘家十分富有，拥有一家国际钟表公司（IWC），这是瑞士手表中的名牌企业。她与荣格结婚不久，就在位于库斯纳赫特的苏黎世湖边修建了自己的房子。她与荣格相伴 52 年，生育了 4 个女儿和 1 个儿子。

2. 关系网

除了家人，人在一生中还会遇到很多人，这些人跟我们没有血缘关系，但跟我们有心理上的连接，对我们影响很大，他们同样会在我们的内心形成客体面具。

人时刻处在人际关系中。人格面具理论把人际关系分为七个区域，除了独处、伴侣关系、家庭关系之外，还有朋友、社交、工作、外交等区域。所谓关系网，主要是指后面四个区域。

在外交关系中，我们会遇到陌生人和敌人。陌生人对我们的影响相对比较小，敌人则不可轻视。你与谁为敌，你就会成为谁。在电影《现代启示录》中，一个军官受命前往越南刺杀一个叛军头目。他历尽艰难，终于完成任务。在他不断接近目标的过程中，自己也变得越来越像那个对手。

在工作关系中，我们会遇到同事（包括上司和下属）和客户。有些重要的同事和客户会对我们产生重大的影响。

对于学生来说，同事就是同学。对于军人来说，同事就是战友。同学和战友也是非常重要的人际关系，影响远远超过一般同事。

在社交关系中，我们会遇到各种"熟人"，除了同事、同学、战友之外，还有邻居、老乡、同一个党派或社团的人，以及朋友的朋友。俗话说：远亲不如近邻。有些邻居会对我们的性格发展产生很大的影响，尤其是小时候的邻居。党派和社团对人的影响也很大，党派和社团给人以归属感，成员之间互称"同志"、同道、同仁，会产生趋同效应，变得志同道合。

最后就是朋友。有的朋友情同手足，甚至超过兄弟姐妹，必然会在性格上互相影响，导致不同程度的面具交换。

所谓面具交换，是指一个人把自己的某个人格面具"转让"给另一个人，同时把对方的另一个人格面具"摄取"过来。例如，原本两个人都有 A 面具和 B 面具，后来，甲的 B 面具转移到乙的身上（被转让给乙或被乙摄取），乙的 A 面具转移到甲的身上。结果，甲只剩下 A 面具，乙只剩下 B 面具，甲有双倍的 A 面具，乙有双倍的 B 面具。表面上看，两个人变得越来越不同，但是同时他们也变得越来越离不开对方了。这是因为甲没了 A 面具，只能依靠乙，乙没了 B 面具，只能依靠甲。

任何两个人，只要关系足够亲密，都会发生面具交换。如果是多人关系，则会发生多人交换，即全体人员的 A 面具全部集中到甲的身上，B 面具集中到乙的身上，C 面具集中到丙的身上，D 面具集中到丁的身上。

荣格在布勒霍兹利工作的时候，关系网主要是同事。认识弗洛伊德之后，关系网主要是弗洛伊德的追随者。跟弗洛伊德分手后，关系网主要是原来的苏黎世精神分析学会和后来的分析心理学学会的成员。随着名声越来越大，他的关系网也越来越大。

1900年12月，25岁的荣格来到苏黎世布勒霍尔兹利精神病院，开始其作为助理医师的住院实习。布洛伊勒是当时的院长，荣格的论文就是经由他的指导和推荐发表的。荣格认识弗洛伊德，也是布洛伊勒"牵线"的。

布洛伊勒是精神病学界的顶级大师，他把克雷丕林的早发性痴呆（dementia praecox）改为精神分裂症（schizophrenia），并把精神分裂症的症状概括为四个A：Association disorder（联想障碍），Abulia（意志缺乏），Apathy（情感淡漠），Autism（自闭）。

34岁的时候，荣格离开布勒霍尔兹利，私人开业，但跟布洛伊勒肯定一直有联系。

1902-1903年的冬季，荣格曾请假前往法国巴黎，师从让内一段时间。让内是沙可的得意门生，弗洛伊德的"师兄"，自诩先于弗洛伊德发明了精神分析。师生一场，荣格应该会跟他保持联系。

1909年，美国克拉克大学校长、美国第一位心理学哲学博士、美国心理学会创始人霍尔邀请弗洛伊德和荣格前往讲学，因而进入荣格的关系网。

黑塞（Hermann Hesse）是1946年的诺贝尔文学奖得主，被誉为德国浪漫主义的"最后骑士"，也是20世纪最具透视心理和灵性创意作家。他是荣格分析心理学的"病人"，在1916-1926年的10年中，经历了荣格及其学生300小时左右的心理分析。治疗结束后，荣格和他仍有书信往来，直到1950年。

保利是1945年的诺贝尔物理学奖得主，也是荣格的病人，荣格和他保持通信26年（1932-1958）。

荣格和爱因斯坦也有交集，据说有一次两人都在瑞士，彼此惺惺相惜，约定互相学习对方的知识。第一周爱因斯坦给荣格讲物理，爱因斯坦尽可能通俗易懂地讲，荣格也听得头痛欲裂，自卑痛苦。第二周荣格给爱因斯坦讲心理学，这回轮到爱因斯坦愁眉苦脸，而荣格讲起来却如鱼得水。来回几次，大家说算了吧。

3. 生活圈

生活圈是指人们在日常生活中经常遇到的人。近朱者赤，近墨者黑。因为朝夕相处，生活圈对人的影响也是很大的，也会发生面具交换。

生活圈和关系网是重叠的，区别在于：关系网是以前建立的，生活圈是当下的；关系网相对比较松散，"君子之交淡如水"，平时可能不怎么来往，遇到重大事情却能够互相帮忙；而生活圈来往密切，"小人之交甘若醴"，一旦遇到事情，可能会各奔东西；关系网对性格影响比较大，生活圈对生活影响比较大。

生活圈分析可以采用"典型的一天"的方法。早上醒来第一个看见的人是谁？出了家门会遇到谁？在上班的路上会遇到谁？跟谁一起吃早餐？到了单位，会遇到什么样的同事（包括上司和下属）和客户？中途会跟谁打电话？下班以后通常跟谁聚会？

作为医生、教授和分析心理学的创始人，荣格的生活圈主要由同行、学生和病人构成。

1904年，荣格在布勒霍尔兹利医院接的第一个女病人叫萨宾娜，她很快就爱上了他，后来他也爱上了她。经过一段时间的治疗，萨宾娜的症状明显改善，荣格让她参与到他的实验中，当了他的助理。再后来，萨宾娜去学了精神分析，成了精神分析师。在这期间，她在荣格的生活圈中占了很大的一部分。

荣格和学生给黑塞治疗了10年（1916-1926），基本上每周一次，一次3小时。这就是说，在这十年里荣格的生活基本上都是围着他转。

克里斯蒂安娜也是荣格的病人，于1926年与荣格开始做心理分析，当时她只有28岁。不知道治疗持续了几年，荣格用她的个案做讲座，一共讲了5年，讲座内容后来被编辑成书，书名叫《意象：荣格1930-1934年研讨会记录》，多达1400页。

荣格给保利的治疗从1930年开始，不知道持续多久，但通信持续到保利去世（1958年）。保利向荣格报告了1300个梦，荣格对其中的400个梦进行了研究和分析。

另外，爱玛肯定是荣格的生活圈中的一分子。仅次于爱玛的是托妮，她出生于苏黎世的一个名望家族，父亲多年在外做生意。1910年父亲去世之后，托妮被送到荣格那里接受抑郁症治疗，随后不久就成为荣格的一种特殊的终身伴侣。

亚菲是荣格多年的私人秘书，荣格自传《回忆·梦·思考》的合作者。作为荣格自传的这部名著，荣格只是撰写了前三章，其余的章节基本上是亚菲根据荣格的口述与谈话整理而成的。此外，她还参与了《人及其象征》的撰写。这是荣格最后的著作，特别邀请了他认为最能反映其分析心理学思想的几个学生与他一起合作。

弗朗兹18岁时遇到荣格，想接受荣格的分析而又付不起所需的费用，于是她帮助荣格翻译有关炼金术的拉丁文与希腊文资料作为交换。她接受荣格的分析后便成为荣格的忠实追随者。

弗朗兹也把荣格作为其命运中的男人，追随荣格而终身未嫁。她与荣格身边的另一位女性追随者汉娜一起生活了几十年，死后双双埋葬在荣格家族墓地的旁边。

4. 重要他人

关系网和生活圈侧重于当下的、实际的人际关系，已经失去联系的人就不算在内了。"重要他人"则是跨越时空的，尤其侧重于过去的人际关系，所以常常与成长史相结合，搜索当事人在人生的哪个阶段，遇到了哪个重要他人。

有些重要他人与当事人之间并没有实际的关系，但是当事人觉得他对自己有影响，譬如某位军事家、哲学家、艺术家。据说，弗洛伊德出生的时候胞衣没有破，他的母亲坚信他长大以后一定是一个跟汉尼拔（公元前247年－前183年，北非古国迦太基名将，军事家，是欧洲历史上最伟大的四大军事统帅之一）一样的伟人，因为汉尼拔出生的时候胞衣也没有破。亚历山大大帝的父亲是腓力二世。他的父母关系不和，母亲看不起父亲。她拒绝同房，所以当她怀孕时，她宣布孩子不是腓力二世的，而是大力神赫拉克勒斯的。亚历山大似乎相信了自己是赫拉克勒斯的儿子，所以英勇过人，建立了赫赫战功。弗洛伊德的个案"狼人"出生于圣诞夜，因而与耶稣认同，"少女杜拉"则与玛丽亚认同，担心自己"处女怀孕"。王阳明出生的时候，他的奶奶梦见一位天神抱着一个孩子从云中下来，走进产房，因而认定他是天神所赐，故取名王云。

除了具有正面影响的重要他人，对个人产生负面影响的重要他人也不可忽视。可以直接问来访者，从小到大受到过什么人的伤害。来访者可能会说某个亲戚、老师、同学、邻居，或者陌生人。

曾有传言说荣格的祖父是歌德的私生子，对此荣格本人称其为"令人讨厌的流言"。但是，这并不妨碍，反而有可能促使歌德成为荣格的"重要他人"。荣格喜欢读歌德的《浮士德》，从中寻获莫大的宽慰和心理成长的支持，并把歌德视为自己内在的权威和教父，说明他把歌德内化了，形成了歌德面具。

在大学期间，荣格博览群书，除了歌德之外，尼采是他的另一个知音。对于荣格来说，读《查拉图斯特拉如是说》如同读《浮士德》，同样是重大的内心体验。

当时，荣格还读了克拉夫特－埃宾的《精神病学》，开始对精神病学感兴趣，立志当一名精神病学家。

然后就是布洛伊勒、让内和弗洛伊德。

1900年，弗洛伊德出版《梦的解析》，荣格读后非常喜欢，就与弗洛伊德通信。1907年，荣格从苏黎世前往维也纳拜访弗洛伊德，第一次见面，两个人持续畅谈了13个小时，可谓一见钟情，相见恨晚。弗洛伊德也非常喜欢荣格，把他当成自己的接班人。但是，好景不长，很快出现观念冲突。1913年，两个人彻底"分手"。荣格精神"崩溃"，开始自救。

弗洛伊德曾经属于荣格的关系网和生活圈，后来断绝了关系，不再来往，但他永远是荣格的重要他人。

1927年，荣格遇到了另一位重要他人，他叫卫礼贤。

卫礼贤（Richard Wilhelm，又译理查德·维尔海姆）出生于德国，曾在中国生活25年，是世界著名的汉学家，精通中国文化，曾把《易经》翻译成德文，还翻译与主编了8卷本的《中国宗教和哲学系列》。他当时正在研究道家经典《太乙金华宗旨》，想写一本《金花的秘密》，找到荣格，请他合作。两个人一拍即合。在合著《金花的秘密》的过程中，荣格的理论渐渐成熟起来。

重要他人也可以是虚构的。西方人往往鼓励孩子去幻想，虚构一个神秘的人物和地方，一个人的时候跟这个神秘的人物说说话，玩玩游戏，去那个神秘的地方神游一番。遇到挫折的时候，也可以从神秘人物身上获得力量，在神秘的地方进行疗伤。荣格的神秘朋友是一个小矮人，荣格用尺子把它刻了出来。他把小矮人放在铅笔盒里细心呵护，把铅笔盒放在非常隐蔽的地方。每当他不顺心的时候就会想起这个小人,他也会经常去看它并和它说说话。这个小矮人在一定程度上满足了他的安全需求和精神支持,是他心中的神。后来荣格用石头雕刻了这个矮人的形象并取名为"阿特马维图",意思是"生命的呼吸",是具有很强的创造能力的人,后来荣格创造力非凡应该与此有关。

荣格的另一个神秘人物叫斐乐蒙(Philemon)。跟弗洛伊德断绝关系后,荣格失去了人生的方向。于是,他就给自己建构"内在的导师"。1913年12月,荣格从无意识中获得了一个重要的意象:斐乐蒙。他从一个希伯来先知的形象中发展而来,荣格称之为异教徒,"他所带来的是有着诺斯替教色彩的一种埃及与希腊合一的气氛"。

在斐乐蒙的带领下,荣格终于走出人生的低谷,成为一代宗师。

三、注意事项

主体面具分析和客体面具分析是紧密相关的,在做主体面具分析的同时可以兼做客体面具分析,这是因为有一个主体面具就会有一个对应的客体面具。所以,主体面具分析法稍作调整,就可以用来分析客体面具。

以成长史为例,人们在人生的每个阶段都会形成一个主体面具,同时形成客体面具。例如,一个人还没上幼儿园的时候有一个婴儿面具(主体面具),与之对应的就是妈妈面具、爸爸面具、爷爷面具、奶奶面具(客体面具)。等他上幼儿园了,形成了幼儿面具,与之对应的小朋友面具和幼儿园老师面具也就形成了。如果生过病,他就有病人面具(主体面具),与之对应,他必有医生面具、护士面具(客体面具)。他如果当过兵,具有军人面具,就会有对应的战友面具和首长面具。

事件分析也会涉及客体面具。在与男朋友的纠结中,AN有九个主体面具:(1)挑剔者面具;(2)分手者面具;(3)被纠缠者面具;(4)受害者面具;(5)保护者面具;(6)"破鞋"面具;(7)恋人面具;(8)教育者面具;(9)花心者面具。与之对应的客体面具应该也有九个:(1)错误者面具;(2)失恋者面具;(3)纠缠者面具;(4)迫害者面具(针对当事人);(5)迫害者面具(针对家人);(6)嫌弃者面具;(7)恋人面具;(8)"差生"面具;(9)"戴绿帽"者面具。

主体面具（AN）	客体面具（男朋友）
挑剔者	错误者
分手者	失恋者
被纠缠者	纠缠者
受害者	迫害者（针对当事人）
保护者	迫害者（针对家人）
"破鞋"	嫌弃者（不限于男朋友）
恋人	恋人
教育者	"差生"
花心者	"戴绿帽"者

同样，"套娃"技术和"典型的一天"也可以同时分析主体面具和客体面具，用"套娃"技术分析客体面具就是关系网，用"典型的一天"分析客体面具就是生活圈。

有时候，当事人根本不认识客体，也会形成客体面具，这是因为身边的人把客体投射给他了。《红楼梦》里，贾母常常对别人说，宝玉最像他的爷爷荣国公贾代善。这说明贾母把"荣国公面具"投射给宝玉了。对于宝玉来说，爷爷贾代善是一个客体，虽然他并不认识，但在他人的投射下，他可能会渐渐认同，变得越来越像爷爷。换句话说，一个已故的、缺席的、不在场的他人也有可能被内化而形成客体面具，对当事人产生重要影响，甚至比在场的人对当事人的影响更大。这是因为，在场的人被内化而形成的客体面具可以投射回去，例如贾母有一个贾政面具（客体面具），由于贾政健在，这个人格面具就被投射到贾政身上。如果贾政不在了，这个人格面具就失去了投射的客体。这个时候，贾母可能会通过丧失认同，把贾政面具变成主体面具，自己"变成"贾政，或者把贾政面具投射给别人，譬如贾环。贾代善面具就是因为失去了原先的客体，才被投射给宝玉的。

WB是一个女研究生，因严重"洁癖"而来咨询。她有四个姐妹，她排行第三。姐妹们都是女人味十足的，只有她从小就像男孩子，显然是父母把男孩子面具投射给她了。画家谱图的时候发现，她有一个小舅舅，在她出生之前就去世了。她不认识小舅舅，但是家人经常说她像小舅舅。小舅舅学习很好，以优异成绩考上名牌大学，后来又考上了研究生，给家人挣足了面子，全家人以他为荣。但是，毕业前夕，他去游泳，不幸溺水而亡。那个时候，妈妈已经身怀六甲，整天以泪洗面。妈妈非常疼爱这个弟弟，所以特别伤心。

她一出生，家人发现她长得很像小舅舅，妈妈对她无比疼爱，渐渐从悲痛中走了出来。从小她就很好学，成绩一直名列前茅。

她家住在小溪边，平常洗东西都是在小溪里洗的。妈妈怕她掉到水里，一直禁止她去小溪边。姐妹们可以到小溪里游泳、洗东西，她只能在家里玩水。后来上了高中，住校，她迷上了洗东西，每天都要洗一两个小时，周末则从早洗到晚，不洗浑身难受。

咨询师认为，WB 的洁癖来自小舅舅面具。虽然她不认识小舅舅，但全家人把小舅舅面具投射给她，她不知不觉就接受了，变成了小舅舅的"替身"，也可以说被小舅舅"附体"，变得越来越像小舅舅，包括对水的"沉溺"。

感觉自己不被偏爱、行为回避的女孩

陈飞

一、案例报告

（一）基本情况

小 W，女，14 岁，初中学生，情绪不佳半年，自觉胸闷、喘不上气儿、上课无法集中注意力、回避去学校 2 周。咨询频率为每周一次，共进行 18 次。初次咨询是在某综合医院精神卫生科就诊后一周，因在学校有事情影响（触发因素，见下文），产生自伤念头和行为（刀片割手腕），医生诊断："焦虑抑郁状态"，医嘱：盐酸舍曲林片 50mg 早餐后口服、阿立哌唑片 5mg 晚餐后口服，并建议配合心理咨询。

初见小 W，身材匀称，约 155cm 身高，肤色呈麦色有光泽，嘴唇皲裂，披肩长发，穿着校服，袖口及手指甲有些许污渍；说话语速较快，吐字清晰，思维反应敏捷，目光交流对视流畅，交流主动，小 W 呈现出求助者面具、学生面具、苦命人面具、逃跑者面具、观察者面具等。

1. 来访原因

因为学校心理筛查显示为重度抑郁，心理老师告诉班主任，班主任联系妈妈，妈妈带来访者去医院诊断为"焦虑抑郁状态"，医生建议配合心理咨询。

2. 来访者改变努力过程

在初二上学期，小 W 曾要求父母带自己去医院就诊，妈妈不同意，觉得没有必要，被妈妈拒绝。小 W 正歇斯底里地哭，爸爸过来不问缘由直接打了她。直至学校心理筛查结果出来，老师通知家长到医院就诊。医生诊断："焦虑抑郁状态"，医嘱：盐酸舍曲林片 50mg 早餐后口服、阿立哌唑片 5mg 晚餐后口服，并建议配合心理咨询。两周后第一次复诊，盐酸舍曲林片未按时服用，晚上睡眠梦多，第二天疲乏无力，医嘱添加阿普唑仑片 0.4mg qn。服用后小 W 说自己出现手抖，时有情绪亢奋，后又出现情绪低落，医嘱停舍曲林，改用碳酸锂 0.25g bid po；VitB6 20mg bid po；小 W 服用碳酸锂一次后胃部不适后停用。同时希望咨询师说服妈妈让自己住院治疗。第三次复诊（复诊频次均为每间隔 2 周），妈妈意识到小 W 有刻意行为，制造"假象"回避返校。复诊时妈妈在小 W 面前问医生，住院与门诊治疗有何区别？医生说：用药不变，只是便于更好地观察来访者的症状变化情况。最终小 W 没有选择住院，后来情绪亢奋等症状在未服用碳酸锂情况下自行消失。咨询期间，阿立哌唑片 5mg 有坚持服用。

3. 咨询目标

小 W 苦命人面具能量较强，希望缓解自己因受老师的不公平对待、同学的言语欺凌产生的崩溃情绪；

小 W 习惯采用抵制者、逃跑者等面具来应对人际困扰，通过释放过强的面具能量，以期在人际关系中面具能灵活、恰当地运用。

4. 成长史分析及简要家谱分析

（1）重要他人

小 W，足月顺产，混合喂养，主要养育人为母亲、奶奶，幼儿园小学都在家旁边就读；初中家里特意买了学区房，入读现在的中学，离家有公交车 4 站的距离。

母亲，医务工作者，平时比较忙，母亲觉得小 W 自小就要求很多，幼儿园入园都比别的孩子困难，小 W 在妹妹出生后，总觉得家里人对她变得不好了，妈妈很苦恼。

父亲，普通工人，在一家私人企业打工，小 W 觉得父亲说话难听、好吃懒做，不负责任。

妹妹小学一年级，小 W 眼中妹妹娇气、爱闹、学习成绩差，一年级才考 80 多分，每天还都傻乐，有着谜之自信。

小 W 自诉：在家里，我奶奶也很偏心，每次妹妹一哭就说我不是，小学时有次还拿刀指着我说要把我手砍掉。我爸爸更无语，总是说我不好，妹妹一闹，他就会直接骂我，打我，巴掌扇我的头、身上，身上都一片片紫色。他对妹妹就很好，给妹妹各种玩具，鞋子同款都会不同的颜色买两双。他对这个家就没有贡献，每天回家就是躺着玩手机，有时自己心情不好就开骂，打我。长这么大，只唯一给我买过一次鞋子，老说自己辛苦，妹妹只是小学他也不辅导作业，奶奶说他自己小时候读书就很不好，如果很早去学校就是去抄别人作业。小学的时候我的学习成绩比较好，试卷给他签字，他会说又不是第一名，还说我傻，说话特别难听。家里唯一站自己这边的就是妈妈，妈妈也不是真正理解自己，总是让自己格局放大点，不要与同学一般见识，专心学习。

（2）来访者生活圈及关系网

小W小学时成绩优异，老师关注度较高，喜欢画画，曾在学校办过个人画展。初中后成绩中等，英语单科拖后腿，觉得老师关注自己变少，有一闺蜜小F，小学同班同学，升入初中后，虽然同校，见面的时间变少了。小W说小F很单纯，虽然成绩不好但是性格特别好，与小F相处特别自在。小F一家出门旅游带上她，感受到小F一家除爸爸（见到过爸爸对他人的指责）外都很友善，那次外出是少有的一次愉悦的体验，羡慕小F拥有这样的好家庭。与触发事件主角L关系微妙，L与自己经历相似，都是"苦命人"，家里人偏爱比L小的弟弟，不待见L，L告诉小W自己曾患有躁狂症，医院就诊后服药治疗，一段时间经医生复查恢复正常并停药，俩人经常会相互倒苦水。来访者爱好画画，与画室的老师相处较好，画室老师说自己之前也有过来访者这样的经历，来访者母亲在画室一次性交了好几万学费，所以来访者随时可以去画室画画，不用计课时。

5. 其他补充

很多相关谣言都是L主动传给小W，但是在咨询进行到第10次时（在她复学第一周的周末），L忽然发了一长段的信息，提及半年前，小W妈妈让L不要传同学间的不好信息给小W，还骂小W很恶心等，小W直接崩溃，哭闹不止，要求妈妈给自己办理休学手续，她接下来无法正常去学校了。妈妈当着小W的面电话L，L说不出所以然，随即挂断电话。小W依旧表示自己崩溃得不行，下周无法上学，要求妈妈马上给自己办理休学手续。妈妈无奈，联系班主任，班主任表示下周一自己会严肃处理这件事，会找L谈话。（妈妈之前处理小W与同学间冲突时，不会这么主动，通常会让小W直接忽视，专注于学习就好，妈妈的反应往往会让小W非常崩溃）。咨询时，小W觉得妈妈这次是与自己站在一起,感觉支持到自己了,觉得妈妈变得特别不一样,妈妈甚至对她说,L微信骂人事件如果老师处理不满意,就准备去教育局讨个说法(妈妈改变了之前的息事宁人的态度,有意识地更好支持到小W)。

第一次咨询:

鉴于小W情况,有消极想法及自伤行为,初次访谈与小W及妈妈(爸爸未到场)明确咨询保密及保密例外原则、突发事件应急措施等知情同意,并签订安全计划协议。就一个月前触发事件的发生、发展、结局及自己的感受展开工作,小W觉得老师对自己检讨书内容的态度是不公平的,自己只是想陈述清楚L在C的用餐座位上倒了豆腐汤,C也并不是完全无辜,因为之前C故意针对L和自己的言行也应该被"看见",理应接受该有的惩罚,不能因为现在貌似处于"被害者",C之前的"霸凌"行为完全被忽略。老师说这份检讨完全不合格,没法交到校方,要求重写,小W认为老师偏袒C,有意忽略C之前犯的错误。

一段咨询记录(对话逐字稿):

咨:你考虑到你现在面临的处境,我明白你觉得这很重要。

访:(抬眉)我没法做到与她们同流合污,看不惯她们装的样子。

咨:我好奇地把自己与他人隔离起来,是不是你保护好自己以免感到被拒绝的方法?

访:可能吧,我内心其实挣扎过,可她们太欺负人了(眼眶泛红)。

咨:在我听你谈论渴望时,我感觉到你寻求改变的决心,尽管我们都知道这非常具有挑战性。

访:(沉默数秒)我现在就想在家,在学校里根本无法集中精神听课,脚一直在抖,控制不了自己情绪,我可能会不受控从楼上跳下去。

咨:如果我们可以更好地描绘出当你有这种冲动时你心里发生了什么,就可能真的帮助到自己,让你不会在每次遇到这种情况都被拉入同样的陷阱,因为这样为你带来了很大的痛苦。

访:低头沉思。

(二)个案概念化

触发事件后,小W觉得全班女同学都是背后贬低、议论、孤立自己,在学校刻意与同学保持距离,此时小W对外界线索处于高度敏感状态,内部和外部呈现自动和受控心智化。曾有个别同学在其经过时故意说一些侮辱性的话语,会装作没有听见;对同学间冲突的回避、学业压力的回避、对"自由生活"的理想化,以及对学业和家庭环境的贬低,自己只想要快乐与自由,去学校就觉得压力大到喘不上气,手抖、脚抖、学不进东西,忍不住伤害自己等。为了保护自己不受内心冲突的伤害,这些情境可能会激发小W的抵制者、逃跑者等面具。小W可能在内部世界中构建了一系列负面的内部客体,这些客体源自母亲的息事宁人态度,尤其父亲、奶奶的负性体验,儿童在挣扎求生,适应依恋对象的过程中发展出不同的依恋类型。小W人际模式是其内在客体面具的外显表达,这能反映在她面对同学间冲突、与老师沟通及学业压力时的回避行为等。小W是如何看待自己的?即她的主体面具有自娱者面具、抵制者面具、苦命人面具(我是孤独的)等;如何看待他人(客体面具):时常被排斥,羞辱的,他人是苛责的;面具的使用可体现在对情感的防御上,如来访者有退缩、隔离、回避等,防御的代价(面具使用不当)是感觉孤独、无法建立关系、自我责备。

(三)面具测量

观察者 6 *	保护者 11 **	纵容者 4 *	策划者 2
明君 5 *	仁君 8 **	昏君 6 *	暴君 4 *
讨好者 9 **	幸运儿 2	叛逆者 5 *	苦命人 14 ***
自强者 12 ***	自娱者 13 ***	抵制者 15 ***	逃跑者 10 **

通过量表，小W的主导面具是苦命人（14分）、抵制者（15分）、自娱者（13分）、自强者（12分），面具发展欠均匀（最高分和最低分相差高达13分），来访者目前有消极悲观、清高、孤傲、顾影自怜、自虐、拖延、抱怨、被动攻击、自我攻击、自我纠结、人际敏感等表现。

（1）苦命人面具：心里非常冤屈，在校被同学言语霸凌、孤立、被学校处罚。

（2）妒忌者面具：爸爸、奶奶偏爱妹妹，老师偏爱同学C。

（3）抵制者面具：老师与校方没有了解前因后果，就粗暴处罚，去学校会出现胸闷、喘不上气，忍不住用尺子、美术刀割自己，所以想休学。

（4）逃跑者面具：休学后就不用再与这些同学一起，自己能有更好的"调整机会"，最近出现手抖，握笔困难，无法参加期中考试。

（5）自娱者面具：会循环听很伤感的歌曲，想一个人待着，不想被打扰，喜欢一位日本画师，会上B站收集他的画，感觉这位插画师肯定也是经历过创伤与抑郁，对生命无望但又能透露一丝希望的光，每一幅插画都能打动自己。

（6）表演者面具：会向其母亲提很多要求，不能实现会说自己就割腕、爬上窗台要挟。

（7）自强者面具：不去学校，有时会选择去图书馆自学一整天或不学习只是不停地画画，今后想通过美术强项考上好学校。

（四）面具观想、感受

人格面具一旦形成，永远不会消失，在适当的时候，它会被激活。此次触发事件中激活的面具有苦命人、抵制者、逃跑者、自娱者等面具，其中主导面具能量较强，咨询师准备引导小W用观想、感受等人格面具技术释放能量，以期更好地"驾驭"它，顺利应对现实压力。

小W选择了观想自己的"抵制者面具"，咨询师引导其闭上眼睛，放松、深呼吸，集中注意力，想象眼前有一个"人"，小W表示眼前出现一位身穿黑色斗篷披风的抵制者。

咨：这个人性别、年龄？

访：20来岁吧，女孩子。

咨：她的五官，服装有什么特点？

访：眼睛特别大、血红色瞳孔，眉毛比较平常，不好形容，鼻梁高而挺拔，嘴巴比较小，唇色是黑的。黑色长发过肩，右侧别着红色发卡，刘海有点法式吧；黑色长斗篷披风，里边也是黑色衣裤，胸前有一红色镂空玫瑰图案，黑色的短靴。

咨：她的表情是怎样的？

访：目光清冷，面无表情，有点生人勿近的样子。

咨：她现在是什么心情？

访：貌似有点平静。

咨：为什么是貌似？

访：因为太多次的失望，变得有些麻木。

咨：现在她在哪里？在做什么呢？

访：一个人在校园闲逛。

咨：是没有目的地闲逛吗？

访：不算完全没有目的，因为课间，在教室也是一个人，在这边一个人会更自在。

咨：嗯，现在你来到她的身边，并尝试进入到她的身体。

访：嗯，在了。

咨：现在你已经在她身体里，你可以带她回到教室。

访：我已经在教室。

咨：好，你在教室，现在你的周围环境及感受怎样？

访：同学扎堆在说话，感觉自己被议论，有点烦躁，有点闷，脖子肩膀僵硬不舒服，不想待在这里。

咨：你感觉同学可能在议论你，她们具体在议论什么？

访：具体听不清，我的直觉告诉我，她们在说我。

咨：嗯，是觉得同学在说自己，然后会有烦躁，脖子、肩膀紧张僵硬的感觉，对吗？

访：我刚才进教室时，C 看了我一眼，马上转头与其他人说话，C 一定又在编排我，我很不喜欢她们在背后议论我，我也不想和她们一般见识，我不想妥协，向她们低头，明明她先霸凌我，拉拢其他同学，每天还很开心的样子，故意向我显摆，我看到她假惺惺的样子就很烦。

咨：好，同学 C 会影响到你的情绪，让你很不舒服。现在我们来感受下你的烦躁和脖子、肩膀僵硬带来的不适，如果不适的程度 0~10 分，你觉得，你现在不适的感受有几分？

访：8 分吧。

咨：有 8 分，可见这感受给你带来了困扰。

访：是的。

咨：嗯，我们体验这种不舒服的感受，同时想有没有可能 C 只是在继续未看到你进来前与你没有关联的话题，会不会感受好一些？

访：好像有好一些。

咨：嗯，放缓呼吸，关注自己的一呼一吸，现在体验不舒服的感觉，它大概有几分？

访：6 分吧。

咨：看起来，当你告诉自己关于 C 与同学的话题与自己没有关系时，好像烦躁等不适的程度会下降一些。

访：嗯。

咨：好，此刻做 3 次深呼吸，然后慢慢地睁开眼睛。

二、问题综述

（一）WHO 统计：全球 10-13 岁青少年 29% 经历情感暴力，15% 经历身体暴力；中国青少年研究中心：67% 校园欺凌者存在家庭暴力经历。

1. 客体关系理论视角

内部客体关系投射：不安全依恋（如矛盾型）导致将早期照料者（如苛责的父亲、无力的母亲）内化为"迫害性客体"，在校园关系中投射为"老师偏心""同学敌意"的认知。

分裂防御：通过"全好－全坏"的极端化认知处理冲突（如将同学C绝对化为"霸凌者"，忽略其可能的复杂性）。小W的"检讨书事件"实质是内部客体关系外化：要求老师"看见"C的错误，再现童年期渴望父亲"看见"自己的努力；对同学议论的过度敏感，将家庭中的"被贬低感"投射到同伴关系。

2.自体心理学视角

自体客体需求受挫：父母未能提供镜映（如父亲贬低成绩）、理想化（如母亲息事宁人）及孪生体验（缺乏被理解感），导致自体结构脆弱，发展出代偿性结构如通过自残获得"存在感"（疼痛作为自体凝聚的锚点），厌学行为实质是对"失败自体"的保护。小W反复要求母亲办理休学，试图建立对自体的掌控感，痴迷创伤主题插画，通过艺术家的"孪生体验"补偿现实关系缺失。

3.认知行为视角

认知三角扭曲：自我："我是无价值的"（成绩下降强化负性自我图式）；他人："别人都会伤害我"（依恋创伤导致过度警觉）；未来："永远无法摆脱痛苦"（抑郁的绝望三联征）。

行为强化循环，自残，获得母亲关注（操作性条件反射形成）。小W的"逃跑者面具"实质是安全行为：回避学校，短期焦虑缓解，强化回避模式；"同学议论"的灾难化解读，激活交感神经系统（手抖、胸闷）。

（二）初中生抑郁自残现象的本质是多重心理系统失衡的显化。非自杀性自伤（NSSI）的主要原因：

1.情绪调节

主要功能：缓解痛苦、焦虑、抑郁等强烈负面情绪，或让麻木的情感变得清晰。

典型表现：自伤后个体可能感到暂时的平静或放松，但随之而来的是愧疚和羞耻感。

2.内疚或自我惩罚

原因：对自身行为或特质感到不满，通过自伤惩罚自己。

表现：伤害部位常选择容易看到或触及的地方（如手腕、大腿）。

3.社会功能

目的：寻求关注、传达痛苦、对抗孤独感，或试图控制关系中的权力动态。

表现：NSSI 行为常伴有公开的展示（如在社交媒体上发图或提及）。

4.身体麻木的感知

原因：某些个体在情感上感到空虚或麻木，试图通过自伤重新获得对身体的感知。

表现：自伤带来的疼痛感让他们"感觉到自己存在"。

5.身体成瘾或习惯性行为

原因：自伤行为在反复实施后可能形成某种生理和心理依赖，尤其是通过痛觉释放内啡肽来缓解压力。

表现：行为难以控制，频率逐渐增加。

6.同伴影响与文化认同

原因：受到同龄人或特定文化群体的影响，将自伤视为一种表达或归属方式。

表现：NSSI 在特定群体（如青少年或亚文化群体）中呈现一定的"传染性"。

（三）NSSI 的主要表现

1.常见形式

割伤：用利器（如刀片、玻璃片）在手腕、大腿等部位划伤皮肤。

烧伤：用烟头、火柴等灼烧皮肤。

撞击：反复撞击头部或身体其他部位。

抓挠：用指甲或其他工具挠破皮肤，甚至抓出血。

咬伤：咬自己导致皮肤破损。

2.常见部位

手腕、前臂、大腿：易被遮盖，便于隐瞒。

腹部、脚踝：较少被注意到，适合隐秘自伤。

3.心理特征

强烈的情绪波动，情绪失调（如 BPD 患者）。

难以有效表达情感，倾向于内化负面情绪。

孤独、抑郁、自我价值感低。

4. 社会特征

难以建立稳定的人际关系，表现为依赖或疏离。

有意或无意通过行为寻求关注，但不愿直接表达需求。

5. 行为模式

冲动性：行为通常发生在情绪高峰期后不久。

重复性：多次发生，可能形成固定的仪式或模式。

临床干预与支持建议：

情绪调节训练：教授正向的情绪调节方法，如正念训练、认知行为疗法（CBT）。

问题解决技能：帮助个体学会以更健康的方式处理人际冲突或情绪困扰。

社交支持：鼓励建立稳固的支持系统，包括家人、朋友或同伴团体。

医疗支持：对于生理和心理的潜在风险，应结合心理咨询和药物治疗（如治疗抑郁或焦虑）。

风险评估：排查自杀风险，确保安全干预环境。

NSSI尽管本身不以自杀为目的，但可能与严重的心理健康问题（如抑郁症、边缘性人格障碍）共存，因此需要及时干预和专业支持。整合动力学诠释与认知行为技术，结合人格面具的可视化干预，可为这类青少年提供更具个性化的康复路径。未来需进一步探索各理论因子的交互效应及文化适应性问题。

三、人格面具技术

1. 面具测量

《人格面具量表》是2021年由国际人格面具学院院长、温州医科大学副教授黄国胜根据心理学家荣格的理论，经20多年临床实践研究归纳的一套人格测评量表。每个人都有很多人格面具，人在不同的场合使用不同的人格面具。最常用的人格面具有16个。人格面具量表可以帮助你了解自己有哪些人格面具，这对择业、择偶和处理人际关系都会很有好处。

2. 观想、感受

人格面具是人的一个"侧面"，或一个人在某个时间点的心理状态，从命名到观想，就是对人格面具的深入认识、提升觉察，释放能量。感受就是让当事人进入人格面具（抵制者面具）或者"戴上"人格面具，变成人格面具，到人格面具的"内心"去感受人格面具的身体、情绪和思想。小W通过体验式的感受技术后，可以更好地"驾驭"人格面具，应对现实压力（习得适应情境的防御即面具的恰当使用）。

四、咨询师与来访者之间人格面具的互动

从建立咨访关系开始，咨询师使用爱心大使面具逐渐取得来访者的信任，从零散的、碎片化的讯息中，逐步补充完善、整理，得以对来访者成长史有了较全面的了解。小W对咨询师的爱心大使的投射性认同，可能表明她内心存有对安全、理解和接纳的客体面具的需求（或已有这样的客体面具存在）。

人格面具量表

人格面具量表有80道题目，分为16个分量表，代表16个原型面具。每一个分量表有5道题目，每道题目有4级评分：完全不符合为0分，有点符合为1分，比较符合为2分，非常符合为3分。每个分量表最高分为15分。每个分量表的分值代表对应的原型面具的强度。

观察者 13 ***	保护者 8 **	纵容者 3	策划者 4 *
明君 12 ***	仁君 10 **	昏君 8 **	暴君 5 *
讨好者 11 **	幸运儿 9 **	叛逆者 6 *	苦命人 7 *
自强者 6 *	自娱者 12 ***	抵制者 11 **	逃跑者 2

从上图可以看出，这是一个被试测出的结果，三颗星代表分值比较高，两颗星分值稍低一点，一颗星更低，没有星的说明分值非常低。各个原型面具分值不同，显示出了被试独一无二的人格结构。通常取分值最高的三个面具（主导面具）来描述一个人的性格。

需要注意的是，分值太高，代表面具能量太强，容易滥用，有较多负面表现。中等分值代表面具的能量适中，该用的时候用，不该用的时候不会自动出现，有较多正面表现。分值太低，代表面具能量太弱，该用的时候用不起来。能量太强和太弱都需要处理。

一、仁君

仁君也叫助人者或给予者。根据精神分析的客体关系理论，仁君就是"好客体"。它的第一个功能是外倾情感，第二功能是内倾感觉。外倾情感的特点是喜欢交际，热情友好，乐于助人，非常有爱心。内倾感觉的特点是感觉敏锐，注重细节，接地气，不喜欢拐弯抹角。

仁君非常有爱心。在仁君眼里，别人都很可爱，所以他不由自主地爱别人，喜欢分享，把自己的东西，尤其是自己觉得好的东西与人分享。仁君面具非常受欢迎，是日常生活中一个非常正能量的面具。如果说你身边有仁君，那么你就是一个幸运儿，你会感到非常幸福。

每个人格面具都有优点，也有缺点，例如，暴君面具，看起来很负面，其实它也有优点，仁君面具看起来非常好，但它也有缺点。仁君实际上并不会揣摩别人的心思，他喜爱别人或去帮助别人，更多时候是一厢情愿。别人是否需要他帮助呢？他其实并不清楚。所以，他的热情有时候会让别人感觉不舒服，好像被侵犯了，被打扰了。

二、幸运儿

幸运儿又名表演者，在精神分析当中，幸运儿属于"好自体"。幸运儿的第一功能是外倾感觉，第二功能是内倾情感。外倾感觉的特点是喜欢刺激，喜欢热闹，喜欢跟别人交往。内倾情感的特点是情感相对比较被动，比起爱别人，更喜欢被爱。所以，他喜欢表现，装可爱，渴望得到别人的爱。

前面讲到过，如果父母是仁君，孩子就是幸运儿。幸运儿得到了很多的爱，所以会幸福满满。一个幸福的人往往会比较自信，性格比较张扬，有什么都会充分表达，不会压抑。幸运儿精力旺盛，兴趣广泛。它的优点在于活泼开朗、友好乐观，抗挫折能力非常强，被打击的时候，幸运儿也会伤心，但是很快就忘了，又开心起来。

幸运儿面具的优点很多，但也有缺点。幸运儿的缺点是自我中心、自由散漫，比较任性。幸运儿是个好自体，自我感觉好，一个觉得自己很好、非常自信的人往往就会比较任性。因为精力旺盛，追求刺激，幸运儿会表现得非常好动。很多在咨询中遇到的多动症小学生就是幸运儿，他很开心，但是他只管自己开心，不管别人的感受，也不太愿意遵守规范，所以在别人看来他就是很好动，好动到打扰别人。

三、暴君

暴君也叫指挥者或陆军元帅，在精神分析当中叫"坏客体"。它的第一功能是外倾思维，第二功能是内倾直觉。外倾思维也叫空间思维，能够把空间内化，形成模型，通过模型推演，就能知天下事，所以处理实际问题的能力特别强。内倾直觉的特点是，看问题能够直接看到本质，直接抓住最核心的东西，提纲挈领。所以，暴君非常适合当领导。

暴君的特点跟仁君正好相反。仁君非常有爱，暴君则是冷酷无情的。暴君不是去赞扬别人、帮助别人，而是去打击别人。在暴君看来，别人都是不好的，所以他总是鸡蛋里挑骨头。一个非常完美的人到了暴君面前，也会被暴君找出缺点，然后被不断打击。所以说，一般没人喜欢暴君。

暴君的缺点非常明显，非常突出，比如过分严厉，要求太高，爱挑剔、残暴、独裁，伤害别人不顾后果、不择手段，总是会给别人造成伤害，这也是精神分析说暴君是坏客体的原因。但是，每一个面具都有优点，暴君的优点是做事情非常果断，要求高，非常严格，高标准，所以带来相对的高效率。暴君带领的团队效率特别高，因为他不近人情，工作中会威逼下属就范。例如，要完成一个任务，暴君会要求三天之内必须完成，不完成就"枪毙"。就像古代打仗一样，下达一个死命令，一定要夺下这个山头，要是夺不下都得"枪毙"。这样一来，团队士气就高了，所以暴君带领的队伍效率特别高。很多人都知道乔布斯。乔布斯就是个暴君，他非常高压，严格要求他的下属，所以他的团队特别有效率，也特别容易出成绩。

四、苦命人

苦命人就是坏自体。幸运儿很幸福，而苦命人的命就很苦。

苦命人面具是如何形成的呢？通常苦命人的父母是暴君。如果父母是暴君，孩子就是苦命人。苦命人的内心很痛苦。一个人内心痛苦就容易压抑，容易没有活力，兴趣减退。苦命人很自卑，自卑可能导致行为退缩，整个人沉浸在一种无精打采、半死不活的状态。一般人不喜欢苦命人，苦命人的缺点很多，胆小、自卑、悲观、脆弱，很多心理障碍都是苦命人的表现，比如焦虑症、抑郁症、恐惧症。在做咨询时遇到的那些有心理障碍的来访者都有非常强的苦命人面具。

苦命人面具也有优点。苦命人非常忠诚，无论怎么对他坏，怎么打击他、欺负他，他都紧紧跟随，不离不弃。很多家长说，不管怎么打孩子，孩子还是黏着你。苦命人就是这样，不管怎么欺负他，他依然黏着你，这代表忠诚。另外，苦命人有奉献精神，他可能会自我牺牲。在牺牲自己的过程中，苦命人的命就更苦了。当然，很多人不理解苦命人为什么要这么做，深入分析下去的话，可能苦命人实际上有一种"占据道德制高点"的感觉，人家对他坏，他依然对别人好，会让人觉得这个人道德很高尚。苦命人的奉献精神、自我牺牲，就像古代的一些勇士，为了拯救自己的部落，把自己当成一个牺牲品、祭品，来祭奠神灵。

苦命人的第一功能是外倾直觉，第二功能是内倾思维。外倾直觉的特点是能够预测事物的发展变化。这种预测不是靠推理，而是凭直觉。内倾思维就是逻辑思维，抓住事物的内在规律，举一反三。外倾直觉加上内倾思维，使苦命人显得智力超群，无所不知，非常适合搞发明创造。所以，苦命人也叫发明家、魔法师。

作为发明家或魔法师，苦命人在自我牺牲过程中，会有很多的发明和创造，就像变魔法一样。我们古代有一个传说，讲的是一对炼剑的师傅，两夫妻一个叫干将，一个叫莫邪。两夫妻炼出来的剑非常锋利，是上等的好剑。有一次受人委托要造一把好剑，为了造这把剑，两个人最后跳进炼钢炉里面去，把自己牺牲了。我们现在知道，如果要把铁炼成钢，需要在纯铁里加一些其他的元素。一个人跳进了炼钢炉，等于把身上的杂质放进去，最后炼出来的铁就不再是纯铁，而是合金铁。钢就是一种合金铁，比铁更加坚硬，更加锋利。当时的老百姓不知道，认为他们人跳进去好像是对铁施了魔法，使得造出来的剑特别好。这种魔法给人的感觉是自我牺牲的黑魔法。

§ 感觉自己不被偏爱、行为回避的女孩 §

过去的很多神话、民间传说里面都会有人跟魔鬼做交易,把灵魂卖给了魔鬼,然后魔鬼就给了他一种法力。魔法师好像就是跟魔鬼签了协议的人,是出卖灵魂的人。现实当中的很多魔法师表演的时候喜欢穿黑色的衣服,他们穿黑色的衣服主要是想把有些道具藏起来,如果穿白衣服的话,隐藏伪装可能就比较困难,所以黑色实际上起到一个保护作用。但是,一个黑色的魔法师上台的时候,给我们的感觉是压抑的、痛苦的,也有人说黑色给人的感觉特别的神秘。这就是苦命人的优点,忠诚奉献,自我牺牲,会黑魔法。

五、明君

上述四个面具,仁君是好人,暴君是坏人,幸运儿是幸福的人,苦命人是痛苦的人,称为"基本面具"。如果一下子记不住十六个原型面具的特点,就先记住四个基本面具的特点,其他的面具都是由这四个面具发展、延伸而来的。

明君是仁君和暴君的结合,也就是说,在孩子表现好的时候是仁君,仁君会奖励孩子;孩子表现不好的时候,就是暴君,暴君会惩罚孩子。所以,明君的特点就是抑恶扬善,或者叫惩恶扬善。

明君的第一功能是外倾思维,第二功能是内倾感觉。外倾思维就是空间思维,所以处理实际问题的能力非常强,适合当领导。内倾感觉的特点是感觉敏锐,注重细节,实事求是。所以,明君的优点在于原则性很强,讲规则,赏罚分明,给人感觉英明、正义、公正。

明君的缺点在于原则性太强,有时候会把自己的意志强加给别人,如果别人不服从,明君就会很强硬,会试图改造别人。同时,明君喜欢说教,爱唠叨,不断地告诉你什么是对的,什么是错的,应该这样,不应该那样。

六、讨好者

如果父母是明君,孩子就变成了讨好者。如果孩子不讨好父母,就会受到惩罚。父母定下规则,确认什么是好的,什么是坏的。如果孩子做了父母认为是好的事,就会得到奖励;相反,如果孩子做了父母认为不好的事,就会受到惩罚。每个人都有趋利避害的本能,希望得到奖励,不希望受到处罚。孩子必须要讨好、迎合、顺从明君，所以叫讨好者面具。

讨好者面具的优点在于遵纪守法，乖巧听话，努力上进。孩子会努力地成为父母希望成为的样子。讨好者如果当了领导，会是以身作则的领导。

讨好者的缺点是拍马屁、阿谀奉承、功利主义，无利不起早，做什么能够得到好处就去做什么。讨好者没有自己的标准，容易迷失自我。讨好者喜欢攀比，要什么都做得比别人好，目的是想得到更多的赞同和表扬。此外，讨好者的虚荣心很强，爱表现，做了好事要拿出来讲。

讨好者有一个别名叫倡导者，也叫创业者。很多创业者都有讨好者面具，一个人创业肯定要攀比，要功利，爱表现，当然也要努力上进，这样的人才适合创业。

讨好者的第一功能是外倾感觉，第二功能是内倾思维。外倾感觉的特点是喜欢刺激，喜欢热闹，喜欢交际。内倾思维就是逻辑思维。两者结合，非常适合从事技术类的工作。

七、昏君

昏君也是仁君和暴君的结合，但是跟明君正好相反，明君是抑恶扬善，而昏君是抑善扬恶。也就是说，孩子表现好的时候，昏君不但不会奖励，反而会打击、嘲笑，或者无视。一个孩子考试考了个99分，家长说你怎么没有考100分；或者孩子考试成绩比上一次提高了10分，明君肯定会表扬，而昏君则会说你怎么只进步了10分，为什么不能进步12分；再或者说，孩子表现好了，昏君会警告孩子不能翘尾巴，不能骄傲自满，还要再接再厉，等等。孩子表现不好的时候，昏君反而变成了仁君，会去关注孩子，讨好孩子，然后向孩子妥协。比如说，我们看到一些家长带着孩子出去玩，在公共场合孩子想吃冰激凌，家长不给他买，孩子就在地上打滚。孩子一打滚，家长赶紧去买，妥协了。这个时候家长的妥协其实就是对孩子满地打滚的一种奖励，这样的家长就是昏君。

昏君的特点是没有原则，墙头草，其本质就是妥协，倒不是没有原则。昏君可能有原则，但是一妥协就变成了墙头草，在别人看来好像没有原则。其实，他不是没有原则，昏君的原则可能是反原则，跟主流的原则不一样。昏君是个墙头草，在情感上面水性杨花。因为没原则，所以可能逢场作戏，花言巧语，可能捉弄别人，调侃别人。

昏君的优点是灵活机动。昏君不会死守原则，很会变通，见机行事，而且风趣幽默，能说会道。昏君擅长激将法，通过把话反过来讲，达到目的。

昏君还被称为教育者。这一点大家可能会有疑问，很多人会觉得教育者好为人师，应该是明君，怎么昏君才是教育者呢？中国的教育从孔子开始，孔子的教育讲究因材施教，孔子不会把一个个概念、一种种理论强加给别人。孔子用启发的方式旁敲侧击，启发学生。不知道从什么时候开始，我们的教育变成了明君的教育，老师讲课，填鸭式一样，把概念、理论教授给学生，然后学生大量地做作业，老师批改，做对的打勾，做错的打叉，通过对错去教育孩子。这种方式教出来的孩子，可能记住了很多正确的知识，但是孩子不知道这些知识从哪里来，因为是老师灌输的，而不是孩子自己想出来的。西方的老师更喜欢启发孩子，让孩子自己思考，老师旁敲侧击地制造一些情景，比如说著名的苏格拉底式对话。苏格拉底说自己什么都不懂，但是他可以让别人掌握知识，就像他的妈妈。苏格拉底的妈妈是一名助产士，妈妈自己因为年龄大了不会生孩子，但是可以帮助别人生孩子。苏格拉底说自己的教育方式跟他妈妈一样，自己没文化，但可以帮助别人获得文化。苏格拉底就是一个昏君，他的教育方式就是启发。想象一下，如果是明君教学生，填鸭式的，明君把自己的知识都传给了学生，如果学生非常聪明，那么最多也就是把老师的东西全部继承下来。如果学生没那么聪明，那么老师的东西到了他这里就打了一个折扣，再传到他的学生那边又打个折扣，这样的话知识的传承会越来越少，一代不如一代。如果是昏君，不是把知识传给学生，而是激发学生去思考、去发现，所以昏君的教育更容易青出于蓝而胜于蓝。

昏君的第一功能是外倾情感，第二功能是内倾直觉。外倾情感的特点是喜欢交际，重感情，热情，友好。内倾直觉的特点是看问题入木三分。两者结合，使得昏君情商特别高，可以一眼看穿别人的伪装，看到别人的内心深处，然后就可以通过嬉笑怒骂、旁敲侧击、声东击西，去驾驭别人。

八、叛逆者

我们刚才经常讲到，中国的学生考试很厉害，但是不容易拿到诺贝尔奖，因为中国的学生是明君教出来的。西方的学生是昏君教出来的，昏君教出来的孩子就是叛逆者。叛逆者不按规则来，你说这是对的，他偏偏不做，你说这是错的，他偏偏去做。叛逆者跟讨好者相反，讨好者趋善避恶，叛逆者趋恶避善。也就是说，叛逆者专门干坏事，不干好事，正因为这样，所以才会有突破。

叛逆者的缺点是不服管教，攻击性很强，捣乱、顶嘴、抬杠、喜新厌旧、纠缠不休。叛逆者的优点是标新立异，创新挑战，喜欢挑战，在挫折面前越挫越勇、遇强则强。所以叛逆者又被称为奋斗者，他斗志昂扬，喜欢跟人斗。正如毛主席讲的，"与天斗，其乐无穷；与地斗，其乐无穷；与阶级敌人斗，其乐无穷。"

叛逆者的第一功能是外倾直觉，第二功能是内倾情感。外倾直觉的特点是能够预测事物的发展变化，内倾情感的特点是渴望被爱。两者结合，使得叛逆者特别擅长拿捏别人，通过挑战别人而获得满足感。

九、观察者

到此为止，我们已经讲了八个面具，其中有四个基本面具，四个组合面具，明君和昏君是仁君和暴君的结合，讨好者和叛逆者是幸运儿和苦命人的结合。这八个面具都是外向的面具，剩下还有八个面具都是内向的。外向的面具喜欢人际交往，内向的面具不直接参与人际互动。这八个面具由前面八个面具延伸而来，换句话说，前面的八个外向面具，如果人为地不让他跟人交往，把他跟人群隔离开来，就会转变成内向的，也就是接下来我们要讲的八个面具了。

观察者是一个不在位的明君。一个领导定下原则，立下规则之后看下属的表现，表现好就奖励，表现不好就惩罚，这是明君。现在明君离位了，变成了明君的助理，他看着别人，然后用定下来的规则评判别人，这个人做得好，那个人做得不好，但是不再有权利奖励别人，也没有权利惩罚别人。这样一个有规则，能够判断别人做得好不好，但是没有惩罚权利的面具就是观察者面具。

观察者面具的第一功能是内倾感觉，第二功能是外倾思维。内倾感觉的特点是感觉敏锐，注重细节，实事求是。外倾思维就是空间思维，擅长解决实际问题。两者结合，可以推测，观察者面具的优点是观察力很强，心细如丝、明察秋毫、心知肚明，缺点是冷眼旁观，过分注重细节，拘泥小节，甚至有洁癖。

十、保护者

保护者是内向的仁君。仁君会主动帮别人，但保护者是被动的。如果别人来求保护者，他会帮助别人，如果不来求，保护者不会主动帮助别人。这是保护者和仁君的区别。

保护者对别人的求助往往有求必应，这是保护者的缺点——不会拒绝。现实生活当中很多人不会拒绝，有些事情明明不想干，但是人家来求你了，就不好意思不去干，结果把自己弄得非常劳累。

保护者和仁君还有一个区别，仁君帮助别人是因为他想帮助别人，而保护者帮助别人是因为别人需要帮助。什么样的人会需要帮助呢？通常是能力不够、处境不好的人才需要帮助，所以保护者是出于同情，为了帮助弱者而去帮助。保护者面具强的人眼里看到的都是弱者，都值得帮助，哪怕没有求他，他觉得你需要了就会去帮助你。仁君不是因为别人需要，而是自己需要，所以仁君是爱，保护者是同情。

保护者的第一功能是内倾感觉，第二功能是外倾情感。内倾感觉的特点是感觉敏锐，注重细节。外倾情感的特点是关注人际关系，重感情。

十一、纵容者

纵容者是"不在位的昏君"或者叫"被动的昏君"。主动的昏君是抑善扬恶，会刺激别人干坏事，会教唆别人挑战权威，纵容者不会主动教唆别人，不会主动刺激别人，但是，如果别人干了坏事来找纵容者，他的表现与昏君一样，没有原则。纵容者的包容性非常强，"一切都是最好的安排"。纵容者讲究顺其自然，逍遥自在，好像武侠小说里面的世外高人，比较出世。

纵容者的缺点是太过顺其自然，听天由命。纵容者是宿命论者，甚至会走向神秘主义。纵容者觉得世界上存在一些超自然的东西，是我们人类理解不了的，所以喜欢搞一些巫术、算命，给人感觉神神叨叨的。

纵容者的第一功能是内倾直觉，第二功能是外倾情感。内倾直觉的特点是透过现象看本质。外倾情感的特点是关注社会，重感情。

十二、策划者

策划者是内向的暴君，不在位的暴君，或者说，是暴君的参谋和军师。策划者的优点是喜欢规划，计划性很强，深思熟虑，运筹帷幄，通常都胸有大志。策划者的心里有一张蓝图，一件事情应该怎么做非常清晰。

策划者的缺点跟暴君一样，在策划者眼里别人都不好，但是策划者不会像暴君那样直接打击别人，而是设圈套，把别人引到沟里面去，所以策划者更阴险毒辣。暴君觉得谁做得不好，会直接修理这个人。策划者没有权利，不能直接修理别人，所以他会怀恨在心，"君子报仇，十年不晚"。

策划者的第一功能是内倾直觉，第二功能是外倾思维。内倾直觉的特点是透过现象看本质，善于发现事物的"意义"。外倾思维是空间思维，能够运筹帷幄，擅长解决实际问题。

十三、自强者

自强者是内向的讨好者。讨好者是功利的，社会上流行什么就去学什么，社会认为什么是好的就表现什么，社会认为什么是不好的就克制自己不去做这个不好的。自强者不是根据社会的要求，而是根据自己的要求，给自己定一个人生的方向，然后努力往这个方向去做。自强者会一头钻进去研究，不断磨炼提高，随着努力，技术越来越精湛。自强者精益求精，跟讨好者一样，非常地努力进取，但是自强者的努力进取和社会主流的方向可能不一样，他所做的事很多时候可能不被社会所认可，认为是玩物丧志，做的东西没有意义。比方说，过去有些手艺人，非常专注于自己的做法，结果弄得饭也没得吃，贫穷潦倒，身边的人叫他赶紧改行，或者做的东西不要这么精致，粗糙一点产量就大了，就可以赚钱养家糊口了。可是这些手艺人不求数量，只是要把事情做到极致。所以，自强者也叫手艺者。

自强者的第一功能是内倾思维，第二功能是外倾感觉。内倾思维就是逻辑思维，思维缜密，不留破绽。外倾感觉的特点是喜欢刺激，喜欢运动和操作。所以自强者往往是运动或手艺方面的高手，在技术上精益求精，相对不怎么喜欢人际交往。

十四、自娱者

自娱者是内向的幸运儿。幸运儿喜欢分享自己的快乐，幸运儿开心了会把大家叫过来一起开心。自娱者自娱自乐，不喜欢热闹，在自己的小天地里面做自己喜欢的事，给人感觉比较清高。自娱者比较高雅，精致，有艺术家的气质。

自娱者的优点是自我接纳，很满足，自给自足。自娱者的缺点是过分清高，孤芳自赏，跟环境隔离，活在自己的世界当中。自娱者非常适合搞创作，比方说，可以当画家、雕塑家、作曲家、小说家、剧作家等和创作相关的工作。

自娱者和幸运儿不一样，幸运儿是演员，自娱者是创作者。比方说，一个作曲家写了一首钢琴曲，交给幸运儿，幸运儿会当着观众的面弹奏这个曲子，因为幸运儿喜欢分享，喜欢弹奏乐曲给别人听，大家一起开心。而作曲家，往往是作完曲，自己听听觉得好听，最多是几个好朋友在一起听一下就好了，并不打算跑到剧场上去演奏乐曲。作曲家不喜欢跟别人一起快乐，而是喜欢自己快乐。

演员通常都是幸运儿，他会跟观众互动。当然，我们知道有很多不同的演员，有些演员跟观众有很多的互动，喜欢跟观众打成一片，也有一些演员水平很高，但是不跟观众互动，唱完一首歌就走了。这种唱完了就走了的，就是自娱者。也可以说，偶像派演员是幸运儿，实力派或演技派演员是自娱者。

自娱者的第一功能是内倾情感，第二功能是外倾感觉。内倾情感的特点是重感情，但比较被动，俗称"闷骚"。外倾感觉的特点是喜欢刺激，喜欢运动和操作，技术上精益求精。

十五、抵制者

抵制者是被动的叛逆者。叛逆者会起来反抗，会破坏规则，不能做的偏偏做。抵制者是被动的，他不会明目张胆地搞破坏，而是暗中搞破坏、背后捣鬼，或者是表面上同意了，心里犯嘀咕。

抵制者的缺点是消极怠慢、拖延。一个人的抵制者面具分数很高的话，不光抵制别人，还会抵制自己，那就是自我矛盾、自我纠结。今天有一个想法，要做什么事情，立即出现另外的想法：这个事情不能做，做这个事情有什么意义？等等，自己跟自己内耗。明明觉得事情很重要，可是就是动不起来，做不了。在人际关系当中，抵制者想要表达一种思想、一种意见，他不能痛痛快快地表达，而是拐弯抹角，不明说，而是暗示，这些都是抵制者的缺点。

抵制者的优点就是思想活跃。抵制者看问题不单看表面，还会想到背后。比如说有人送他礼物，一般人接到礼物会很开心，但是抵制者会思考：这家伙为什么要送我礼物？他想打什么主意？抵制者喜欢揣摩别人的心思，喜欢逆向思维，所以抵制者可以发现很多一般人发现不了的东西。抵制者要解决具体问题，会采用拐弯抹角、迂回的方法。

抵制者喜欢思考，逆向思维，想的跟别人不一样，所以又被称为哲学家。很多哲学家都是怀疑主义者，因为怀疑才成为哲学家。如果不会思考，认为世界上的事情都是理所当然的，就成不了哲学家，正是因为有很多怀疑，他才会成为哲学家。

抵制者遇到问题拐弯抹角、因势利导，所以也叫化解者。如果两个人发生矛盾，公说公有理，婆说婆有理，其他人可能没办法处理问题。抵制者会拐弯抹角地揣摩两个人的心思，然后迂回地找到一个解决方法化解矛盾。

抵制者还有个名称叫医治者。现在的医生治病比较粗暴，比方说你感冒发烧了，他给你吃退烧药；你哪里发炎了，他给你吃消炎药；你肚子痛了，他给你吃止痛药；你身体里面长了一个肿瘤，他就把肿瘤切掉，这些都是直接的、硬碰硬的治疗方法。但是古代的医生，或者说现在的一些好医生，他们不用这种硬碰硬的方法，而是通过调理，慢慢地把病去除。很多疾病都有一个发展过程，比如说感冒，一开始是流鼻涕、打喷嚏，后来发烧，这样一步一步发展来的。一个好医生会顺着疾病的发展过程治疗，一开始打喷嚏、咳嗽，他不用止咳药，而是用化痰药，病人化了痰以后就更容易咳出来了，这就是因势利导，而不是用止咳药把咳嗽给止住了。发烧的时候不会急于用退烧药，发烧本身是身体消灭病毒的手段，除非烧得太厉害，引起大脑缺氧或惊厥，才需要用退烧药，如果只是发烧到38度，那就不需要用退烧药。古代有很多好医生，他们用这样迂回的方法治病，这个方法抵制者很擅长，所以抵制者也叫医治者。

抵制者的第一功能是内倾情感，第二功能是外倾直觉。内倾情感的特点是重感情，但比较被动，俗称"闷骚"。外倾直觉的特点是能够预测事物的发展变化。

十六、逃跑者

逃跑者是内向的苦命人。苦命人很苦，但他还赖着人家。如果是逃跑者，就逃走了。那要怎么逃呢？有些人躲到家里，关起门来，蜗居，也叫茧居；也有些人会去旅游，到处流浪，那也是一种逃避；更多的人会选择精神逃避、情感逃避，也就是情感隔离，给人感觉这个人没有情感。

逃跑者的第一功能是内倾思维，第二功能是外倾直觉。内倾思维就是逻辑思维，思维缜密，逻辑性强，非常适合搞数学或计算机。外倾直觉的特点是能够预测事物的发展变化，甚至可以预知未来。所以，逃跑者其实是非常聪明的，常常会有奇思妙想，而且在逻辑上都是成立的。但是，由于缺少情感和感觉的功能，所以情感隔离，不接地气，沉迷于幻想，或者电子游戏。

有些逃跑者会把自己对未来的憧憬变成一个设计，画出一个蓝图来，然后根据设计蓝图去制作，所以逃跑者擅长设计和制作。有些逃跑者会把自己的小窝装饰得很舒服，把小窝变成他的城堡。

逃跑者非常聪明，由于性格内向，不像苦命人那样喜欢展示自己的才能，所以容易被人误解和忽视。

扫码自测

想拥有一段幸福和谐的夫妻关系为什么这么难？

张雪艳

一、案例报告

（一）基本情况

姓名：玉

年龄：51 岁

性别：女

学历：大专

婚姻：已婚

（二）初步印象

来访者留着齐耳短发，素颜，皮肤白净，着装偏禅意中式风格，很素雅，身高大概 160cm，身材匀称，说话语气温和。

（三）来访者咨询的具体问题和目标

来访者因夫妻关系经常起冲突来做咨询，想通过咨询让夫妻关系更加和谐。

（四）来访者的主要心理困扰和痛苦、夫妻间问题的发展过程、来访者自己做了哪些努力来改变现状？

玉说和老公刚认识的时候特别美好，他们通了将近 2 年的书信。那时候彼此信任，无话不谈。他就像一位大哥哥一样，她也特别信赖他，遇到什么烦心事都会向他倾诉，而他也总能给她很中肯的建议。后来到了谈婚论嫁的时候，家里父母不同意，但玉还是坚持自己的选择要嫁给他。期间他和玉的家人发生了很多冲突，曾经提出放弃这段感情。玉说自己不甘心，又去找他，后来两人和好，顺利结婚了。

他们的主要矛盾是因为一些生活琐事发生冲突时，她老公会批评她、否认她，玉受不了他的批评和否认，这让她很难受。每次遇到这种情况，玉说会害怕和他争吵，整个人会僵住做不出反应。事后反应过来，愤怒、难受、伤心的感觉就会弥漫出来。这时候玉就会想去找她老公沟通，但她老公表现出来那种看不起人的样子，又让她没有勇气去说。她有时候会用手机发文字给他，但他永远是没有回应的。这时候玉就更加愤怒，一种不被爱、被轻视、没有价值感、被抛弃的感觉淹没了她。有一种生不如死的感觉，很绝望和无助。接下来他们就进入了冷战，玉又受不了这种冰冷的关系，会再次去沟通，但对方还是没有回应。在她老公看来，说这么多话是多余的，没必要说来说去，事情已经过去了，和好就好了。玉却想她老公能懂她，两个人能好好交流，彼此能做灵魂伴侣。玉很在意老公对她的态度，渴望他的认同，不然就觉得自己没有价值，有一种被抛弃感，这种感觉让她很抓狂。这样的情况多了，玉说自己就很想逃，也提过很多次离婚，但她老公并没有想离婚的意愿。玉说最终没有离婚，是会想起他们当初刚认识的美好，那时候老公很照顾她，是第一个对她特别关心的人。现在老公对她不好的时候，自己会找一些理由为他开脱，进行合理化，但那种难受的感觉依然在。

当夫妻关系出现问题时，玉曾经做过很多努力来改变现状。她原来是在金融机构上班的，工作比较忙碌，玉觉得很难既顾到工作又能照顾好家庭，就辞职了。但回归家庭后玉发现夫妻间的问题并没有缓解，仍然矛盾重重。玉说自己的情绪也变得抑郁起来，曾经去医院看过心理医生，后来又慢慢开始学习心理学，想通过学习来了解自己、疗愈自己，近些年玉一直走在学习的路上。

（五）成长史回顾

0—5岁

玉出生在农村，家里有一个比她小5岁的弟弟，1到5岁玉跟着妈妈生活，爸爸在部队工作。这期间有几件事情的发生让玉印象深刻。

第一件事情：玉说小时候爷爷、奶奶不太喜欢她，嫌她不是男孩，挺忽视她的。妈妈和奶奶的关系一直不好，经常会回娘家。大概在她3岁的时候，有一次快过年了，妈妈又回娘家待了好多天。外公就骂妈妈，说她没家教，过年了还不回家。妈妈被骂了很生气，连夜就抱着玉回家了。可能是赶夜路受了风寒，回家后玉就发高烧了。第二天送到县里的医院被诊断为急性脑膜炎，就在医院住院治疗了。这些事情的细节玉说自己并不记得，是后来妈妈跟她说的。妈妈和外婆会说玉是得过脑膜炎的孩子，万幸没变成傻子，村里有一个孩子得了脑膜炎以后变傻了，玉听了妈妈和外婆的话，慢慢地也变得不太相信自己，觉得自己是一个得过病的、笨一点的小孩。

第二件事情：在玉4岁的时候，有一天中午她和小伙伴们在外面玩捉迷藏。她躲在一个工具柜里让小朋友找，小朋友把柜子的门闩上了。玉说自己在里面等了很久，出不来，后来小朋友回家了，把她忘在了那里。柜子里面一团漆黑，时间长了，玉觉得很害怕，就想出来。她当时手里捧着一个取暖的火笼，就是把炭烧热放在笼子里提着暖手用的。当她提着火笼，双手一起去推门的时候，门竟然是没有被闩住的，大概是小朋友后来把门闩打开了，但玉不知道。由于过于用力，玉连人带火笼摔下了工具柜。火笼里面的热炭全洒在了她身上，玉大声哭喊着才被人发现。当妈妈赶来把她送到赤脚医生那里的时候，玉的额头、脸、后背、手臂都被烫伤了。妈妈说当时粘在手臂上的炭火都还没有完全熄灭，嵌在了手臂上。玉说只记得当时去推门的那个场景，后来发生的很多事情是妈妈跟她说的。妈妈说当时奶奶在院子里，听到了她的哭声并没有出来看她。妈妈还经常对玉说，自己当时也吓坏了，她烧伤后整个脑袋肿胀起来，变得很大，她觉得一个女孩子烧成这样，无法见人了，还不如死掉算了。玉烧伤以后特别乖，没有大哭大闹，大人们来看她时，看到她满脸涂抹的药滴到衣服上，她反过来还安慰他们，说没事，洗洗就好了。玉听妈妈转述这些的时候，觉得奶奶很冷漠，也觉得自己被关在柜子里的时候，黑漆漆的独自一人，很无助、很孤独、很害怕，不知道该怎么办；又觉得不甘心，想凭自己的努力，试试看。后来生活中遇到压力的时候，也会出现类似的感受和想法。

第三件事情：大概4岁的时候，有一次妈妈要和邻居们一起去隔壁村买酱油，让玉跟着一起去，玉说自己不想去，拒绝了妈妈。当妈妈真的走了，玉又非常害怕，觉得妈妈不要她了，就去追妈妈。好不容易追上妈妈的时候，玉倒在地上大哭起来。玉说自己既渴望妈妈，又不想跟妈妈在一起。妈妈叫她的时候，没想去，但妈妈走了，自己又很害怕，怕妈妈不要她了。

第四件事情：在玉5岁的时候奶奶因为和妈妈闹矛盾后喝农药自杀了，妈妈一下子接受不了，当即也跳水塘了，所幸水塘不深，被人救起了，村里人就笑话妈妈，说她明知水塘不深还去跳，说她在演戏。对于这段记忆，玉说自己是空白的，具体的事情和细节都是妈妈后来告诉她的。当她听妈妈讲这些部分的时候，玉说能感受到妈妈当时的处境，有绝望、恐惧、孤独和无助。妈妈说当时只求一死，但看到玉还这么小，又不忍心，最后放弃去投河了。后来的一次心理学课堂上，玉去回顾这段记忆的时候，出来的意象是一个小女孩倚着门站着，她不知道周围发生了什么事情，只是一直在哭，感到无依无靠、很孤独、无助。

5—7岁

奶奶出事后不久，妈妈为了换个环境，就带着玉到爸爸的部队去了。在她5岁的时候弟弟出生了，弟弟出生后，边上很多人会经常开玩笑跟她说，妈妈有了弟弟以后就不再喜欢她了，不要她了。有一次当幼儿园的老师也这么跟她说时，她感到更难过了，她觉得妈妈是真的不喜欢她了。妈妈曾经说过，说她的亲妈其实是个要饭的，玉是在垃圾堆里被捡回来的。玉就去问外婆：妈妈是不是真的不要她了？外婆说妈妈不会不要她的，外面的人都是乱说的，让她放心。有了外婆的确定，玉才安心一些。

在部队里的日子，玉记得那些年轻的叔叔们经常会叫她黄毛丫头，取笑她，说她这么大了还不去上学，长大了只能烧烧火（农村里形容没本事的家庭主妇只能在家烧饭，干不了别的事情）。玉听了很难过，就经常吵着要去上学，可部队边上的小学条件很差，爸爸妈妈觉得不合适，所以在她7岁的时候就跟着外婆回老家读书了。和妈妈在一起的这几年，玉说一直不怎么喜欢妈妈。妈妈的情绪很不稳定，让她感觉很紧张，也不信任妈妈，自己既想和妈妈在一起，又有些排斥妈妈。反而跟外婆亲近一些，更喜欢外婆。

小学阶段

接下来，玉在外婆家开始了小学生活。因为回来的时间迟了，错过了拼音的学习，玉有点跟不上。暑假里别的孩子可以玩，玉要补习拼音。看着别的孩子可以玩，玉就很羡慕。后来一起玩的小伙伴还经常会取笑她、排挤她，说她是外乡人。有时候被小伙伴们欺负了、孤立了，玉说自己就一个人想跑回以前爸爸妈妈住的村里，虽然那里没有爸妈，但觉得那才是自己的家。心里想：你们说我是外乡人，那我就回自己的家去。有一次被小朋友欺负后，玉就徒步回去了，走到半路被舅舅发现了带回来。为了取悦同学，玉说每次收到爸妈寄回来的糖果，她都会第一时间飞快地把糖果送到曾欺负她的孩子王手里，去讨好他们。

外婆平时会去寺庙拜佛，也会带着玉一起去。当玉走不动了，同行的体壮的阿姨就会背着玉，这些记忆让玉觉得很温暖。有时候外婆要外出，也会把她托到舅舅家照顾，舅舅们对她还是很友好的，舅妈就有点严厉。记得有一次大舅妈家请了师傅，烧了一桌子饭菜，玉和表弟很开心地上了桌。舅妈看到后就呵斥玉，说玉不懂规矩，师傅没上桌，孩子是不可以上桌的。被骂后玉觉得很羞愧，后来就蹲在外面不敢再上桌了，对舅妈也多了些害怕。

到了三年级下学期，爸爸妈妈从部队回来了。玉也从外婆家回到了爸爸妈妈身边。因为长时间不在一起，玉看到他们觉得很陌生，也不太亲近。常常想着回到外婆那里去，觉得外婆那里才是自己的家，外婆更像妈妈。一到节假日，玉就会回外婆家，特别憧憬和外婆在一起的时光。

和爸妈刚开始生活的时候，一家人住在旅馆里，爸爸、妈妈和弟弟睡一张大床，玉一个人睡在门边的一张小床上，玉感到很孤单难过，觉得被孤立了。有一次憋不住哭了，妈妈知道后，就允许她睡了一次大床，后来又睡回了小床，玉心里觉得弟弟小才需要妈妈陪。

在三年级的时候，玉遇到了一位特别开朗的数学老师，对玉特别好，这让玉觉得很温暖。因为喜欢这位老师，她的数学成绩提升了很多。和同学相处也相对融洽，她渐渐融入了新的集体。数学老师刚好又是学校少先队辅导员，就邀请她参加学校的一个军鼓队。玉第一次穿了漂亮的公主裙去街道打鼓宣传（那时常有小学生举标语旗去大街宣传国策之类的事情），玉感到有点惊喜和意外，也有一点不敢相信这是真的，对这种美好总觉得有点陌生。

爸爸从部队转业回来就在县城的镇政府部门工作了。五年级的时候，班上总有同学说，玉不用努力也有书读，反正她爸爸都会为她安排好，读初中可以找关系。这些话让玉听了很不舒服，觉得很羞愧和倒霉，认为自己不行，要靠爸爸才行。她心里暗暗发誓，一定要努力学习，靠自己考上一所好学校。那段时间玉学习很勤奋，电视也不看了，把时间都花在学习上。后来毕业考，玉取得了非常优秀的成绩，考上了重点初中。玉说这是她童年最辉煌的时刻。

§ 想拥有一段幸福和谐的夫妻关系为什么这么难？§

初中阶段

到了初中，当玉再次被选中校军鼓队时，玉说自己不太想去了，觉得自己脸上留着小时候烫伤的疤痕不好看。平时也常听到大人带着惋惜的口吻说："可惜了，小女孩的脸上留下了这样的疤痕。"听得多了，玉就觉得自己一定极其难看。玉说有时候看着路上来来往往的人群，总觉得自己就是人群中那个最难看、最难堪的人。

初中阶段玉也变得叛逆了，和妈妈会起一些冲突，也不喜欢班主任老师，觉得他有点严肃，与人有距离感，内心就有些排斥。因为心里有排斥，即使老师有时候关心她，玉也不喜欢。但生活总体还是很自在的，和同学们也玩得开心。

高中及大学阶段

高中的生活大家都很忙碌，玉说自己好像一下子找不到方向。本来想当警察，可招生简介里写着刑侦专业要求脸上不能有疤痕，这让她很难过。她也想过当医生、当老师，但最想当警察，因为条件不符合，愿望落空了。玉说在高中阶段很自卑，不相信自己，学习成绩也不好。后来高考落榜了2次，第三年才考上了电大。玉对电大也不想去，心里觉得不甘心，还想参加高考。但妈妈坚决不同意，害怕她又考不上。玉一赌气就去上电大了，学的是财会专业，玉并不喜欢。在大学里，玉觉得很落寞。

大学毕业后

毕业后玉被家人安排到了金融机构上班，玉并不喜欢，她说自己挺厌烦这些数字的。以前招工的时候就已经被录取了，玉当时不想去，就去复读了，没想到后来还是去了金融机构。上班的时候玉说自己过得小心翼翼、战战兢兢的。她不喜欢这个工作，算盘、点钞、输汉字等她都不擅长，经常出错，甚至赔钱。期间经历过一次事故，平时经常做噩梦，会梦到工作出错。后来玉结婚了，因为老公在另外一个城市工作，多年后她也调到了当地上班。虽然不喜欢这份工作，玉说自己态度上还是很认真的，也曾经当过主任、经理。后来有了家庭、孩子，工作又很忙，玉渐渐地觉得有点力不从心，变得很焦虑，就向单位提出了辞职。单位的领导特别好，找她谈了话，做了思想工作，又给她换了一个相对轻松一些的岗位，这样玉又干了5年，但最终还是下定决心辞职了。玉说自己做过最勇敢的两件事就是辞职和结婚，当时父母反对他们结婚，玉还是义无反顾地嫁给了现在的老公。

辞职回家后，生活并没有如玉想的那么美好，依然有各种矛盾冲突，焦虑并没有减少。这让她更加怀疑自己，后来玉发现自己抑郁了，就去医院看心理科。一个偶然的机会，玉参加了一个心理学习班，玉说自那以后，自己好像就回不了头了，一直走在了学习和自我成长的路上。

成长史补充

玉说自己还是一个很讲原则、有正义感的人，小时候有几件发生的事情印象比较深刻。

第一件事情：外婆吃素念佛，很和善，村里有人发生矛盾冲突的时候，外婆总会热心去调解。玉说记得有一次自己看到外婆跟一方说了很多好话，转眼又和另一方说很多好话。玉认为站队要专一，觉得外婆这样不对，当着村里人的面，说外婆是个两面派。外婆听了非常生气，骂了玉，好些天都没有再搭理玉，玉感到很害怕，觉得自己好像也没有错。玉说对这件事情记忆很深刻。

另外一件事：爸妈回城里后，因为住在单位的宿舍里，邻居会一起在三楼看电视。看电视的时候，妈妈常常会毫无顾忌地跟爸爸大声说话。玉就觉得这样很不好，影响到了别人。有一次就当着大家的面批评爸爸妈妈，说："你们能不能安静一点，不要打扰别人看电视。"妈妈被批评后，当时虽没有作声，回家后却生气极了，对玉破口大骂。玉当时很难过、很害怕，也觉得挺委屈的。

爸爸妈妈、弟弟、爷爷奶奶、外公外婆留在玉心中的印象：

玉对爸爸的印象：爸爸是一位军人，平时很严厉，每天看起来都不开心。玉平时很怕他，不敢亲近他。爸爸会经常指出她的不足之处，批评她，拿她和别人比较。记得有一次爸爸批评了她，还一巴掌打了她额头。玉当时很伤心，感觉活着挺没意思的，就拿了一个纳鞋的钻子来扎自己，最后怕疼放弃了。

还有一次玉不知犯了什么错，爸爸就骂玉，说路上这么多车来来往往，怎么就没把我家的这几个撞死，玉听了很难过。但在玉生病的时候，爸爸就对玉特别关心，会主动提出带她看电影，给她买好吃的。

玉对妈妈的印象：妈妈总是情绪波动特别大，生气了会口不择言地骂玉。玉说记得有一次中午放学，不知道妈妈和弟弟去学校门口接她，因为没碰上。玉回家后，肚子饿了，看到一桌子菜，就坐下来吃了。妈妈回来后大发脾气，骂她怎么这么自私，竟然自己一个人独自先吃了饭菜。玉当时觉得很羞愧，从此以后有食物都不好意思独享了。但妈妈不生气的时候也很好，也会照顾到玉。

玉对弟弟印象：和弟弟关系比较好，弟弟小时候有什么好吃的，会和玉分享。有时候东西落在朋友家里了，弟弟也会跑去帮她取，很听话。但弟弟也会经常惹她，常常无事挑起争执，然后又去爸爸那里告状，爸爸二话不说，就会先呵斥玉。有一次玉很生气，就用脚狠狠地踢了他，弟弟一下子喘不过气来，玉说自己当时吓坏了，赶紧拿好吃的哄他，怕他告状。有一次弟弟偷着和朋友去游泳，爸爸知道了很生气，就骂玉，说要是弟弟出了什么事，玉也别想有好日子过，玉听了感到非常震惊。

玉对爷爷的印象：对爷爷没有多少记忆，只记得有一次玉坐在叔叔的肩上，爷爷看到了，就骂她，说女孩子怎么可以骑到男人头上。玉说这让她觉得女孩子不好。一直以来她的打扮也比较中性，留短发，不喜欢女性化的打扮，觉得女孩不好。

玉对奶奶的印象：没什么印象，听妈妈和长辈说，奶奶二婚嫁给爷爷，挺苦的，有过几次自杀的举动。后来因为和妈妈吵架，喝农药自杀去世了。

玉对外公的印象：对外公的印象很模糊，感觉他一直不开心，晚上睡觉的时候会用烟斗敲着床板骂人。玉说自己很怕他，有时候外婆有好吃的给玉吃也会回避外公，不让他发现。印象中外公很节俭，有一次玉吃完一块肉骨头扔到地上，被外公骂了，说肉骨头还可以放到梅干菜里，还有油。唯一一次比较温暖的记忆是，有一天外公放牛回家，带回了一小段甘蔗给玉吃，玉说印象中有点甜。

玉对外婆的印象：玉说自己从小跟着外婆长大，在心中把外婆当成了自己的妈妈。外婆的情绪比较稳定，对玉也很照顾，让玉觉得很温暖。外婆很爱美，常常在玉白色裙子上绣花。有一次外婆给她准备了一件挺贵的金丝绒衣服，可是玉却因为别人说她穿起来像地主婆，不肯穿，一度让外婆很伤心很生气。

（六）基于对来访者成长经历的一些了解，形成的初步个案概念化，有待完善

1.来访者在成长过程中没有被很好地养育，0到5岁爸爸一直缺席。妈妈作

为来访者的主要养育人,并没有给到来访者足够的安全感。妈妈情绪极不稳定,生气时会口不择言地骂来访者。来访者在这期间经历了被烫伤事件、得了急性脑膜炎,还面对了奶奶的自杀离世。这些经历都让来访者有了很深的不安全感,苦命人面具在这些经历中慢慢形成。5岁以后随妈妈到了爸爸的部队,爸爸是一位军人,对来访者的要求很严厉,来访者在爸爸这里也感受不到爱,来访者很怕爸爸。部队里的叔叔也经常会取笑来访者,在5岁那年有了弟弟以后,周边的人常常会对来访者说妈妈有了弟弟,就不会再要她了。这些部分都在促使来访者的苦命人面具在加深。7岁离开爸爸妈妈,随外婆回老家读书,在学校经常会遭到小朋友的欺负,取笑她是外乡人。有时候寄养在舅妈家,舅妈对来访者并不友好,苦命人面具进一步得到强化。后来爸爸妈妈回来后,来访者又要离开外婆,那时候来访者已经习惯了和外婆在一起,感觉外婆就是自己的妈妈,这对来访者来说,又是一次分离、被抛弃的体验。在整个成长经历中,生活环境的几度变迁,每一次来访者都要重建自己的人际关系,而这些人际关系充满了对来访者的不友好。主要的养育人爸爸妈妈没有给到来访者足够的无条件的爱,唯一比较稳定的是来访者的外婆,在外婆这里来访者有了一些安全感,但随着爸爸妈妈的回来,来访者又不得不离开这个唯一的相对来说比较稳定的客体。这些童年经历让来访者形成了苦命人面具,这个面具是来访者比较核心的面具,相当于来访者的人格底色。

2. 在来访者的成长经历中,每当她做错事情,爸爸妈妈采取的教育模式都是批评和责骂,并且带有人格上的羞辱。来访者父母之间也经常吵架,来访者说自己是在父母的争吵中长大的。这说明来访者的父母都有很明显的暴君面具,这个面具也在潜移默化地影响着来访者,来访者一方面习得了这个暴君面具,另一方面来访者又很排斥这个面具,这也造成了来访者内心的冲突,同时形成了抵制者面具。

3. 来访者的外婆对来访者来说是一个相对稳定的重要客体。据来访者回忆,和外婆在一起的日子相对来说还是自由的,束缚比较少,外婆情绪比较稳定,对来访者的批评也相对温和一些,不像来访者爸爸妈妈的批评具有很强的攻击性,来访者说自己能感受到外婆对她的关爱。另外外婆的生活比较有规律,能自娱自乐，每天早上固定念佛经，虽不识字，但很刻苦地学习佛经，不懂就请教他人。寺庙有佛事就会去参加，待人友善，很愿意帮助别人。外婆的这些性格也内化到了来访者的人格结构中，来访者身上有自强者、自娱者、保护者、仁君、幸运儿等原型面具的呈现，这些是来访者的资源所在。

4. 来访者说自己是在父母的争吵声中长大的，父母间的互动模式也有可能形成来访者的人生脚本，结婚后来访者把这个脚本带到了自己的婚姻中重复。另外在来访者的成长过程中，外公、爷爷、爸爸，这些主要的男性客体留给她的都是不好的记忆，都是严苛的，不喜欢她的。这些部分是否对她现在和老公相处造成了一定的影响，来访者的潜意识里是否在强迫性重复这些童年和重要男性客体的互动经历，这些部分还需要和来访者进行讨论梳理。

（七）咨询方案

对来访者和她老公的互动过程中呈现了哪些面具进行分析，对分析出来的面具进行命名和观想。

（八）面具分析

1. 害怕被抛弃面具（苦命人面具）：玉在和她老公的关系里，最让她难以忍受的是老公对她的无视和不回应。玉说每当这个时候，自己就有一种深深的无力感，很绝望，感觉自己被抛弃了，感到生不如死。经过讨论，给这个面具取名为被抛弃者面具。

在玉的成长过程中，爸爸前5年一直不在身边，后来虽然在一起了，爸爸也总是对她有各种批评和否认，玉一直很怕爸爸。小时候爸爸有一次骂玉的时候，玉当时就有一种想死的冲动。另外，让玉印象深刻的是有一次玉不记得自己哪里做得不对，爸爸就骂她，说街上来来往往的车辆怎么撞不死你。玉的妈妈是一个情绪极不稳定的人，生气了也是对玉各种谩骂。玉小时候被火烫伤了，妈妈就骂她，说一个女孩子烫得这么难看，还不如死了算了。在玉4岁的时候，有一次妈妈要去另外一个村买酱油，当时玉不愿意一起去，妈妈就把玉一个人留在了路上，玉说自己当时很恐惧，觉得妈妈不要她了。在玉有了弟弟以后，周围的人也总是跟她说，有了弟弟，妈妈就不要她了，这对于一个只有5岁的孩子来说，是一件很害怕的事情，玉就很担心妈妈真的不要她了。后来玉又离开爸爸妈妈，跟外婆一起生活，小朋友也总是欺负她，说她是外乡人。爸爸妈妈回来以后，玉又要回去跟爸爸妈妈生活，她那时候已经把外婆当成妈妈了，离开外婆，对玉来说又是一次分离、被抛弃。童年的这些经历让玉有一种很深的不安全感，她很害怕被遗弃、被否认，害怕没有回应。每次和老公发生争执的时候，老公对她的冷漠、不沟通，都让玉有一种极深的绝望。

2. 害怕被批评面具（苦命人面具）：玉说自己平时很想做得更好，想得到老公的认同，希望他觉得她是好的，不是糟糕的。每次吵架老公批评她、否认她的时候，她会非常难过，很绝望。

在成长过程中，玉很少得到欣赏、表扬和认同。在玉对爷爷的记忆里，印象深刻的是一次自己坐在叔叔肩上玩，爷爷看到了，就呵斥玉，说女孩子不应该坐到男人头上。外公留给玉的记忆里也是对她的批评，一次玉把吃完的骨头扔了，外公就骂她。爸爸因为是一位军人，对玉的要求也比较严厉，总是会批评玉，有一次骂玉的时候说，街上来来往往这么多车，为什么没有一辆撞死你。小时候弟弟出去游泳，爸爸会说，要是弟弟出了事，你也别想有好日子过，玉觉得弟弟如果出事了，自己也不应该活着。玉还回忆起自己刚开始上班的时候，工作出了错，自己压力已经很大了，但爸爸表现得比她更落寞，表情比她还难过，说为什么别人都不会出错，就你出错呢，那个当下玉感到非常难过和无助。妈妈也是一样，有一次玉回家肚子饿了，吃了妈妈烧好的饭菜，妈妈回来就骂玉，说玉这么自私，竟然自己先吃了饭。在舅妈家寄宿的时候，玉做错了事情，舅妈也会骂玉。玉说在被他们骂的时候，自己有一种深深的羞愧感，他们的骂里面带有一种人格上的羞辱，觉得自己被连根拔起了，很绝望，觉得自己很糟糕，那种羞愧让她觉得自己什么也不配。所以每次和老公发生冲突，当她老公批评她、否认她、骂她、对她人身攻击的时候，这种难受、羞愧、绝望的感觉就会弥漫出来，让玉难以承受，玉说有一种被踩到尘埃里的羞愧感。

3. 害怕冲突面具（抵制者面具）：每次玉和老公起争执时，玉心里明明很愤怒，很难过，但不敢表达自己的真实感受，整个人会僵住，不知道说什么，害怕起冲突。经过商量，取名为害怕起冲突者面具。

在玉的印象中，爸爸一直比较严厉，会对玉有各种要求，玉很怕爸爸，心里有什么想法也不敢跟爸爸直说。玉对妈妈也没有安全感，妈妈的情绪极不稳定。爸爸妈妈的关系也不和谐，经常处在争吵状态，玉说自己是在他们的争吵中长大的，对这种争吵有恐惧和排斥，也有厌恶和愤怒。爸爸妈妈争吵的时候，让小时候的玉感到很不安，她说当下会觉得很孤独无助。让玉印象最深刻的是小时候奶奶和妈妈因为拌嘴，服农药自杀了，妈妈也去跳塘自杀，所幸没有自杀成功。这些童年经历让玉对争吵冲突有一种极深的恐惧感，她说感觉有冲突了，就会有不好的事情发生，所以和老公发生矛盾时，玉在那个当下就会僵住，脑子一片空白，处在一种恐惧之中。

4. 不敢表达真实想法面具（抵制者面具）：玉和老公起冲突时，在那个当下她不敢去表达自己的真实想法，但心里很难过，每次都是事后再想到去表达，但她老公又觉得这件事情已经过去了，为什么还要重新提起来说，觉得没必要再说，就不理会玉，这让玉更难过。

在玉的记忆里，有一次爸爸妈妈在院子里看电视的时候大声说话，玉觉得不对，就去批评他们。但妈妈听后很生气，把玉大骂了一顿。另外一次，外婆在处理两个邻居的矛盾时各说着他们的好与不好，玉觉得外婆在说假话，当场说外婆是个两面派，把外婆说的话跟邻居说了，外婆很生气，骂了玉，后来很长一段时间不再理会玉。这些成长经历让玉对表达自己的真实想法有了一种恐惧感，因为在童年当她真实表达自己的想法时，是会受到大人惩罚的，玉说表达自己的真实想法让她觉得是一件很危险的事情。

5. 压抑后爆发的暴力面具（暴君面具）：玉说和老公刚开始吵架的时候，自己是先忍着的，忍了几次以后，内心的愤怒积攒到一定程度，到下一次吵架的时候就忍无可忍了，就会爆发出来，就会失控。玉说她老公曾经说过，说玉打他，但玉自己没有注意到。她现在回想，那个当下应该处于一种很失控的状态，很凶，有一种不管不顾、豁出去了的感觉。她说就像狮子一样直接冲上去了，她觉得她老公应该也被吓到了，平时都是很乖的，一下子这样，他接受不了，他也进入了自我保护模式，就和玉对打。经讨论，取名为压抑后爆发的暴力面具。

在玉的成长过程中，受到过很多暴力对待，玉对这种暴力有一种天然的排斥，但暴君面具又内化到了玉的人格结构里，所以暴君面具在玉这里处于压抑的状态，平时很少呈现出来，只有积累到一定程度才爆发出来，爆发出来的时候，能量就很高，不受玉的控制。

6. 讲原则，重是非面具（明君面具）：玉说刚开始和她老公交往的时候，他们相处还是很融洽的，玉很信任她老公，觉得他都是对的，不会质疑他，很听他的话，她老公也很呵护她。后来慢慢地玉觉得她老公有些问题处理得不对，不符合她的价值观，对老公的评判多了起来，不认同他了，慢慢地就不想都听他的了。她老公就觉得玉不跟他同心，但玉觉得如果认同她老公，就违背了自己内心的想法，这样两种不同的价值观之间就有了冲突，慢慢地彼此之间的信赖和亲密就少了。

玉说爸爸妈妈平时有很多条条框框，规则特别多，什么事都要讲个是非对错。另外，外婆是信佛教的，特别讲因果，平时还会念因果经，说做得不对会遭到因果报应。身边农村里的人也会讲，如果起心动念不对，会招雷劈。这些部分都让小时候的玉心里有一种很深的恐惧，让她觉得有些事情就必须是这样，不这样不行，如果做得不对就关系到生死。这些经历让玉有了明君面具。

（九）害怕被抛弃面具观想的过程记录

引导进入观想：

选择一个舒适的坐姿，慢慢地闭上眼睛，整个人放松下来，做几个深呼吸，慢慢地安静下来。这时候想象在你的面前站着一位被抛弃者，你看看他长得是什么样子的？

访：是一个小孩子。

咨：是男孩还是女孩？

访：是一个女孩。

咨：你看看她年龄有多大？

访：大概5岁吧。

咨：她是什么发型？有刘海吗？

访：是短发的，齐耳短发，刘海看不清，她蹲在那里，头埋着，看不到她的脸。

咨：那先在边上陪着她，慢慢地等她头抬起来的时候，再来看她的五官长得怎么样的？先等一等。

访：我能感受到她的衣服是灯芯绒的，上面有腰果花一样的花纹。暗红色的，薄的棉服。

咨：那穿什么样的裤子呢？

访：裤子感觉不出来，她蹲在那里。

咨：那我们从别的角度看看，能不能看清楚她穿什么样的裤子？

访：你这样说的时候，我感觉到她的裤子是蓝色的，是那种绸缎一样的，很光滑，好像是外婆自己改做的。

咨：裤子上面是平面的还是有花纹的？

访：是绣花的。

咨：绣花是什么颜色的？

访：是蓝色的。

咨：她穿什么样子的鞋子呢？

访：穿一双暗红色的小布鞋。

咨：好，我们已经把她穿的衣服、裤子、鞋子都看清楚了，我们再来看看她的脸，她的眉毛长得什么样？

访：她皱着眉毛，好像有点不开心。

咨：眼睛呢？

访：眼睛有点无神，有点忧郁。

咨：鼻子呢？

访：鼻子挺精致的，小小的。

咨：嘴巴呢？

访：嘴巴抿着。

咨：唇色呢？

访：看不清，她咬着嘴唇。

咨：她脸上的肤色怎么样？

访：肤色倒是挺好的，很白净。不过脸上还是有点脏，可能是哭过鼻子过来的。

咨：那你问问她，她刚刚因为什么事情哭鼻子了，眼神也有点忧郁，皱着眉，发生了什么事情吗？

访：她说小朋友都不跟她玩，不跟她说话。

咨：小朋友都不跟她玩，她现在心情怎么样啊？

访：她觉得很难过，挺孤独的，还很生气。

咨：她和小朋友之间发生了什么事情吗？小朋友怎么不和她玩了？

访：他们说：你不是我们村里的人，你是外村人，不能跟我们玩。

咨：所以她很难过。

访：对。

咨：那你愿意陪陪她吗？

访：我愿意。

咨：那你先陪陪她，你心里有什么话想跟她说吗？

访：我看到你挺孤独的，挺难受的，你那么想跟他们玩，他们居然这样欺负你，那我陪你玩，你想玩什么我都会陪着你。

咨：听了你这么说，她会说什么呢？

访：她好像还有点怀疑，她说其实很想跟小朋友一起玩。我不喜欢他们这样排斥我，我不喜欢这样被孤立。

咨：听到她这么说，你想跟她说点什么吗？

访：我知道你这种被孤立的感觉很难受，我也觉得爸爸妈妈不要我，外婆有时候也对我不好，不要我，小朋友也不要我，我觉得自己挺多余的。我也不知道我是谁，在干嘛，我也不知道自己是哪里人，我是老家的人，可是爸爸妈妈都不在老家，爷爷奶奶我也没概念，可是我在外婆这里，我又不是这里的人，我不知道该去哪里？我还是回家吧，没人在也没事，至少我是那里的人，没有人会说我是外乡人，没有人嫌弃我。

咨：那你现在陪着她到老家去，好不好？

访：她说真的要回老家去，又突然不想去了，我就是想知道我是有家的就好了，我也不是真的那么想去了，我只是想证明我也是有家的，我还是想和外婆在一起，尽管她有时候也会生气，也会批评我，但她已经是对我最好的人了，我喜

§ 想拥有一段幸福和谐的夫妻关系为什么这么难？ §

欢和她在一起。我觉得外婆也不是真的要抛弃我,可能是我做了什么让她生气的事,她就不理我了,她也不是真的想要放弃我。(沉默)

咨:你还想对她说点什么吗?

访:我不想说什么了,我想拉拉她的手,摸摸她,去抱抱她。我还是想对她说,我看到了你的难过,看到了,我明白你的想法,我觉得这都是真实的,很自然的,以后你难过了,就让我来陪陪你,我愿意好好陪着你,听你说,无论你怎么样,我都会陪着你,和你玩,我来抱抱你。

咨:听到你这么说,小女孩有什么想说吗?

访:她现在睁开眼睛了,看着我,很平静,好像比刚才长大一些了,高一点,心里踏实一些了。

咨:她还有什么愿望吗?

访:她的愿望是小朋友不要拒绝她,她做错了事情的时候,大人不要不理她。她希望自己越来越好,她也很想努力,让自己越来越好。她这样说的时候,我有点心疼。其实这样也没什么不好,我看到你很努力了。我会对她说,不好又怎么样呢,你不好我也会和你在一起,你好好的,以后还会有很多很多机会,你在这里就很好,你越放松,会越好。没有人可以贬低你,没有人可以那么粗暴地对待你。我可以和你们一起玩,我也可以自己玩。我可以做得很好,让你们看得起我,我也可以犯错,让自己变得更好。你们怎样就怎样吧,我自己也可以的。

咨:当小女孩听到你这样对她说的时候,她有什么想说吗?

访:她跟我一样高了,她好像很平静。她觉得我还是很懂她的,更放松了,觉得好像真的也没事,她觉得自己也不用太刻意,开开心心地努力,让自己更好是我自己想要的,跟别人没有关系。我觉得她更稳定了,好像变得有力量一些了,拉着我,主动带着我,去她喜欢去的地方,去看她喜欢看的风景。

咨:好,那你就陪着她一起去看看风景。

访:现在她比较轻快,比较自由,好像没什么挂碍了。

咨:好,那当你觉得你们两人都比较心满意足的时候,就做一个告别,如果她还想你陪着她,那就再陪着,先不做告别。

访:我觉得她这会儿陪不陪都没有关系了。

咨：那你和她做一个告别。

访：你享受一下自己的时光，你需要我的时候，我都可以来陪你。

咨：你现在再看一下她，和刚开始的时候有什么不同吗？

访：变得有活力了，有朝气了，她登上一个滑翔伞飘走了，还回头跟我笑了一下，她想去体验她的人生了。

咨：好，那你做三个深呼吸，慢慢地从里面出来。

访：出来了。

咨：对于刚刚的这个观想过程，你有什么想分享的吗？

访：现在有点空空的感觉，原来好像抓着什么，好像会有一些东西堆在心里，忽然间觉得也都没啥了，没事了。好像一种空空的心，其实又是很安心、踏实。好像没有什么，就那种没什么害怕的，怎么样就怎么样，这种感觉。

咨：是一种类似于释然的感觉吗？

访：对，好像突然间有种松下来的感觉，其实那个场景我见过很多次。就是那个小孩子，当你说那你陪着她，到她老家去，被允许的时候，我突然觉得好像也不那么重要了，就不执着了。

（十）对压抑的暴君面具进行分析后，来访者的一些收获分享

玉说，如果平时吵架的时候，自己不要忍着，把想表达的表达出来，该爆发的爆发出来会好一些。她说自己爆发的时候，其实不是针对当下这件事情的爆发，而是携带了前面很多次没有表达的愤怒能量，所以爆发出来能量特别高，她老公就不理解，觉得莫名其妙，为什么这件事情要这样生气，就说玉发神经了，玉听了就更生气。玉说，如果每次生气就直接表达，那出来的怨气就不会这么重，她老公也能明白她因为什么事情生气，就能接受她的生气了。玉说自己讲到这里的时候想到了她爸爸，她爸爸平时对妈妈有不满，但不敢对着妈妈发脾气，然后在平时就会唠叨、碎碎念，看什么都不顺眼，老挑剔，让人觉得他很难相处。玉说自己也有相同的模式，只是自己不是在平时这样释放出来，而是积累到一定程度，一次性爆发出来。玉领悟到，其实平时生气的时候，不需要压抑，那个当下让它自然发生就好，这样能量就不会积累，能正常释放。

二、各个心理学流派对夫妻关系不和的分析

1. 经典精神分析视角（弗洛伊德理论）

（1）童年经历对无意识心理结构的影响

经典精神分析认为，夫妻间关系不和可能是童年经历对其无意识心理结构的影响。来访者童年经历父母争吵，可能形成对亲密关系的创伤性记忆，被压抑到无意识中。成年后通过重复性强迫，无意识地在婚姻中重现争吵模式，试图通过掌控冲突，修复童年创伤，但结果往往是创伤的再体验。

（2）俄狄浦斯情结的变形表达

未解决的俄狄浦斯期冲突（如对异性父母的渴望与对同性父母的竞争）可能投射到婚姻中，例如将配偶潜意识等同于童年时期的父母角色，通过争吵表达对理想父母未满足需求的愤怒。

（3）严苛的超我

父母的忽视可能使来访者内化了"我不值得被爱"的信念，在婚姻中表现为过度付出和自我贬低。

（4）自我惩罚

潜意识中通过维持不和谐关系，重现童年被否定的情境，以体验内在的负面自我认知。在来访者的成长过程中有很多被父母批评和否认的经历。

（5）防御机制分析

投射与认同：来访者可能将童年对父母的不满和愤怒（如："你们不关心我"）投射到配偶身上，视伴侣为冷漠的客体。

反向形成：用关系不和掩盖对亲密感的深层渴望。

情感隔离：为回避童年痛苦，可能压抑情感需求，导致婚姻中情感疏离或爆发性冲突。来访者在冲突的当下是情感隔离的，不敢表达自己的真实想法，愤怒的情绪积累到不可忍受时会一次性大爆发，这样往往造成对亲密关系的很大破坏。

（6）干预方向

揭示无意识冲突：分析来访者婚姻冲突与童年经历的象征性联系（如争吵场

景的重现）。

处理防御机制：帮助其识别投射、压抑等防御，学习更成熟的应对方式（如情感表达而非攻击）。

重建客体关系：通过稳定的咨访关系，修正内在客体形象，培养对伴侣的信任能力。

释放压抑情绪：引导来访者哀悼童年的情感缺失，减少对婚姻的补偿性索求。

总结：来访者的婚姻问题本质是童年创伤在无意识中的延续。通过修通早期经验、理解防御机制及移情，可逐步打破重复模式，建立健康的亲密关系。

2. 荣格分析心理学视角

荣格分析心理学流派认为，来访者的夫妻关系问题与其童年经历的联系，可以从集体无意识原型、个体化进程、阴影整合以及阿尼玛/阿尼姆斯的发展等核心概念切入。以下是具体分析：

（1）父母原型与集体无意识的影响

父母原型的扭曲：父母作为养育者原型的载体，本应象征安全与联结，但来访者的父母因争吵和对来访者的情感疏离，导致来访者内在的父母原型被扭曲为冲突与不可靠的意象。这种原型会无意识投射到伴侣身上，使其对婚姻关系产生不信任或过度敏感。

未完成的个体化：来访者在童年未能与父母形成健康的分离－个体化，在5岁以前来访者的成长中没有父亲的陪伴，在小学的前几年，来访者的成长中没有父亲和母亲的陪伴，成年后可能在婚姻中重复依附、对抗的模式，试图通过伴侣关系修复童年缺失的原型联结，却因无意识重复冲突而失败。

（2）阴影的压抑与投射

阴影的形成：父母争吵中被压抑的愤怒、恐惧和孤独，被视为不可接受的情绪沉入阴影中。婚姻中的冲突常是阴影的投射。来访者可能将伴侣指责为暴躁（压抑了自己对父母的愤怒）或冷漠（投射自己因缺爱形成的冰冷感）。

阴影的整合需求：夫妻矛盾本质是来访者与自身阴影的斗争。例如，伴侣的某些特质（如强势）可能激活其阴影中未被接纳的脆弱或攻击性，需通过接纳阴影而非对抗来化解冲突。

（3）阿尼玛/阿尼姆斯的失衡

异性原型的发展受阻：来访者在缺乏父母健康互动模式的环境中长大，其内在的异性原型（男性心中的阿尼玛，女性心中的阿尼姆斯）可能固着于创伤性形象。例如：若母亲长期冷漠，男性来访者的阿尼玛可能被塑造成不可亲近的女性，导致他对妻子情感需求的回避；若父亲常以争吵表达情绪，女性来访者的阿尼姆斯可能内化为攻击性的男性，使其在婚姻中无意识挑衅伴侣。

伴侣作为阿尼玛/阿尼姆斯的投射对象：来访者可能期望伴侣补偿童年缺失的理想父母形象（如温柔的母亲或包容的父亲），但这种理想化投射必然落空，加剧失望与冲突。

（4）情结与心理能量的固着

父母情结的支配：童年创伤形成父母情结（如被忽视的孩子），这些情结如同磁石，吸附大量心理能量。来访者可能在婚姻中反复陷入相似情境，试图通过重复体验释放情结中的能量，却强化了痛苦模式。

能量流动的阻塞：对父母未表达的情感（如未被看见、听见的委屈）形成心理淤塞，阻碍了亲密关系中情感的自然流动。例如，来访者可能因害怕重复被忽视而过度控制伴侣，破坏关系弹性。

（5）自性化（个体化）的召唤：婚姻冲突作为自性化的契机

荣格认为，痛苦是自性呼唤个体化的信号。夫妻矛盾提示来访者需直面童年未整合的创伤，通过象征性体验（如梦境、绘画、沙盘）重新联结自性，而非依赖伴侣补偿童年缺失。

超越对立面：来访者需意识到，父母的争吵与冷漠是一体两面，象征其内在对立能量的分裂（如爱与恨、依赖与独立）。通过超越对立面（如接受伴侣既有温暖也有疏离），可逐渐接近自性的完整性。

（6）干预方向

原型工作：通过积极想象技术，邀请来访者与内在受伤的孩子、争吵的父母等原型意象对话，重构其对婚姻的认知。

阴影整合：引导来访者识别婚姻中激发的阴影情绪，并探索其与童年经历的联系。

阿尼玛/阿尼姆斯的修复：帮助来访者分辨对伴侣的期待中，哪些是童年缺失的异性原型的投射，哪些是真实关系需求。

自性化推动：借助曼陀罗绘画或沙盘游戏，促进来访者无意识中自性意象的显现，增强其内在完整感，减少对伴侣的过度依赖。

总结：荣格视角下，来访者的婚姻冲突不仅是个人创伤的重现，更是自性化进程的召唤。通过理解集体无意识中的原型影响、整合阴影、修复异性原型，来访者能够将婚姻困境转化为个体化成长的契机，最终在超越对立面的过程中，重建内在与外在的和谐关系。

3.客体关系心理学的视角分析

来访者的夫妻关系问题与其童年经历密切相关，尤其是早期分离、父母冲突及情感忽视对其内在客体关系模式的影响。以下是具体分析：

（1）早期分离与依恋创伤：寄养经历与客体恒常性破坏

来访者童年离开父母寄养的经历可能导致客体恒常性（维持稳定内在客体形象的能力）发展受阻。过早与主要照顾者分离，使其难以内化安全基地的体验，成年后对亲密关系中的分离（如伴侣短暂疏离）易产生强烈焦虑或回避。

矛盾型依恋的形成：寄养期间的被遗弃感与回归家庭后的父母争吵形成矛盾体验，既渴望依恋又恐惧伤害。这种模式可能延续到婚姻中，表现为既依赖又攻击的冲突行为。

（2）内化冲突的客体关系：父母争吵的内化

父母的冲突关系被内化为敌对的客体配对（如攻击者、受害者）：形成婚姻互动的模板。来访者可能无意识地将自己与伴侣代入类似角色（如指责伴侣为迫害者，自己为受害者），重复童年熟悉的对抗模式。

批评性客体的内摄：父母的批评与否认被内化为严苛的内在客体，导致超我过度批判。在夫妻关系中，可能表现为自我贬低：认同父母的否定，认为"我不值得被爱"，引发过度讨好、付出或被动攻击（例如冷暴力，不理睬、回避伴侣）。

投射性指责：将内在批评者的声音投射到伴侣身上，敏感于伴侣的挑剔，甚至主动挑衅以验证自我负面预期。

（3）分裂与部分客体关系：好客体与坏客体的割裂

在父母争吵与情感忽视的环境中，来访者难以整合父母的好（偶尔的关怀）与坏（争吵与否定），形成分裂防御机制。在婚姻中，可能将伴侣极端化为全好（理想化）或全坏（贬低），关系随情绪剧烈波动。

部分客体依赖：因未体验过完整的、稳定的爱，来访者可能仅能通过伴侣的某些功能（如物质支持）维持关系，而无法建立深度的情感联结，加剧婚姻空心化。

（4）投射性认同与关系重演：强迫性重复的动力学

来访者可能通过投射性认同，将童年压抑的愤怒、被遗弃恐惧等情绪投射到伴侣身上，并诱导伴侣以争吵或冷漠回应，从而再现童年情境。例如：无意识激怒伴侣后，确认"果然没人会爱我"；制造分离危机，测试伴侣是否会抛弃自己，重复寄养创伤。

对坏客体的成瘾性依赖：熟悉的冲突模式虽痛苦，却带来控制感（至少"我知道会发生什么"），使其难以离开不健康的关系。

（5）修复性客体的寻求与挫败：理想化伴侣的补偿期待

潜意识中期待伴侣成为童年缺失的理想父母：无条件包容、永不争吵。来访者曾经说过，自己很渴望伴侣之间能有无条件的爱，能成为灵魂伴侣。这种理想化必然落空，导致失望与婚姻危机。

真实关系的恐惧：健康关系需暴露脆弱性，但早年创伤使其恐惧真实情感表露，转而以攻击或疏离保护自我，形成渴望亲密、破坏亲密的循环。

（6）干预方向

重建内在客体关系：通过咨询关系提供一致性体验，帮助来访者内化稳定的新客体，修正严苛的内在批评者。使用空椅技术，让来访者与内在父母对话，释放压抑的愤怒与悲伤。

处理分裂与投射：识别婚姻中全好、全坏的极端化认知，引导其看到伴侣的复杂性（如"他有时候会疏忽我，但也曾支持过我"）。探索争吵背后的恐惧（如"他指责我时，是否像小时候被父母指责，是否害怕被遗弃？"），将冲突与童年体验联结。通过情感日志，记录伴侣间的积极互动，强化好客体的持续存在感。

打破强迫性重复：揭示婚姻冲突与童年模式的相似性（如"现在和丈夫冷战，是否像小时候你犯了错，妈妈、外婆不理你的场景？"）。角色扮演练习非攻击性沟通（如用"我感到受伤"替代"你从不关心我"），建立新的互动模式。

总结：客体关系视角下，来访者的婚姻困境是早期客体创伤在当下关系的活现。通过修复分裂的客体表征、处理投射性认同、重建客体恒常性，帮助其将伴侣从童年父母的替代品转化为真实独立的个体，最终打破被抛弃、被否定的循环，发展出容纳矛盾情感的完整关系能力。

4. 自体心理学视角（科胡特）

（1）镜映需求的挫败

来访者生命早期前5年父亲不在身边，由母亲独自抚养，而母亲情绪极为不稳定，没有给到来访者充分的情感镜映需求，来访者经常被批评。这样有可能导致来访者核心自体的脆弱性，自我价值感依赖外部评价。在婚姻中配偶的批评会被体验为对自体的毁灭性打击。所以当伴侣批评、否认来访者的时候，来访者经常会陷入绝望之中。

（2）理想化自体客体的崩塌

因为来访者的童年没有得到很好的照顾，潜意识中可能会将配偶塑造为全能照顾者以补偿童年缺憾，当对方展现普通人的局限性时，产生理想化破灭的暴怒，争吵实质是对完美父母幻想的哀悼。

（3）孪生移情的扭曲表达

渴望与配偶建立相似性联结（如"你应该理解我，无需我解释"），当对方未能共鸣时，用争吵迫使对方进入自己的情感世界，实现扭曲的自体客体联结。

（4）干预方向

提供矫正性情感体验：咨询师通过共情性镜映（认可其感受）、理想化（建立安全基地）及孪生体验（情感共鸣），逐步修复其自体结构，促进转变内化。

诠释重复模式：帮助来访者识别丈夫行为与童年经历的象征性链接，理解当前反应是自体保护而非缺陷，减少自我指责。

重建关系互动：引导其表达未被满足的自体客体需求，与丈夫探索非攻击性沟通方式，打破否定、崩溃循环，建立新的互动模式。

整合与成长：自体连续性修复，通过叙事疗法重构生命故事，将创伤经历整合为自体成长的资源，而非断裂的碎片。培育自体韧性，增强自我共情能力，学习内部确认价值，降低对外部评价的依赖性，最终实现从创伤重复到自体新生的转化。

总结：来访者的婚姻困境是童年自体发展受阻的延续，治疗需在安全的关系中修复其自体结构，转化内在批判，重建健康的自体、客体互动模式。

三、在本案例中用到的人格面具咨询技术

1. 命名：给人格面具取一个名字，人格面具就有了一个具体的身份和意义。咨询师和来访者一起商量探讨取什么名字合适，例如本案例中经过咨询师和来访者的讨论商量，给一个面具取名为害怕被抛弃者面具。

2. 观想：就是视觉化，把一个命名好的人格面具的五官、外貌、衣着、眼神、心情、内心的想法等描述出来，并引导来访者与之对话互动。本案例中咨询师带领来访者对被抛弃者面具进行了观想，在观想过程中，当来访者看到被具象化了的被抛弃者时，泪流满面，委屈、伤心、难过的情绪得以流淌，对内在的被抛弃者有了更深的了解和理解，同时也是一个对被抛弃者面具认同和接纳的过程。

四、咨询过程中来访者和咨询师的面具互动

咨询过程中来访者比较配合，有合作者面具；当事人面具出来讲述的时候有较强的倾诉意愿，有倾诉者面具，倾诉过程中有情绪的流淌，苦命人面具会出来；也有自省者面具，来访者对自己的问题有一定的反思分析能力。

咨询师的爱心大使面具贯穿整个咨询过程，给到来访者温暖陪伴、积极倾听和接纳；也有灵魂伴侣面具，进入来访者的内心，和来访者一起去探索；同时也用了精神导师面具，带领来访者去做面具的观想，让来访者慢慢地来理解和接纳自己。

人格面具命名技术

给人格面具命名,是人格面具心理咨询和治疗的第一步。一个人格面具,只有被命名了,才能作进一步的处理。

命名就是概念化,赋予人格面具以意义,给人格面具一个身份(ID)。

一、作用

1. 确定

当引导者对来访者的某个人格面具进行工作时,必须先确定"这个"人格面具,否则没法工作。怎么确定呢?就是给"这个"人格面具一个名字、标签或者编号。"这个"(指示代词)本身就具有标签的功能,所以,即使不予命名,当你指向"这个"的时候,就已经给它"命名"了。这样的命名叫"心照不宣",没有指名道姓,但引导者和来访者都知道他们在谈论哪个人格面具。

有了名字,谈论起来会更加确定,不容易张冠李戴,指鹿为马。"你的 X 面具最近怎么样了?"

2. 认识

一个好的命名可以把人格面具的主要特征概括出来,他人可以"顾名思义",心领神会,例如老师面具、学生面具、公主面具、奴才面具、林黛玉面具、阿凡提面具。所以,命名具有识别和解释的作用。

给人格面具命名后,如果觉得不够准确,可以重新命名,反复切磋。在这个过程中,当事人对人格面具的认识会逐渐加深,说明命名具有了解和认识人格面具的作用。

3. 分化

有了名字,一个人格面具就跟别的人格面具区分开来了,说明命名具有"分化"的作用。很多心理问题是人格面具分化不良、好几个人格面具搅在一起造成的,就像两个人打架,扭成一团,纠缠不清。分化就是把它们分开。一旦分开,

§ 想拥有一段幸福和谐的夫妻关系为什么这么难?§

有些问题就迎刃而解了。

4. 整合

命名还表示你承认自己有这个人格面具。承认就是接纳。如果不接纳，就会不承认它，不愿意赐给它一个"名分"。

接纳的程度与名字有关。如果给人格面具取了一个正性的名字，譬如英雄、好孩子、爱心大使，说明非常接纳。如果给人格面具取了一个负性的名字，譬如叛徒、奴才、苦命人，说明还不是很接纳。所以，为了提高接纳度，最好使用正性命名。但是，接纳是一个循序渐进的过程，不能操之过急。随着接纳度的提高，当事人自己会用正性命名代替负性命名。

接纳就是整合。

如果来访者没法给一个人格面具命名，说明他非常不接纳这个人格面具。

二、方法

人格面具可以用数字、字母或特征来命名，也可以用原型、角色、人物来命名。

1. 数字命名

用数字命名，其实就是编号，不是真正的命名，但有助于"确定"人格面具。

QM是一位强迫症病人，长期处于自我冲突之中，脑子里出现一种想法，立即就会出现另一种想法。有一次他在街上看到大学生搞募捐，他打算上去捐钱。还没等他掏钱，另一个想法就出来了：你自己都是穷光蛋，捐什么钱啊？你捐了钱，人家会不会认为你是傻瓜？再说，募捐的大学生会不会是骗子？他们会不会把善款放进自己的腰包？这样一想，他就不捐了。于是他又自我批评：你太小气了，太自私了。同时他又自我安慰：人都是自私的。

在短短几分钟里，这位病人使用了六个人格面具：

面具1：想做好事，想捐钱；

面具2：没钱，可能是真的穷，也可能是小气；

面具3：担心别人说他傻；

面具4：怀疑募捐是骗局；

面具5：自我批评；

面具6：自我安慰。

两个人格面具想捐（1和5），四个人格面具不想捐（2、3、4、6），所以最后没有捐成。

2.字母命名

用字母命名，主要作用也是"确定"。

WX说自己很想有很多朋友，有很大的圈子，但是，实际上朋友不多，圈子很小。这是两个人格面具，一个是理想的人格面具（A），有很多朋友，圈子很大；一个是现实的人格面具（B），朋友不多，圈子很小。引导者问她，面具A是哪里来的？她说，她妈妈就是一个很会交际、朋友很多、对人很热情的人。妈妈常常为了交际而忽略了家务。WX也很想交际，但又不想浪费时间，觉得忽略家务是不好的。引导者问，认为忽略家务不好的人格面具（C）是哪里来的？她说，其实妈妈以前是一个很爱干净、很会做家务、能力很强的人，后来父母感情不好了，妈妈颓废了，变邋遢了，爸爸和奶奶就责怪她。这样看来，C面具来自爸爸和奶奶。

过去的妈妈既能交际，又不耽误家务，她为什么不能两者兼顾呢？原来，不是交际与家务有矛盾，而是学习与交际、家务有矛盾。她很爱学习，觉得学习很重要，不想为了交际和家务而影响学习。

引导者问她，爱学习的人格面具（D）是哪里来的？她说，她从小学习就很好，喜欢学习。引导者认为，一个学习很好、从学习中得到乐趣、发自内心地喜欢学习的人是不会"强迫性"地去学习的，不会因为学习而纠结。她这样纠结，肯定另有原因。后来，她终于想起来，她虽然学习很好，但高考失利，完全改变了人生。看到那些学习不如她的人考上了名牌大学，后来非常出息，她就发奋努力。这说明，爱学习是"创伤"的结果。她有一个失败者面具（E）。

这五个人格面具的关系是这样的：高考失利（E面具）激发她努力学习（D面具），不想浪费时间、压制交际的冲动（C面具），导致朋友少、圈子小（B面具），但她的理想是朋友多、圈子大（A面具）。E面具激发了D面具和C面具，

C面具压制了A面具,激发了B面具。

3. 特征命名

找出人格面具的特征,用特征+"者"或"人"等代表人的词语命名。

QM的面具1想做好事,想捐钱,可以命名为"好人面具";面具2就是穷光蛋面具(确实没钱)或小气鬼面具(其实有钱);面具3是傻瓜面具;面具4怀疑募捐是骗局,可以称之为"怀疑者面具";面具5是批评者面具;面具6是自私者面具。

WX的A面具想有很多朋友,有很大的圈子,可以命名为"交际者面具"或"外向者面具";B面具朋友很少,圈子很小,可以命名为"孤独者面具"或"内向者面具";C面具责怪别人(或自己)不做家务,可以命名为"责怪者面具";D面具是好学生面具;E面具是失败者面具。

特征命名法非常随意,大多数人都能无师自通。因为太随意了,显得不够规范,常常受到学员的质疑。其实,给人格面具取什么名字并不重要,名字只是一个标签。重要的是被命名的人格面具到底具有哪些特征,这是名字所无法全部概括的,需要通过观想和感受来把握。通过观想和感受,来访者对人格面具有了更深刻的认识,可能会觉得原先的命名不太恰当,因而予以重新命名。

4. 原型命名

原型命名法就是用原型面具来命名。

QM的好人面具就是仁君面具,穷光蛋面具是苦命人面具,小气鬼面具可能是抵制者面具或叛逆者面具,傻瓜面具也是苦命人面具,怀疑者面具是抵制者面具,批评者面具是观察者面具,自私者面具是昏君面具或抵制者面具。

WX的交际者(外向者)面具是幸运儿面具,孤独者(内向者)面具是逃跑者面具,责怪者面具是暴君面具,好学生面具是讨好者面具,失败者面具是苦命人面具。

从某种意义上讲,特征命名法就是原型命名法的通俗版。

5. 角色命名

角色面具是社会角色的内化,可以用角色来命名。角色分为家庭角色、职业角色、其他角色。家庭角色包括父亲、母亲、哥哥、弟弟、姐姐、妹妹、爷爷、奶奶、叔叔、阿姨等等。WX 的 A 面具来自妈妈，可以命名为母亲面具；她的 C 面具来自爸爸和奶奶，可以命名为父亲面具或奶奶面具。

职业角色包括工人、农民、医生、警察、营业员、白领等。

其他角色是指除了家庭角色和职业角色之外的角色，如顾客、朋友、乞丐、小偷、侠女、智者等。

上述案例中，QM 的穷光蛋面具和小气鬼面具都属于角色面具，WX 的交际者面具和孤独者面具也属于角色面具，而最有代表性的是（好）学生面具。不难看出，角色命名和特征命名之间也有内在的联系，根据一个人的特征，很容易判断他的角色和身份。

让 QM 观想好人面具，他的脑中出现一个 40 多岁的男性，中等身材，穿西装，戴眼镜，表情和蔼，拎一个包，可能是领导干部或科学家，非常有素养，更像后者。他的工作就是造福于人类，所以，看到大学生募捐，他就慷慨解囊。QM 解释说，现在的科学家其实没多少钱，搞原子弹的不如卖茶叶蛋的。

怀疑者是一个 70 多岁的老头，秃顶，精瘦，也戴眼镜，但总是从眼镜上方看人，眼神很犀利，一眼就能把人看穿。他的手里拿着一个记事本，用来记录别人的"罪行"，定期向某个秘密组织汇报。他很猥琐。他是一个间谍。

批评者是一个女的，50 多岁，胖胖的，短发，衣服很漂亮，但穿在她身上看起来有点土，可能是居委会干部，热心肠，爱管闲事，喜欢教训人。

通过观想，人格面具具体化了，就丰满起来，很容易用角色命名。

6. 人物命名

人物面具是某个具体的人的内化，可以直接用那个人的名字来命名，如林黛玉面具，武松面具，周星驰面具，雷锋面具。WX 的 A 面具来自妈妈，而她的妈妈名叫 LP，就可以把 A 面具命名为 LP 面具。

QM 的好人面具是科学家，引导者问他这个人格面具是哪里来的？他说是上学的时候听老师说的，老师经常给学生们讲科学家的故事，那些科学家都非常有正义感和奉献精神，非常有修养，在他的脑中渐渐形成这样一个形象。引导者问他，这个科学家让他联想到什么人？他仔细分辨，认为长得有点像那个老师。他是教物理的，听说是个高才生，但运气不好，才当了中学教师。他姓陈，如果用人物命名法，这个人格面具就叫陈某某面具。

怀疑者间谍面具是哪里来的？他说是从电影里看来的，但忘了是哪部电影了。

批评者居委会干部又是哪里来的？他说是一个姓张的同学的奶奶，是居委会干部，现在已经去世了。他小时候经常去她家玩，张奶奶对孙子的同学都很好，非常关心他们，如果孩子表现好，她会夸奖，如果表现不好，她会教育。她夸人很夸张，教育起人来则苦口婆心，孜孜不倦，非常唠叨。他很敬畏她。这个人格面具就叫张奶奶面具。

7. 人名命名

字母命名法可以采用单字母，也可以采用双字母、多字母或有意义的"字母串"，如CD、Lili（莉莉）、Heiwa（黑娃），这样就变成了"人名命名法"。

人名命名与人物命名有什么不同呢？如果当事人对被命名的人格面具并没有清晰的表象，就属于人名命名，个性化的名字只是一个漂亮的符号或字母串。如果有清晰的表象，具有鲜活的形象，就是人物命名。这个"人物"可能来自现实，也可能来自文学作品，或者纯粹是当事人虚构出来的。其实，文学作品中的人物多半也是虚构的，即使是来源于真实人物的人格面具也会被打上个人的烙印，正所谓"有多少个观众，就有多少个哈姆雷特"。换句话说，同一个人物在不同的人心中形成的人物面具是不同的。

与人名命名法相反，有的人物（命名）反而是没有名字的，因为当事人不知道"他"的名字，只能叫"他"：卖火柴的小女孩、灰姑娘、白雪公主、卖炭翁、七仙女、二郎神等。

三、注意事项

名字只是一个标签，不需要特别准确，不必花费太多的精力去追求准确性。随着对人格面具的了解加深，名字也是会变化的。同一个人格面具，今天称之为A，明天称之为B，不等于今天的命名是错误的。今天的命名代表当事人今天对这个人格面具的认识，明天的命名代表当事人明天对这个人格面具的认识。名字不同了，不是纠正，仅仅是改变。

命名的主要作用之一是便于交流，所以，引导者和来访者共同认可非常重要。你所说的 X 面具就是我所说的 X 面具，你所说的 Y 面具就是我所说的 Y 面具，而不是别的。

很多时候，不同的人对同一个名字的理解差异很大。例如，医生面具，有的人理解为治病救人、仁心圣手，有的人理解为冷酷无情、谋财害命；而林黛玉面具，有的人理解为漂亮、聪明、有个性、感情细腻，有的人理解为扭扭捏捏、小家子气、爱吃醋、爱发脾气。所以，引导者不能用自己的词典去解读来访者的命名，必须用来访者的词典去解读，具体做法就是：命名（概念化）之后具体化（观想），让来访者描述该人格面具的外表和内心特征，以便了解该人格面具的具体形象。

如果你觉得来访者的命名与描述不符，不要急于纠正他。在他的词典里，两者可能是相符的。你只要知道他的词典里 X 等于 Y 或者黑等于白就可以了。

不同的人偏爱不同的命名法。偏爱特征命名的最多，偏爱数字和字母命名的最少。七种命名法没有优劣之分。但是，如果想查明人格面具的来历，最好用人物命名。人物命名法最能揭示投射作用。例如，我看到一个陌生人觉得不喜欢，我可能会在他身上找原因，譬如他长相有点凶，衣服不太干净，说话带鼻音。为什么长相凶、衣服不干净、说话带鼻音会让我不喜欢呢？因为他像我不喜欢的某个人，而那个人具有长相凶、衣服不干净、说话带鼻音的特点。如果采用特征命名法，就发现不了自己的投射。如果用人物命名法，个人的投射就昭然若揭了。

判断一个人格面具是原型面具、角色面具，还是人物面具，主要看它是否具体、形象、生动、丰满。观想可以把原型面具和角色面具变成人物面具，譬如观想拯救者面具的时候，有的人看到了超人（人物面具），有的人看到了医生（角色面具）。这也说明，各种命名法之间并没有绝对的界线。

情绪失控的母亲

陈小芬

一、案例报告

（一）案例背景

来访者唐某，女，40岁，因陪女儿读书，暂居省城，在培训机构任教。丈夫在老家。对来访者初始印象：中等身材，微胖，圆脸，白净，着装休闲。

来访者的原生家庭，一家五口。父亲经商，母亲操持家务。经济较为宽裕。三孩中，一兄，一姐，来访者排行老小。尽管什么都是让给她的，但是来访者始终感觉内心"沙漠化"，父母对孩子缺乏陪伴和认可。来访者很难对母亲产生信任感和安全感。家庭成员间关系不亲密，感情联系较弱，矛盾对立多。他们只要求来访者读好书即可。

爷爷在解放前去了南洋，再也没回来，奶奶带小孩在老家。爷爷后来另娶，奶奶终身未嫁，有许多怨恨。

大约读初二的时候，被堂兄性侵得逞。当时充满恐惧，无法推开。事后来访者觉得非常羞耻，觉得是自己不好，从没告人。

丈夫出轨后，来访者情绪极不稳定，总是感到压力大，焦虑，失眠，冲动，情绪无法自控。

人格面具量表显示，观察者、自娱者面具能量很高，幸运儿面具很弱。

医院精神科诊断为适应障碍，情绪紊乱为主。

此次咨询，来访者主诉亲子关系中情绪失控。因为孩子手机上瘾，作业无法完成。来访者此次希望达到的目标是保持稳定的情绪、降低焦虑值、有魅力（吸引丈夫回归）。

（二）根据其背景资料，初步分析其情绪失控原因可能与下列因素有关

1. 奶奶被遗弃的怨恨，可能会影响后代，会有被遗弃的恐惧。

2. 丈夫出轨，这种恐惧加剧，容易退缩，自我价值感失落。

3. 对女性身份的不认同。父母期待她是儿子，结果失望。来访者身份认同缺失。找不到自我价值感。

4. 家庭养育环境不良。父母的严厉有余，关爱、认可不足，情感缺位，造成内心缺失，自我价值不高。

5. 曾有被性侵经历，心理阴影，不信任社会，厌恶性生活，丈夫出轨，更加剧了被遗弃感。

6. 与女儿冲突不断，加剧自我怀疑和低价值感。自身不安全感投射到女儿身上，过度保护，女儿不堪重负，引发冲突。

（三）咨询计划

在此分析下，在精神科医生药物治疗的情况下，辅之以心理咨询。制定心理咨询计划。计划的理论依据为精神分析、客体理论、人格面具理论（观想、感受、分析）、焦点技术理论、认知行为治疗等。

咨询目标设为减轻或去除情绪失控症状，逐渐过渡到情绪稳定；处理引发焦虑的生活事件，以及背后的假设。

咨询方法有心理动力疗法、人格面具分析、观想和感受、认知行为疗法、人际关系疗法、家庭治疗等。

在咨询过程中，采取的干预策略为重建归属感、价值感。

咨询师扮演理想化母亲，满足来访者童年缺失的需要。释放消极能量，消除恐惧心理，重建其归属感。同时加强身份认同感，提升自我价值感。

咨询活动中，通过让来访者放松，并倾听、共情、接纳感受、观想画面、意象对话、换位对话，来重新安置面具。

咨询中聚焦于来访者的感受和观念，处理其无力感、无价值感。

（四）咨询效果

在咨询过程中，来访者从无力变得浑身充满了力量，两眼发光，觉得万事可为。从很累变得精力充沛。来访者从来时的愁眉苦脸、消极悲观，到离开时变得喜笑颜开、积极乐观。不再聚焦于孩子的作业问题，而是能聚焦于自我成长，聚焦于自我身心的放松，焦虑状态改善。

在每次咨询过程中，来访者都很放松，很敞开。

（五）关键情景分析

观想片段一：焦虑的母亲

访：孩子手机上瘾，不写作业，让我感到非常焦虑，无力。

咨：这的确让人焦虑。我们来看一下这焦虑藏身何处。现在请你做三个缓慢的长长的深呼吸，全身放松，闭上眼睛，扫描你的身体，哪个部分感到紧张不适？

访：腹部。

咨：你看看这种紧张不适的面积有多大，是拳头那么大还是巴掌大？

访：巴掌那么大。

咨：再看看它的质地，硬的还是软的？

访：硬得像石头。

咨：它是什么颜色的？

访：黑色。

咨：好，请把右手放到腹部，对它说：我看见你了，焦虑。

访：我看见你了，焦虑。

咨：你是可以焦虑的。

访：你是可以焦虑的。

咨：谁都会有焦虑的时候。

访：谁都会有焦虑的时候。

咨：从今以后，我都会陪着你。

访：从今以后，我都会陪着你。

咨：再看看，腹部的感受如何？

访：焦虑感减轻了。

咨：好。看能否轻轻撬动石头，留出一条可以过人的缝隙？

访：可以。

咨：很好。从这里进去，回到你的童年，你看到了什么？

访：我看到一个小孩。

咨：男孩还是女孩？

访：女孩。

咨：几岁？

访：九岁。

咨：女孩穿什么颜色的衣服？

访：红衣，黑裤。

咨：很好，走近点，看看她的面貌。

访：她的脸有点苍白。

咨：她的眉毛长什么样？

访：她的眉毛弯弯的。

咨：眼睛长什么样？

访：眼睛圆圆的。

咨：鼻子呢？

访：鼻子小巧。

咨：嘴巴长什么样？

访：嘴巴不大不小，嘴唇薄薄的。

咨：再看看她的表情？

访：她耷拉着脑袋，嘴角下挂，哭丧着脸。

咨：她为什么哭丧着脸？

访：考试没及格。被爸爸打了。

咨：她的感受？

访：悲伤，恐惧，愤怒。

咨：你把这种感受告诉爸爸。

访：爸爸，我很悲伤，我每天上课、作业都很努力了，还是没考好，我自己已经很难过了。你还打我，我非常害怕。这让我觉得自己不够好。

咨：还有愤怒，也可以表达，在这里表达是安全的。

访：爸爸，我很生气，我不是不努力，我真的已经尽力了，你没有理由打我，你打我，我真的无路可走啊！

咨：好，现在你想象自己变成了爸爸，看着眼前的小女孩，请跟我说：孩子，对不起，不是你的错。

访：孩子，对不起，不是你的错。

咨：是爸爸的错，爸爸的认知有局限，爸爸的爸爸就是这样来管教孩子的。

访：是爸爸的错，爸爸的认知有局限，爸爸的爸爸就是这样来管教孩子的。

咨：爸爸以为这样就是为你负责，就是在表达爱。

访：爸爸以为这样就是为你负责，就是在表达爱。

咨：爸爸错了，让你误以为自己不够好，对不起。

访：爸爸错了，让你误以为自己不够好，对不起。

咨：如果你愿意的话，爸爸想抱抱你。

访：（爸爸和孩子拥抱）

咨：现在继续切换身份，你回到了现在，你和女儿冲突的画面。你会对女儿怎么说？

访：对不起，女儿，不是你的错，妈妈知道你已经尽力了。妈妈不该指责你。不是你不好。

咨：妈妈小时候被外公打，妈妈内心有恐惧，当你不写作业的时候，激发了妈妈的恐惧，所以妈妈会情绪失控。不是你的错，这是妈妈的模式，和你没有关系。

观想片段二：孤独的孩子

咨：闭上眼睛，你看到了什么？

访：一个小女孩。

咨：她在哪里？

访：她躲在角落里。

咨：为什么？

访：因为没有小朋友和她一起玩。

咨：你能感受到她的感受吗？

访：她非常孤独。

咨：在你身体哪个位置可以感受到这份孤独？

访：心的位置。

咨：把手放到那里。告诉它，孤独是可以的。

访：孤独是可以的。是被允许的，被接纳的。

咨：再看看，心里的感受如何？

访：孤独感减少了。

咨：现在再看看那个小孩子怎么样了？

访：她看到了屋顶上有一道光。

咨：很好，让小孩子走到光里面。

访：小孩子没力气，走不动，爬都爬不了。

咨：理解。小孩子已经很努力了，但实在爬不动。

访：是的，爬不动，动不了。

咨：嗯，谁都有这么艰难的时刻。

访：爬不动，想就这样静静地死去。

咨：如果满分是10分，你这样的念头分值有几分？

访：7分。

咨：那让你留恋的3分是什么？

访：（静默一阵子后）小孩子开始有力量了。她靠近光了。

咨：很好。继续，让光笼罩着小孩子。

访：已经在光里面了。

咨：身上什么感受？

访：温暖。

咨：很好，继续，多待一会儿，继续，吸收光的能量。

访：小孩子感到全身都暖洋洋，充满了力量。

咨：现在想去哪里？想做点什么？

访：想去做个运动员，去举重。

咨：去吧！

观想片段三：观想、感受母亲的感受

访：我仿佛回到了小时候，我看到母亲挑着担，很辛苦。

咨：你能感受到母亲的感受吗？

访：能，很累很累。

咨：你想对她说点什么？

访：妈妈，不要这么累了。歇歇吧！可是妈妈说，不能歇，我歇了，没人帮我干活。你们三个孩子还等着吃饭呢。

咨：看来母亲很无奈，必须坚持。你的感受是什么？

访：心疼。

咨：你希望母亲怎么做？

访：我希望她不要总是这么忙，这么累，我希望她能陪陪我，抱抱我。

咨：母亲听到了，她拥抱着你，陪伴着你。

访：很温暖。很安心。

咨：今天这一幕，你感受到你的女儿的感受了吗？

访：嗯，女儿很心疼我，很想我不要一直忙，一直累，希望我能陪陪她，抱抱她。

二、问题综述

在上述案例中，来访者的情绪失控是一个核心问题，涉及多种心理理论对情绪失控的解释和干预方法。以下是主要心理理论对情绪失控的观点综述：

1. 精神分析理论

观点：情绪失控源于潜意识中的未解决冲突和童年创伤。来访者的情绪失控可能与她童年时期的经历（如缺乏父母关爱、被性侵、父亲严厉管教）有关，这些经历导致她内心积累了大量的压抑情感（如愤怒、恐惧、羞耻）。

案例中的应用：咨询师通过引导来访者回到童年，重新体验和表达对父亲、母亲的情感，帮助她释放潜意识中的压抑情感，从而缓解情绪失控。

2. 客体关系理论

观点：情绪失控与早期客体关系（即与重要他人的关系）中的问题有关。来访者童年时期与父母的关系（如缺乏情感连接、被忽视）导致她内心缺乏安全感和归属感，这种情感缺失在成年后表现为情绪失控。

案例中的应用：咨询师通过扮演"理想化母亲"的角色，满足来访者童年时期缺失的情感需求，帮助她重建安全感和归属感，从而缓解情绪失控。

3. 认知行为理论

观点：情绪失控是由不合理的认知和思维模式引起的。来访者的低自我价值感、对丈夫出轨的恐惧、对女儿行为的过度反应等，都是由于她的负面认知（如"我不够好""我无法控制局面"）导致的。

案例中的应用：咨询师通过引导来访者识别和挑战她的负面认知（如"我不是一个好孩子""我无法控制情绪"），帮助她建立更合理的认知模式，从而改善情绪失控。

4. 人格面具理论

观点：情绪失控与个体在不同情境下使用的人格面具失衡有关。来访者的观察者面具和自娱者面具过强，而幸运儿面具过弱，导致她在面对压力时倾向于逃避或过度理性化，而缺乏积极应对的能力。

案例中的应用：咨询师通过引导来访者观想和感受，帮助她重新安置和调整这些面具，增强她的幸运儿面具，从而提升她的情绪调节能力。

5. 依恋理论

观点：情绪失控与早期依恋关系中的不安全依恋模式有关。来访者童年时期与父母的情感缺位导致她形成不安全依恋模式，这种模式在成年后表现为对亲密关系的不信任和情绪失控。

案例中的应用：咨询师通过提供安全、支持的咨询环境，帮助来访者重建安全依恋模式，从而缓解她的情绪失控。

6. 家庭系统理论

观点：情绪失控与家庭系统中的互动模式有关。来访者的原生家庭中缺乏情感连接，家庭成员之间的冲突和对立导致她内心积累了大量的情感压力，这种压力在成年后表现为情绪失控。

案例中的应用：咨询师通过引导来访者重新体验和表达对家庭成员（如父亲、母亲、女儿）的情感，帮助她理解和改善家庭互动模式，从而缓解情绪失控。

7. 创伤理论

观点：情绪失控与未处理的创伤经历有关。来访者童年时期被性侵的经历导致她内心积累了大量的羞耻感和恐惧感，这种创伤在成年后表现为情绪失控。

案例中的应用：咨询师通过引导来访者重新体验和表达对创伤事件的情感，帮助她释放压抑的羞耻感和恐惧感，从而缓解情绪失控。

8. 人本主义理论

观点：情绪失控源于个体未能实现自我潜能和自我价值。来访者的情绪失控可能与她长期缺乏自我认同和自我价值感有关。

案例中的应用：咨询师通过共情、接纳和支持，帮助来访者重新发现自我价值，从而缓解情绪失控。

9. 情绪聚焦疗法

观点：情绪失控与个体未能有效处理核心情感有关。来访者的情绪失控可能与她未能有效处理核心情感（如孤独、恐惧、愤怒）有关。

案例中的应用：咨询师通过引导来访者观想和感受，帮助她识别和表达核心情感，从而缓解情绪失控。

10. 生物心理社会模型

观点：情绪失控是生物、心理和社会因素共同作用的结果。来访者的情绪失控可能与她的大脑化学物质失衡（如焦虑、抑郁）、心理创伤（如被性侵、丈夫出轨）和社会压力（如家庭冲突、亲子关系紧张）有关。

案例中的应用：咨询师在药物治疗的基础上，通过心理咨询帮助来访者处理心理和社会因素，从而缓解情绪失控。

三、咨询师用了什么技术

1. 人格面具分析

通过分析来访者的人格面具（如观察者、自娱者、幸运儿等），帮助她理解自己在不同情境下的行为模式和情感反应。咨询师通过观想和感受技术，帮助来访者重新安置和调整这些面具。

2. 观想和感受技术

通过引导来访者进行观想和感受，帮助她重新体验和处理情感。例如，咨询师引导来访者观想童年场景，表达和释放压抑的情感，并通过观想光来获得力量和温暖。

3. 意象对话

通过意象对话技术，帮助来访者与内在的自我或他人进行对话，处理情感冲突。例如，咨询师引导来访者与童年的自己、父亲和母亲进行对话，表达和释放压抑的情感。

4. 心理动力疗法

通过探索来访者的童年经历和潜意识冲突，帮助她理解当前情绪问题的根源。例如，咨询师引导来访者回到童年，重新体验和表达对父亲的感受，处理未解决的情感冲突。

5. 认知行为疗法

通过识别和挑战来访者的负面思维模式，帮助她改变不合理的认知，从而改善情绪和行为。例如，爸爸的教育方式受限于他的认知，而非孩子不够好。咨询师帮助来访者识别和表达她的焦虑、无力感和低自我价值感，并通过对话和观想来重新构建积极的认知。

四、咨询中的面具互动

咨询师用以下面具与来访者互动：

1. 理想化母亲面具：咨询师在咨询过程中扮演了一个"理想化母亲"的角色，通过共情、接纳和支持，满足来访者童年时期缺失的情感需求。这种面具帮助来访者重新体验到被关爱、被理解的感觉，从而缓解她的不安全感和低自我价值感。

2. 引导者面具：咨询师通过引导来访者进行观想、感受和对话，帮助她重新体验和处理情感。这种面具帮助来访者从被动、无力的状态转变为主动、有力量的状态。

3. 支持者面具：咨询师通过共情和接纳来访者的感受，帮助她感到被理解和支持。这种面具为来访者提供了一个安全的环境，使她能够敞开心扉，表达和释放压抑的情感。

人格面具观想技术

观想（visualization）也叫视觉化，就是在脑中形成意象，仿佛看到一样，也可以称为"想象"。通过观想，来访者可以在脑中"看到"人格面具的形象。

人格面具是人格的一个"侧面"，或某个时间点的心理状态，所以是"人"形的，观想者看到的就是一个人。

观想不仅仅是视觉化，同时也是"听觉化""直觉化"，来访者可以"听到"人格面具的言语，甚至"猜到"人格面具的心思。

一、作用

1. 形象化

确定了一个人格面具，就要通过观想，使其具体化、"形象化"。命名是抽象的，单凭名字，无法准确了解一个人格面具。只有具体化了，才能真正了解。

通过观想，当当事人全面了解了人格面具之后，可能会发现原先的命名是不准确的。WZ 有一个超人面具，但是，他观想出来的实际上不是超人，而是奥特曼。奥特曼有盔甲，超人没有盔甲，说明奥特曼防御、伪装，而超人开放、真诚。当观想的结果与命名不符时，应该认为观想更准确，"百闻不如一见"。从某种意义上讲，从命名到观想，就是对人格面具的认识的深入。

2. 抽离

观想其实就是投射，不是把人格面具投射到外界或别人身上，而是投射到自己的脑子里，俗称"在脑子里放电影"。在观想人格面具的时候，自身已经与人格面具分开了，并且站在了人格面具的对面。如果人格面具情绪很强烈，当事人可以置身事外，不被卷进去。这也叫抽离，或者抽身，具有隔离情绪的作用，可以显著减轻情绪症状。

很多人一个人格面具上身时，就被人格面具所控制，"身"不由己，情绪暴发。学会了观想，就可以及时抽身。如果一个人能够随时"进出"人格面具，说明他已经"驾驭"了人格面具，不容易被人格面具所控制。

3. 觉知

形象化和抽离的结果是可以像旁观者那样看待自己的人格面具，这就是觉察，也叫觉知。

人格面具理论非常强调觉知。有了觉知，人就不会被情绪带走，不会过度卷入，可以摆脱强迫性重复。心理障碍就是强迫性重复，有了觉知就可以超越心理障碍。

4. 宣泄

抽身出来之后，静观人格面具如何歇斯底里、义愤填膺、惊恐万状、悲痛欲绝，情绪可以在想象中化解。所以，观想具有释放情绪的作用。

5. 接纳

刚开始观想，很多人看不到指定的人格面具。看不到属于阻抗，说明不接受这个人格面具，内心排斥它。如果后来看到了，说明慢慢接受了。所以，观想具有接纳的作用。观想就是接纳，接纳就是整合。

接纳之后，人格面具常常会发生微小的变化，譬如外表变得比较漂亮、干净，看起来比较舒服了，或者表情变得温和、开心了。

二、方法

观想一般从外表开始，渐渐深入。观想者的任务是仔细观察并描述人格面具的外表、心情、思想，甚至身世。必要的时候还可以与人格面具对话和互动。

1. 外表

初学观想，通常需要引导。引导者通过询问，帮助当事人把注意力集中在人格面具的相貌、衣着、表情、姿势、动作，直到把它"看清"。

引导者可以借此评估观想的效果和形象化的程度，如果引导者根据观想者的描述可以在内心"复制"观想者的观想结果，说明观想和形象化已经达到了较高的程度。如果引导者无法"复制"观想者的观想结果，看不到清晰的形象，说明当事人的形象化程度不够，需要继续观想。

有的人想象力非常好，可以清晰地"看到"一个栩栩如生的人站在自己的眼前。他只要把所"看到"的东西描述出来就可以了。有的人表达能力很好，可以很形象地把人格面具描绘出来，引导者一听就能在脑中予以"复制"。

也有一些人根本看不到人格面具，或者看到了但描述不出来，这时候就需要引导者耐心引导。

引导过程是这样的：确定观想的人格面具后，引导当事人闭上眼睛，放松，深呼吸，集中注意力，想象眼前有一个"人"，开始可能有点模糊，但只要仔细观想，会渐渐清晰起来。现在，看到他了吗？他长什么样？年龄多大？是男是女？他的头发是什么样的？他的额头长什么样？他的眉毛长什么样？他的眼睛长什么样？他的鼻子长什么样？他的嘴巴长什么样？他的耳朵长什么样？他的肤色什么样？他穿什么样的衣服（颜色、款式、材料）？他穿什么样的裤子（或裙子）？他穿什么样的袜子？他穿什么样的鞋子？他有没有戴饰品？有没有纹身或胎记？他的表情是什么？他的姿势什么样？他在做什么？他在说什么？

有一次做观想练习，当事人看到的是一个二三十岁的女性，在一间黑屋里，坐在地上。

引导者：她长什么样？

当事人：看不清，屋里太暗了。

引导者：刚进入黑屋需要适应一下，过一会儿就能看见了。

当事人：屋顶有一个天窗，有光线照进来。

引导者：你现在看清她了吗？

当事人：她目光呆滞，盯着地上的光影。

引导者：她长什么样？

当事人：很漂亮。

引导者：具体描述一下。

当事人：皮肤白白的，脸瘦瘦的，眼睛大大的。

引导者：她的头发是什么样的？

当事人：马尾辫。

引导者：她的额头是什么样的？

当事人：额头光亮，没有刘海。

引导者：眼睛呢？

当事人：眼睛大大的，但目光呆滞，眉毛往下挂，哭丧着脸，小鼻子，薄嘴唇，嘴唇紧绷，尖尖的下巴。耳朵被头发盖住了一半，没有戴耳坠。穿白色衬衫，领子上有蕾丝的边，卷着袖子。右手食指在地上轻轻地划来划去。右手无名指上戴着戒指。黑色的裙子，盖住了小腿，露出一双小脚，没穿鞋子。

2. 心情

以上是看外表。外表看清了，再看他的心情，可以通过表情，也可以直接猜测。

引导者：她的表情是什么样的？

当事人：目光呆滞，眉毛往下挂，哭丧着脸，嘴唇紧绷。

引导者：她现在是什么心情？

当事人：平静。

引导者：除了平静，还有什么？

当事人：无精打采，有点忧伤，比较失望。

引导者：为什么无精打采？

当事人：因为无所事事，什么也做不了。

引导者：她为什么忧伤？

当事人：因为她被关在黑屋里，没有人身自由，想做的事做不了。

引导者：为什么失望？

当事人：因为不可能会被放出去，也不会有人来救她。

3. 思想

观想不仅仅是视觉化，同时也是直觉化，可以直接"看到"人格面具的思想、想法、态度、愿望和需求。

引导者：她现在在想什么？

当事人：她很羡慕别人。

引导者：为什么羡慕别人？

当事人：因为他们自由自在，而她被关在黑屋里，没有人身自由。

引导者：她现在最想做什么？

当事人：当然想离开黑屋。

引导者：她想怎样离开黑屋呢？

当事人：不知道，她没办法。她是一个不太能想办法的人。

引导者：那她想不想有人帮她想办法？

当事人：当然想，可是现在没有这样的人。

4. 身世

当事人还可以借助于想象力，"观想"人格面具的身份和来历，例如"他（她）"是谁？从哪里来？为什么来这里？如何变成现在的样子？

引导者：你能告诉我她的来历吗？

当事人：她出生在一个非常富裕的家庭，从小养尊处优，除了读书，什么也不用做，结果什么都不会，像个白痴。其实她很喜欢做手工，但是父母不让她做。后来，家里来了一个雇工，非常能干，什么都能做，而且去过很多地方，见多识广，她很欣赏他。她一有空就缠着他讲故事，他向她展示了另一个世界。她发现自己是井底之蛙。渐渐地，她爱上了他。她爱他，不仅仅是因为他心灵手巧、见多识广，而是因为他对她非常宠爱，时刻帮助她，事事顺从她，处处肯定她，随时保护她。他总是为她着想，譬如，他一直做得非常隐蔽，经常提醒她小心行事，不要让她的父母发现。她本来是个大大咧咧的人，在他的影响下变得谨慎起来。但是，她不想一直这样偷偷摸摸、不明不白。她想跟他结婚。他们想过很多办法，包括让他出去赚钱、借钱或偷钱，再回来迎娶她。这些办法一一被否决，最后他们决定秘密结婚。他们偷偷去了教堂，举行了婚礼。然后回家告知家人。结果父亲勃然大怒，根本不承认这个婚姻。他还去了教堂，把神父骂了一顿。他把她的爱人送进监狱，把她关进地牢。没有了他，她不知道怎么办。她是一个没有主意的人，也没见过世面。她想不出什么办法。

5. 对话

当事人不但可以观想人格面具的外表，也可以观想人格面具的言语，听听人格面具在说什么。通过观想人格面具的言语，也可以了解他的内心。

为了引出人格面具的言语，当事人可以直接向人格面具发问，例如对人格面具说：你现在的心情是什么样的？你想跟我说点什么吗？你的愿望是什么？人格面具可能会如实回答，这叫面具对话。

在观想的过程中，有些当事人会出现强烈的情绪反应，引导者也可以让当事人向人格面具表达自己的感受，譬如"我很害怕""我很同情你""我很想帮助你，但又无能为力"，或者安慰、鼓励人格面具。

引导者：你问问她为什么忧伤。

当事人：她说她做错了事，被父母关起来。开始的时候还会抗争，后来发现抗争是没有用的，就认命了。

引导者：你问问她做错了什么事。

当事人：她不想说。

引导者：她说她不想说，还是你觉得她不想说？

当事人：我觉得她不想说。

引导者：你再问问她。

当事人：你做错了什么事？她说她爱上了一个人，跟他秘密结婚了。

引导者：你问问她现在有什么愿望。

当事人：她说没有什么愿望，不敢有什么奢望，心如死灰。

引导者：你问问她为什么不敢有什么奢望。

当事人：你为什么不敢有什么奢望？她说有奢望就会失望，有期待就会落空，所以，最好什么都不想。

引导者：你问问她是不是打算就这样一直坐着。

当事人：你是不是打算就这样一直坐着？这样也不是个办法啊。她问我有什么办法。我说你找个心理咨询师吧。她说好的（笑）。

引导者：你再看看她，有没有什么变化？

当事人：她笑了，还做了一个鬼脸。

面具对话有很多种，一种是当事人在观想人格面具的时候与人格面具对话，一种是引导者与来访者的某个人格面具对话，一种是来访者的一个人格面具与另一个人格面具对话。第一种属于观想，第二种属于感受和表演，第三种属于分化和整合。

做面具对话时，有些人格面具会拒绝回答，一言不发。这个时候，当事人可以直接去猜人格面具的心思。这是因为，通过观想，不但可以展现人格面具的外貌，也可以直接进入内心，了解人格面具的心情和思想。例如，问当事人，你觉得他是什么心情？他现在心里在想什么？他的愿望是什么？

6. 互动

对话就是互动。除此之外，当事人也可以与人格面具进行非言语的互动，譬如拥抱人格面具、陪人格面具玩耍、帮人格面具躲避危险或实现愿望。

PH 有一个 5 岁的小女孩面具。小女孩出来的时候，她的智商降为零，做事毛手毛脚，丢三落四，诚惶诚恐，慌里慌张。引导者带她观想小女孩。小女孩打扮得很漂亮，但目光呆滞、面无表情，原来是个木偶，被别人操纵着，不能自主。引导者让 PH 问她最想要什么。她说最想有人陪她玩，而不是站在她背后用线操纵她。引导者让 PH 陪她玩。PH 想象自己把小女孩抱过来坐在腿上，跟她玩"拍拍手"。开始的时候她的身体是僵硬的，后来慢慢放松下来。PH 逗她玩的时候，她发出咯咯的笑声。

引导者给 PH 布置家庭作业：给小女孩买一个玩具，每天抽半个小时陪小女孩玩。从那以后，小女孩再也没有在不该出来的时候出来影响她工作。

与人格面具互动时，当事人很容易出现情绪反应，说明他被人格面具带走了。如果情绪反应不是太强烈，可以允许他待在这种情绪中，过一会儿，情绪会渐渐平和下来。如果情绪反应很强烈，引导者要帮他"抽离"。

AK 观想拯救者面具时看到了超人，他在天上飞来飞去，寻找需要拯救的人，后来发现了一个落水的女孩。他飞过去把女孩从水里捞起来，抱在怀里。女孩全身发抖，又冷又怕又孤单。超人紧紧地抱着女孩，温暖她，安慰她。但是，女孩还是抖个不停。AK 一边说一边哭。在情绪中待了一会儿以后，引导者叫她做三个深呼吸，慢慢睁开眼睛。她说她不想睁开眼睛，她不能丢下女孩，女孩太可怜了。引导者告诉她，超人会一直抱着女孩，她可以放心地回来。改天她还可以再去看女孩。

三、注意事项

观想不一定都要闭上眼睛，也可以睁着眼睛直接描述。

如果"看"不到人格面具，或描述不出来，就让当事人放松、深呼吸、集中注意力。如果实在"看"不到，那就停止。

有一个学员在观想受害者的时候只看到场景，却看不到人，引导者想了各种办法，都没有效果。引导者猜想，她可能在受害者的体内，所以外面没有受害者。她当时的感受就是受害者的感受，痛苦，害怕，无助。引导者让她从身体里出来，反观自身，她看到了可怜兮兮的自己。

有些人感受性很强，观想的时候会不由自主地进入人格面具，把观想变成感受。这个时候，引导者要把他从人格面具中拉出来。先观想后感受，是处理人格面具的程序。观想有助于觉察。未经观想，直接感受，当事人会被人格面具带走。一次不觉知的感受其实就是一次发作，虽然也有宣泄的作用，但治疗效果往往不好，疗效也难以持久。

如果人格面具由于某种原因模糊不清，譬如距离太远，光线太暗，角度不对（背影），被东西挡着，引导者可以动用一些"魔法"，譬如使用望远镜，或走近人格面具，开灯，拉开窗帘，围着人格面具转一圈，改变观察的角度，拿走遮挡物，或使用"透视镜"。不过，这些魔法都要慎用。"看"不清是阻抗，说明来访者还没准备好，强力突破可能会导致二次创伤。最稳妥的做法是等待。时机到了，人格面具会自己出来，当事人想回避都回避不了。

YQ观想受害者面具的时候看到的是一个女孩的背影，在地下通道中，引导者让她走到女孩的前面，她说不敢，怕看到可怕的东西。引导者问她所谓可怕的东西是指什么？她说，一张没有五官的脸。引导者说，那就先不看了。

引导者叫她转身，走向出口。可是，女孩已经站在出口，挡住了她的出路。看来，这一次不看都不行了。她看到女孩的脸是扭曲的（有五官），表情非常恐惧。她远远地看着女孩，不敢走近。引导者让她远远地看着，过了一会儿，她说她想抱抱女孩。引导者说可以。她抱住女孩，放声大哭。

遇到这种情况，通常不主张让人格面具过来，因为这样容易失控。有一次做观想练习，"来访者"看到了一个女鬼，"咨询师"叫她上去拥抱女鬼。"来访者"说，腿僵住了，走不过去。于是，"咨询师"让女鬼过来。结果女鬼直扑过来，"来访者"当场惊恐发作。

当事人走不过去，说明内心抗拒，她还没有做好心理准备。这个时候千万不能勉强。

在观想时，如果当事人出现情绪反应，可以让他在情绪中待一会儿，把情绪释放掉，因为宣泄是观想的作用之一。如果情绪反应过于强烈，应立即停止。偶尔会遇到停不下来的情况，这个时候可以叫当事人睁开眼睛，打开所有的灯。

为了减轻情绪反应，加强抽离的效果，可以在人格面具前面设一道栅栏或玻璃，或者想象人格面具在舞台上或电视里。

观想最好有人引导。如果没有引导者，或者对观想已经非常熟练，可以自我引导。自我引导的观想也需要把观想内容描述出来。这是因为，一边观想一边描述，当事人会有一部分意识保持静观，对观想过程保持觉察。如果不描述，很可能会被观想内容带走，导致"走火入魔"。

如果不习惯自言自语，也可以改用面具绘画，就是把人格面具画出来。

在做观想的时候，到底是"谁"在观想？观想者是"谁"？刚学观想的时候，观想者是除了被观想的人格面具之外的其他人格面具。经过一段时间的练习，会形成"观想者面具"。观想者面具是在与引导者互动的过程中形成的，是引导者面具（引导者的内化，或引导者的人格面具）的对应面具，就像孩子在与妈妈相处的过程中形成"妈妈的孩子"面具，在与爸爸相处的过程中形成"爸爸的孩子"面具。如果是自我引导，则观想者面具与引导者面具合而为一。

女中豪杰受拖延者面具困扰

黄金琴

一、案例报告

（一）基本情况

女，52岁，精干，长头发，五官秀气，公务员，现在退居二线。一家三口关系融洽，家庭条件好。她工作很拼，老公也优秀，同样是公务员，儿子也优秀，已经在省城工作。

她曾担任戒毒所领导数年，那是其工作最辛苦的时期，忙碌到体重只剩90斤。刚进入戒毒部门时，工作棘手，但后来逐渐得心应手，工作中无畏任何问题，堪称女中豪杰，且身体一直康健。

几年前，她考取了心理咨询证书，计划退休后从事相关工作。因过去工作忙碌，如今到了较为轻松的岗位，虽有时间学习心理咨询知识，心里想学，却没法付诸行动。

工作中，她吃苦耐劳，苦中作乐。即便刚哭过，也能立刻擦干眼泪投入工作，面对困难从不退缩。她对食物不挑剔，只求果腹，也不注重打扮，没有业余爱好，也不向往旅游。在戒毒所当领导时尤为艰苦，承受的苦难远超常人。她说那几年所受的艰苦，可能是有些人一辈子才会经历的。工作中遇到难题，她总是挺身而出，解决问题时不怕与人争吵，领导称赞她胜过男人。她工作从不迟到早退，凡事提前准备，追求完美，不给他人添麻烦，当领导时的工作总结都亲自撰写，很少被自己的领导批评，一旦被批评便会要求自己做得更好。

现在，她看几集电视剧放松都会觉得愧疚，认为看专业书籍、名著或心理学书籍才算是学习。在心理咨询学习上，她有诸多困扰。参加群里轮流带领活动时活跃不起来，既想放弃又舍不得。想要找督导却没有案例。轮到她在群里做准备工作时，总是害怕、拖延、推脱，比如读书会分享也如此。虽然有一周时间准备，但总是前几天不准备，最后临时抱佛脚来应付。在督导课上，她觉得其他学员提出的问题普通又简单，却能讲很多内容，而自己认为这么简单的问题，根本想不到，也认为不是问题，更讲不出那么多话，即便那些提问的人工作能力不如自己，可在心理咨询方面却比自己优秀。

过去刚参加工作时，看到别人将工作案例写成文章登报，她也结合自身经历写作，坚持两年后感觉枯竭便不再写了，而别人却能持续创作。后来在戒毒所工作时有很多素材可写，她会自发写一些，但总是写一半存在电脑里，很多没有投稿。用笔名投稿的一些文章被人发现是她写的，没过多久又写不下去了。

这些年，她听到国歌会想哭，看电视剧也容易落泪。看到那些家长教不好孩子的，就想把他们的孩子抱过来自己教，却又觉得心有余而力不足。如今她怀疑自己是不是要躺平，主业干得很优秀，却被副业难倒了。她质疑自己三十年来的努力工作是伪装起来的，不努力才是真正的自己，是从小被人家使劲带着走过来的。一直觉得自己是努力的，突然发现自己是不努力的，心里接受不了。

来访者与她儿子的关系，她对小时候的儿子教育严格，认为儿子只有看名著、考公务员的书才是正经看书，学心理学后有所调整，现在和儿子关系融洽。

来访者与她老公关系也不错，她老公劝她工作别太拼，她老公除工作外，有自己的业余爱好。

（二）成长史

她在家中排行老大，有三个弟妹。自幼一边带妹妹，一边干家务和零工，同时坚持读书。有段时间要给一家人做好早饭再去上学，放学后还要干活。夜里写作业，母亲睡了一觉醒来，还会询问怎么还在写作业，她说今天的作业肯定要今天完成。高中住校，周末回家母亲会留一大堆衣服让她洗，导致她手生冻疮，至今不能碰冷水。她向父亲抱怨母亲懒，父亲却不认同。因父亲长期在外做生意，母亲一人在家带四个孩子。她的诉苦父亲不予理会。她遇上艰难的事哭泣时，母亲会让她别哭。从小就感觉自己一直往前跑，从没停息。后来母亲会跟弟妹说她是怎么苦过来的，也是笑着说，给她感觉母亲的心没有体会到她的苦。小时候有同伴辍学挣钱，她向母亲提出同样想法时被责骂，只能继续读书。成绩优秀的她获得奖状和奖品，母亲会向邻居夸赞她，这促使她不断奋进。感觉自己是在母亲的夸赞声中一直往前跑。上大学第一次跑步就被选去参加运动会，给学校和自己争名气，当时还写信感谢父亲培养了她坚韧的精神。

（三）面具分析

1. 自强者面具：自幼边承担家务和零工，边坚持读书学习，成绩优异。工作中面对棘手问题从不退缩，任何困难都能克服并解决好，称得上工作中的强者。

2. 讨好者面具：因成绩优秀获得奖状和奖品被母亲夸赞，在母亲的夸赞声中不断奋进。工作中努力解决难题，追求完美，获得领导夸赞。

3. 苦命人面具：成长过程中母亲对她严苛，不允许哭泣，即便向父亲诉说委屈也未得到支持。工作中承受诸多苦难，即便辛苦到哭泣，也立即擦干泪水迅速投入工作。

4. 明君面具：对学习和成长有着严格的标准，宁可夜里少睡也要完成作业，认为只有阅读专业书籍、名著和心理学书籍才是真正的学习，对儿子的学习要求也曾如此。

5. 保护者面具：作为家中老大，自幼承担起照顾妹妹的责任。在戒毒所工作时保护社会免受毒品危害。

6. 拖延者面具：在写作和群里活动、读书会上需要分享而要准备的等事情上，总是拖延，难以按时完成任务，即便有充足时间也不提前准备。

综合上述，来访者从小承担责任，懂事听话，努力奋进，在学习和工作中表现出色，是大家眼中的好孩子、好学生、好下属和好领导。她通过努力获得母亲的关注和称赞，却在成长过程中压抑了"苦命人面具"，早年她遇上艰难的事若哭泣就受到母亲的压制，工作又非常艰辛且过度劳累、从未有过休闲放松来调节，使得"苦命人面具"的能量不断积累，没机会释放，导致爆棚，最终抵制着她继续努力，导致拖延行为的出现。抵制者面具导致拖延，这种情况背后是苦命人面具的变体。

抵制者面具导致拖延，这种情况背后是苦命人面具的变体。

（四）人格面具观想和感受技术

咨：你现在想起来，当年你小时候在家里会是怎么样的一个样子？

访：我头脑中想起一个小姑娘，手里拿着东西跟来跟去。（有点哭腔）

咨：跟在妈妈后面？

访：对，好像妈妈也没有打过我。

咨：那个小姑娘当时几岁？

访：3-5岁。

咨：手里拿着什么？

访：苹果。

咨：她现在在干嘛？

访：她在一个土房子的中间，像客厅，没有在干什么，平淡地站着。

咨：她拿着苹果，有没有想吃？

访：没有想吃，就拿着，也没有想去找妈妈。

咨：小姑娘她离你有多远？

访：就在我前面。

咨：她是正面朝着你，还是背面朝着你的？

访：背面，侧点过去。

咨：如果你叫她呢？

访：她转过来，眼睛亮了起来，开心地手向两边伸开（同时来访者做了肢体动作）。

咨：你想去抱她吗？

访：我肯定想抱她，我怎么没抱她呢？

咨：你现在可以去抱她。

访：抱起来啦！她眼睛盯着我看，我想哭了。

咨：你想哭就哭。

访：我有一点点眼泪，但没有平时那种哭，感动，容易感动，我跟人家讲话很容易哭的。有时候看电视剧会哭出声音来。

咨：可以哭出声来。

访：哦！现在不想哭。

咨：小姑娘现在怎么样？

访：她在我膝盖上很专注地玩苹果，她不吃苹果干嘛呀！苹果像个装饰一样。

咨：你问问她。

访：苹果太大不好咬，不知道怎么吃。

咨：那想想办法。

访：我看到她咬一口了。

咨：她是怎么感觉？

访：味道很好，但她好像不走了。

咨：你问问她，她有什么愿望？

访：她没有什么，我想牵着她的手去玩。

咨：那好，去了什么地方呢？

访：公园，有花，前面有小朋友都是妈妈带着的在玩球，在那里看人家玩。

咨：现在你们在干嘛？

访：她在我前面，离我有点远，在看人家玩，她好像忘了我了。

咨：你愿意跟她再见吗？

访：她抬头看了我一下。

咨：她什么表情？

访：没什么表情，就让她呆那里？

咨：你看你是怎么想的？

访：把她带回家。

咨：可以。

访：抱起她回家。

咨：现在你们到哪里啦？

访：在回家的路上，她用手挽着我的脸，手指着我的鼻子（带着笑声讲）。

咨：感觉你比较开心。

访：是，她一会开心，一会还是那种眼神。

咨：现在到哪里了？

访：到我家小区里。（过了一会）抱没了，抱着抱着她没了。

咨：好的，请你回到当下。

各次咨询情况：第一次了解情况，第二次做了人格面具的观想和感受，第三次让她进一步倾诉释放苦命人面具能量，第四次围绕是什么原因她会一直往前跑进行自我探索，并接纳拖延，第五次回顾总结前面的四次。

在第三次咨询时她烫了头发，有经过打扮，精神气好起来。在第五次咨询时她说自己能看书了，即便看过后第二天忘了也不管，只管继续看，不要求完美。

来访者问题是拖延，用人格面具理论分析，她压抑了苦命人面具，苦命人面具能量得到接纳和释放，接下来让她主动释放，通过面具观想感受释放，和向咨询师倾诉释放，这个过程来访者的苦命者面具也被识别和接纳。

二、拖延

拖延还可能是因为心理因素或者环境因素所引起的，出现拖延需要及时改变来改善，还需要积极培养主动意识，减少看电子产品的时间，多与身边人沟通等方法来缓解拖延。

（一）原因

1. 心理因素：如果长期缺乏自信心，或者在平时的生活压力比较大，学习压力比较大，可能会对身体健康造成影响，会导致患者出现自卑的情况，从而出现拖延症，还可能会导致患者做事拖拉、缺乏主动意识，如果不及时处理和改变，就会导致拖延的情况愈发严重。

2. 社会因素：在平时生活中经常观看电子产品，比如长时间看电脑、玩手机，可能会导致患者出现比较快乐的感觉，从而疏于时间的管理和目标的追求，就会导致患者出现拖拉的情况，进而导致拖延的出现。

3. 家庭因素：如果在平时生活中家长和孩子缺乏沟通，孩子没有得到及时与家长沟通的机会，就可能会导致拖延出现。出现拖延症，需要及时改善生活方式和进行心理治疗，同时要保持轻松愉快的心情。

（二）应对

拖延是现代人群体中比较常见的现象，往往喜欢把事情拖延到最后一刻才做，这一种行为往往会对当事人的正常生活造成巨大的影响，使人变得懒散起来。所以学会正确地克服拖延的方法是十分重要的。那么到底有什么方法可以克服拖延呢？

1. 正视自己的拖延。如果想要战胜拖延就应该正视拖延，这样才能让患者学会克服拖延，使得自己的习惯逐渐得到改善。否则只会使得拖延的问题不断加重，进而影响到人们的生活而不自知。

2. 设定目标。设定目标是帮助自己远离拖延的好方法，而这一种方法可以帮助大家远离拖延最主要的原因是可以让自己有一个目标，让自己更加有动力，因此对于克服拖延十分有作用。

3. 压缩完成任务的时间。如果一个人在做事情的时候总是没有设限就会使得自己不断拖延，使得拖延的问题不断加重。所以在做事情的时候大家最好可以设定自己能在较短的时间里面完成尽可能多的事情。

4. 严格执行清单。制定一个清单可以使得人们在做事情的时候更加有动力，也会使得原本杂乱无章的事情变得条理清晰。在这个时候治愈拖延就会变得容易。所以建议大家在生活中最好可以有意地制定清单。

5. 调节个人心理。拥有一个好的心理是帮助大家远离拖延的方法，因为心理会直接影响到人们面对问题的积极性。所以最好可以用积极的心态帮助自己调节好拖延的问题。

三、人格面具技术

本案例使用了人格面具技术中的分析和观想。根据来访者的描述，分析出了六个面具：自强者、讨好者、苦命人、明君、保护者、拖延者，使来访者对自己有了比较深刻的了解。然后对苦命人面具进行了观想。在观想过程中，苦命人面具得到了疗愈。

四、咨询互动中的面具分析

咨询师在咨询过程中运用了三个咨询师面具：

1. 爱心大使面具：咨询师的爱心大使面具包容共情来访者，无条件地接纳来访者，接纳来访者的情绪，建立了很好的咨询关系。

2. 灵魂伴侣面具：来访者讲述事件的前因后果，咨询师分析她的心理问题、困惑，及对应的人格面具。

3. 精神导师面具：咨询师又运用引导来访者用人格面具观想和感受，让来访者释放出苦命人的能量，来访配合着咨询师引导完成了体验。

人格面具感受技术

感受就是让当事人进入人格面具，或者"戴上"人格面具，变成人格面具，到人格面具的"内心"去感受人格面具的身体、情绪和思想，也叫"面具转换""面具切换"，俗称"移魂大法"。

一、作用

1. 身体化（embodiment）

观想是从外面看，感受是从里面"感受"。观想是在脑中展现人格面具，感受是在身体中展现人格面具。

进入人格面具，感受人格面具的身体、情绪和思想，也是一种具体化、形象化、"感觉化"，可以"真实"地感受到人格面具的身体、情绪和思想。

人格面具技术不同于传统的心理咨询和治疗，不是单纯的谈话疗法，而是体验式的。很多研究已经证明，身体和大脑是相对独立的，情感和理智并不能随意交换。心理障碍都是非理性的，属于情感和体验的范畴，所以作用于大脑和思想（或认知）的治疗方法常常疗效不佳。精神分析之所以有效，不是靠分析，而是靠"互动"（主体间性、陪伴、移情）。所谓移情，就是情感的再现。移情处理是体验式的，不是分析性的。

2. 宣泄

和观想一样，感受具有宣泄的作用，而且这种作用比观想要强烈得多。观想是抽离的，感受是卷入的。观想靠脑，以及眼睛和耳朵，而感受靠整个身体，包括内脏、躯干、四肢。观想的时候只能看到人格面具的表情，通过所见推测情绪，而感受的时候情绪直接作用于身体，使人进入某种情绪状态，出现强烈的情绪反应。

3. 接纳

很多时候来访者无法"进入"人格面具的身体，这是阻抗的表现，说明来访者不接纳这个人格面具。有的来访者会明确表示不愿意进入人格面具，不想与人格面具"同流合污"，担心自己变成跟人格面具一样的人（譬如迫害者面具）。反之，如果他能进入人格面具，说明他已经接纳了人格面具。

进入人格面具，"戴上"人格面具，就是认同。

二、方法

先观想人格面具，观想得越形象、越具体越好，然后想象自己走近人格面具，并且进入人格面具的"身体"，与人格面具合而为一，变成人格面具。这个时候，你就是它，它就是你。然后用心感受自己（也就是人格面具）的身体、心情和想法，同时还可以借助人格面具的眼睛和耳朵去感受外界。

1. 身体

在感受的过程中，来访者必须把感受描述出来，以便让引导者了解感受的程度。当来访者描述自己的感受时，引导者会把来访者的描述转换成自己的感受，让自己感受到来访者的感受。如果引导者的感受很"真切"，说明来访者的感受很深。如果引导者的感受不"真切"，说明来访者的感受不深，需要引导来访者加深感受。

引导过程如下：现在你就是他，他就是你，你感受一下自己的身体，各个部位，都有什么感觉？痛、痒、胀、麻、酸、冷、热、硬、重、压迫感。头是什么感觉？脸是什么感觉？下巴是什么感觉？脖子是什么感觉？肩膀是什么感觉？手臂是什么感觉？手是什么感觉？胸是什么感觉？腹部是什么感觉？腰是什么感觉？臀部是什么感觉？大腿是什么感觉？小腿是什么感觉？脚是什么感觉？

然后感觉内脏。肺是什么感觉？心脏是什么感觉？胃是什么感觉？肠子是什么感觉？肾是什么感觉？膀胱是什么感觉？

引导者：闭上眼睛，深呼吸，全身放松，想象在你面前有一个人，集中注意力去看清他。

当事人：看到了，但很模糊，只有一个轮廓。

引导者：好的，用心看他，他会渐渐清晰起来。他个子大还是小？

当事人：很高大，穿着披风，黑色的，戴帽子。背对着我。

引导者：你慢慢走到他前面，仔细观察他的脸。

当事人：他没有脸，是一个骷髅，我很害怕。

引导者：深呼吸，全身放松。描述一下骷髅的形象。

当事人：眼窝很深，牙齿很白。他咧了一下嘴，笑了。笑得很狰狞。

引导者：你害怕吗？

当事人：已经不怎么怕了。

引导者：好，现在做三个深呼吸，全身放松，慢慢走近他，然后进入他的身体。（停顿）进入了吗？

当事人：进入了。

引导者：现在，你就是他，他就是你，感受一下自己身体的各个部位，都有什么感觉？

当事人：胸闷，心跳很快，害怕。

引导者：四肢有什么感觉？

当事人：肩膀有点紧，好像耸着肩，四肢没有特别的感觉。

引导者：除了胸闷，心跳快，还有什么感觉？

当事人：胃里好像空空的，其他没有感觉。

引导者：下腹部有什么感觉？

当事人：有点下坠感。说不出的感觉，不是痒，也不是热。

2. 情绪

感受完身体再感受情绪。现在是什么心情？开心、平静、烦躁、苦恼、伤心、郁闷、担忧、害怕、愤怒、孤独、无助、后悔、怨恨、自责、困惑、犹豫、纠结……

中国人绝大多数不擅长于描述情绪，有关情绪的词汇比较匮乏，所以引导者必须予以提示。

引导者：现在你是什么心情？

当事人：害怕。

引导者：害怕什么？

当事人：不知道。

引导者：除了害怕，还有别的情绪吗？

当事人：奇怪，我怎么有点开心。

引导者：又害怕又开心？是不是激动？

当事人：对对对，就是激动，兴奋，有点像幸灾乐祸。

引导者：为什么是幸灾乐祸？

当事人：不知道，反正有一种"痛并快乐着"的味道，是一种矛盾情绪，有点复杂。对了，是恶作剧的冲动。

引导者：恶作剧的冲动？

当事人：就是想吓唬别人。

引导者：你想吓唬别人？

当事人：是啊，吓唬别人，太好玩了。当你吓唬别人的时候，别人被你吓一跳的时候会发出一声惊叫，你也会被吓一跳。太刺激了。

3. 思想

然后感受思想。现在你的脑子里有什么想法？你如何看待自己的状况？你认为为什么会这样？你最想要什么？最想做什么？你希望发生什么？

引导者：你现在最想做什么？

当事人：逃跑。

引导者：逃到哪里去？

当事人：逃到坟墓里去。

引导者：为什么要逃到坟墓里去？

当事人：因为我是从那里来的，只有回到那里去才会感到安全。

引导者：你不是想吓唬别人吗？怎么自己跑了？

当事人：我也不知道，反正我又想吓唬别人又怕被别人吓倒，又兴奋又害怕，一会儿想吓唬别人一会儿想逃跑，心里很纠结。

4. 身世

这个时候，引导者还可以直接问：你是谁？你从哪里来？为什么到这里来？以便了解人格面具的身份和来历。

引导者：你是谁？

当事人：我是孤魂野鬼。

引导者：你为什么来这里？

当事人：我想吓唬别人。

引导者：你的目的达到了吗？

当事人：我把自己吓到了。

引导感受的过程其实就是引导者与来访者的被感受的人格面具对话。通过面具对话，引导者了解了被感受的人格面具的内心感受和愿望，来访者也了解了被感受的人格面具的内心感受和愿望。在这个过程中，引导者的提问非常关键。问得好，问得对，问到点子上，可以揭示人格面具的内心。如果引导者无的放矢，人格面具答非所问，就什么也问不出来。

观想性对话和感受性对话是有区别的。观想性对话是来访者与自己的某个人格面具对话，来访者"自己"用第一人称说话，问人格面具的感受、心情、想法，然后用第三人称向引导者转述人格面具的话，如"他说什么什么，他如何如何"。感受性对话是引导者与来访者的某个人格面具对话，引导者问，来访者用第一人称代替这个人格面具回答，如"我如何如何"。

5. 感知

既然当事人已经变成了人格面具，与人格面具合为一体了，就可以通过人格面具的感官去感知外界。你现在有没有听到什么声音？你现在有没有看到什么东西？有没有闻到什么气味？

引导者：你现在在什么地方？

当事人：一条大街上。

引导者：这条大街是什么样的，你能看到什么？

当事人：到处是店铺和广告，应该是很繁华的，但是现在是夜里，街上没有人，很多灯都已经关了，大街看起来很暗，冷冷清清，我很害怕，毛孔都竖起来了。

引导者：你还看到什么？

当事人：没有了。街上一个人也没有。

引导者：你能听到什么？

当事人：我好像听到了脚步声。

引导者：脚步声是从哪里来的？

当事人：我的后面。我害怕，我不敢回头。

引导者：深呼吸。

当事人深呼吸。

引导者：现在慢慢回头，慢慢地。

当事人：我感到背后有什么东西压过来。

引导者：它可能是什么东西呢？

当事人：一个人！

引导者：他想干什么？

当事人：他没想干什么，他只是路过，从我的背后经过。他气场很大。

6. 行动

当事人还可以借用人格面具的身体，替人格面具去行动，去实现人格面具的愿望。

引导者：你有什么愿望？

当事人：我想回到坟墓里去。

引导者：好的，回到坟墓里去吧。现在感觉怎么样？

当事人：很舒服，全身放松，在地上躺一会儿，吃点东西，听听音乐。

引导者：听什么音乐？

当事人：《魔鬼的颤音》。

感受完成，让当事人从人格面具的身体出来，再看人格面具，有什么变化。

引导者：好，现在慢慢从魔鬼的身体里出来。回头看看他，有什么发现没有？

当事人：奇怪，他的脸上戴着面具。

引导者：什么样的面具？

当事人：骷髅是面具。

引导者：那你把他的面具拿掉，看看他长什么样。

当事人：她是个女的，头发很长。

引导者：她穿什么衣服？

当事人：她裹着一块黑布。她是修女。

引导者：好，现在你做三个深呼吸，慢慢睁开眼睛。

三、注意事项

先观想，后感受。

如果进入有困难，通常是因为阻抗。进入一个自己不喜欢的人格面具，总是比较困难的，可以试试各种方法，如果正面进不去，可以从侧面、后面、上面、下面进去。有一个案例，从正面进入，结果脸朝后，对着人格面具的后脑勺，什么也看不见，非常别扭，后来转了一个身，才"合适"。

为了帮助来访者进入人格面具，引导者可以象征性地"推一把"，譬如在来访者的肩上拍一下，或者做一个推的动作。当来访者进出自如时，可以以弹指为号，瞬间完成面具转换。

如果实在进不去，就停止这个练习，不要勉强，以免造成二次创伤。

和观想一样，初学感受，应该有人引导。引导的重点是逐一感受身体的各个部位，如手、脚、胸、腹、背、颈、头、脸等。在引导者的引导下，来访者通过感受，形成感受者面具。来访者把引导者内化，形成引导者面具，就可以自我引导了。

描述感受具有隔离和觉察的作用。如果不描述，来访者很可能会被感受带走。在描述的过程中，来访者的"感受者面具"会保持觉察，所以不容易被带走。这种方法类似于精神分析的自由联想。自由联想不只是想，更重要的是要把想到的东西说出来。如果只是想，任何人都会，很多强迫症病人一直在胡思乱想，这样想对心理障碍没有任何帮助。只有一边想一边说，才具有治疗的作用。所以，来访者如果在家里一个人做练习，也要把感受说出来。

感受结束后出不来，也是常常遇到的事情，原因之一是，被感受的人格面具充满正能量，给人感觉太好了，当事人不愿意出来；二是被感受的人格面具能量太强，亟需释放，因而借此机会控制当事人的身体，释放能量。

遇到这种情况，引导者可以告诉当事人，他随时可以再进去，但现在必须先出来。如果实在出不来，引导者可以大声喊停，让当事人睁开眼睛，打开所有的灯。然后问他几个"现实问题"，如他是谁？这是什么地方？现在是几月几日？如果回答正确，说明已经出来了。如果回答错误，引导者要告诉他他是谁，这是什么地方，现在是几月几日，帮他尽快回到现实。

同一个人格面具，感受的结果可能会与观想的结果不一样，一般认为感受更准确，这是因为从观想到感受，是对人格面具的认识的深入。观想的时候，我们是站在人格面具的外面，根据人格面具的外表去推测它的内心，容易主观臆断。一旦进入人格面具的内心，就会发现"真相"。

做观想的时候，WP看到妈妈靠在沙发上，半睁着眼睛观察周围的人，想找个机会"表演"一下。看清楚了妈妈之后，我让她走近妈妈，进入妈妈的身体。可是，进入有困难，我让她转到妈妈的侧面，或者背后，都进不去，最后还是回到妈妈的前面，从正面进入，然后立即转身。妈妈全身没有力气，感觉身体很重，好像压着什么东西，气也透不过来，她完全瘫在那里，好像是在棺材里，有人盖上了盖子，她想推开棺材盖。我问是谁盖上了棺材盖子？她说不知道。她用力呼吸。引导者让她从妈妈身体里出来，她说出不来，妈妈抓着她。引导者让她用自己的方式出来。她出来了。

她一直觉得妈妈在表演。妈妈的确有点可怜，但是，那是她自找的。她很讨厌妈妈。当她可怜妈妈的时候，她就会讨厌自己。她把自己当成了父亲，她是替父亲讨厌妈妈。通过感受，她知道了，妈妈的确很痛苦，不是装的。从妈妈身体里出来，她觉得自己有理由可怜妈妈了。

引导者问她想不想弄明白妈妈为什么会这样痛苦？她说想。引导者让她再次感受妈妈。进入还是有点困难。进入之后，她说她不想躺着，想站起来，因为躺着很难受，躺着很累。引导者没同意她起来，而是问她为什么会躺在棺材里，是谁把她放进棺材里的？她说是她自己爬进去的。引导者问她为什么自己爬进去？她说，别人不理解她，她很难受，她想死。引导者问谁不理解她？她说不知道。引导者问她是不是WP不理解她？她说不是，不理解她的人是男的。引导者问，是不是WP的爸爸？她使劲点头。引导者叫她出来。她移动身体，坐到地上，然后趴在地上，最后才慢慢站起来。

对于无法进入人格面具的来访者，可以采用一种变通的方法。完成观想以后，让来访者在想象中模仿人格面具的姿势和动作，然后感受自己的身体、情绪和思想。这个时候，来访者虽然没有进入人格面具，也能够感受到人格面具的"内心"。这是因为，人的大脑中有一种镜像神经元，当一个人做某个动作时和看到别人做这个动作时，它都会做出反应。对它来说，自己做这个动作和看到别人做这个动作是一回事，所见即所为。借助于镜像神经元，可以把看到的动作直接变成自己的动作。有的人模仿能力很强，就是因为镜像神经元特别发达。

"看到别人的动作"其实不是别人的动作，而是别人的动作在脑中的表象。想象也是一种表象，所以想象的动作可以转化为身体的动作。早在 20 世纪三十年代，行为主义心理学就已经发现，想象是内隐的行为或动作。当一个人在想象自己做某个动作时，可以在手上记录到微弱的电活动。这也可以解释，为什么一个人在想象手中的纺锤在运动时，纺锤真的会动起来。

她的婚恋关系被"弃婴"搞砸了

邹其西

一、案例报告

LL，女，41岁，自主创业者，单身，因恋爱关系屡次出现问题进行心理咨询。

该来访者谈过四次恋爱，每一次恋爱开始时，两个人的关系都很好，但当两个人关系更进一步，甚至到了谈婚论嫁的时候，总是会不欢而散，这让她非常苦恼。四段感情，都是随着她们关系的深入而分手。她通过对这几段感情的自我分析，意识到这可能是自己的问题，所以她主动进行心理咨询，希望咨询师帮她分析她在婚恋关系中存在什么问题，帮她处理这个问题，让她能顺利地进入一段婚恋关系。

据该来访者回忆，她的家庭条件不好，父亲脾气暴躁，还好喝酒赌博，母亲爱唠叨，他们常常会因为一些小事就吵架，甚至大打出手。在他们吵架后，她常常处于没人管的状态，她很无助，如果哭闹就会被一顿打骂。她从小没有感受过父母的爱，只感受到父母无休止的打骂。在她六岁时，父母亲因为经常吵架而离婚，她和父亲一起生活。后来父亲娶了继母，母亲也再次嫁人。自从他们离婚后，她母亲就很少来看她。她在家里，父亲还是会因一些事就常常打骂她，继母也不太关心她，她变得胆小，不爱说话。

上小学时，由于离家很近，她都是独自一人上下学，她很羡慕那些有父母接送的同学。在学校她也很胆小，她从不敢大声说话，害怕同学不喜欢她。初中离家较远，开始住校，她说住校是她最开心的几年，不用每天回到那个让她感到害怕又冰冷的家里，她发誓等她长大就离开这个家，再也不回来。初中毕业，她也顺利上了一所高中。在高中期间，她喜欢上了一位男同学，男同学对她也是很关心，和他在一起她感受到了爱。由此，她上课无法集中注意力，每天都想着他，幻想着和他在一起，甚至无心思学习，她的学习成绩开始下滑。高三时，由于学习紧，男同学开始疏远她，甚至有意躲着她，她很伤心，常常陷入悲伤的情绪中无法自拔。高考结束后她落榜了，她也不想继续复读，决定独自一人到外地打工。

她从18岁离开家，在外地独自生活了20多年，这20多年她基本没有回过家，期间也只是偶尔打个电话回家。每次电话后她又很伤心，因为父母亲也从来不在电话里说一些关心她的话，也从来不问她一个人在外面生活得怎么样，只会向她要钱，这让她更加讨厌父母。有几年她再也没有打过电话回家，直到一次收到家里电话说她父亲病了，而且病得很重，她踏上回家旅途。这20多年，她说自己吃了很多苦，通过自己的努力，现在她有了自己的公司，收入很可观，可以说在财务上自由了。为了提升自己的能力，她除了工作外就是学习，她拿到了本科毕业证，还有其他很多证书，她还想继续考研。她说她不敢停止学习，因为学习是她能力的证明，也获得了同事的认可。现在她在事业上是成功了，但在情感上她仍然很困惑，她甚至决定不结婚，就一个人过一辈子。在四次恋爱中她也感受过爱和甜蜜，但每当关系更进一步时，她都感受恐惧，感觉这种爱不是真实的，这让她内心感到很痛苦，最终主动结束这段情感。

在现实工作中，她说她是一位很自信又开朗的人，同事有困难她都会主动去帮忙，每次聚餐她也总是抢着买单。现在有了自己的公司，对员工也像兄弟姐妹一样，同事也都很喜欢她。可是，每当晚上一个人的时候，她感到孤独，常常暗自流泪，甚至长期失眠，她说她抑郁过一段时间，她还自杀过几次，手腕上还留下几条割腕时的伤痕。熬过了那段黑暗的时光，她慢慢走出了抑郁，她也开始重视自己的心理问题，重视自己的感情生活，希望自己能走进婚姻，开启一段幸福的旅程。

了解了她的基本情况后，咨询师初步分析来访者在婚恋关系中所表现出的婚恋关系状态，可能来自小时候内化的父母关系状态。她目睹了父母的婚姻关系破裂，目睹和感受到了父母对自己的暴力和冷漠，在她幼小的心灵中种下了她不值得被爱的念头。虽然她渴望被爱，但当爱出现时她会怀疑，甚至担心对方会抛弃她。为了不再次被抛弃，她就无意识地做一些事情证明自己的判断，最后选择结束恋爱关系，这可能就是她内在的婚恋关系模式，通过不断地重复让她无法真正进入一段婚姻。

基于对她内在的婚恋关系模式初步分析，咨询师决定用人格面具理论及技术对她进行下一步心理咨询。咨询师向她解释了什么是人格面具，让她了解人格是由很多人格面具构成的，每个人都有很多人格面具，每个人格面具就相当于是一个"人"，有人的所有特征。当一个面具主导我们的时候，我们就会表现出面具特征的相应状态。比如，当你被开心面具主导的时候，你就会表现出开心的状态。其实，人在不同的场合会使用不同的人格面具，可以说每个人格面具都是人的一种心理表现。该来访者在恋爱关系中所表现出来的关系模式就是她的某个人格面具的显现。

她时常感到孤独，渴望得到爱，但又担心自己会被爱抛弃，于是主动放弃爱，这其实是"弃婴面具"的表现。其实，每个人都有弃婴面具，因为我们曾经都被"抛弃"过，只是大多数人的弃婴面具不强，对个人影响不大。而来访者小的时候父母离异，又常被父母漠视打骂，得不到父母的爱，这些经历都加强了她的弃婴面具。为了减轻这些不好的感觉，她把这些不快乐的经历深深压抑在潜意识当中，在她的潜意识中，她就是一个不值得被爱、被父母抛弃的人。她缺爱，所以会更加渴望得到爱，但一旦爱的关系深入发展后，她的弃婴面具又会出来主导她，让她怀疑对方对她的爱是假的，甚至是有目的的。由此，她也会去想法证明他对她的爱不是真的，她常常会有些过分的要求，非常敏感，只要对方不能按她的要求去做，她都会认为是他不爱她了，最终她就会提出分手，几段感情基本上都是以这种模式结束。从意识上看，她是避免了被对方抛弃，因为是她主动提出分手，是她抛弃了对方，实际上这种分手还是完成了弃婴面具"抛弃"的伎俩。

咨询师用人格面具的观想和感受技术让来访者对弃婴面具进一步深入了解，以释放弃婴面具的能量，让来访者能理解自己的婚恋模式。

观想是确定了一个面具，使其"视觉化"。具体地说，就是把面具想象成一个人，仔细观察他的相貌、衣着打扮、表情、姿势、动作。通过观想，不但可以展现面具的外貌，还可以进入内心，了解面具的心情。通过内心对话，面具间的矛盾可以得到化解。观想不仅仅是使面具视觉化、形象化，更重要的是使当事人与面具拉开距离，"抽身"出来，这样有助于隔离情绪，避免当事人被情绪所控制，以便更加客观、理智地看待自己。当一个人陷入某种情绪状态时，如果识别出这是什么面具，并且"静观"面具的表现，情绪就会平静下来。

感受也叫"转换"，就是让当事人进入面具，或者戴上面具，到面具的"内心"去感受面具。具体做法是：先观想某个面具，观想得越形象、越具体越好，然后想象自己走近面具，并且进入面具的"身体"，与面具合而为一，变成面具，感受自己的身体、心情和想法，以及借助面具的眼睛和耳朵去感受外界。

她为弃婴面具取了一个名字叫"小润"，她认为弃婴需要被滋润。咨询师让她尽可能地放松自己，让自己进入一个非常舒适的状态，闭上眼睛，想象"小润"的形象慢慢地出现在她的面前。她很快就看到了小润，她说她看到小润是一个小女孩，大约4岁左右，没有头发，穿着开裆裤，脸上都是鼻涕，很脏，没有表情，手里拿着小摇鼓一个人在玩，她看起来很害怕。此时，她大声地哭了，咨询师问她发生了什么？她说小润太可怜了，没人疼爱。待她心情稍微平静了些，咨询师让她慢慢靠近小润并问问她需要帮助吗？她说小润大吼着说，不需要你的帮助，你们都去死吧。她听到这里又开始大声哭了出来，咨询师让她慢慢靠近点小润，她说小润看到她靠近时很恐慌，当她走到小润身边时，她突然惊叫，大声哭着说小润死了，她说小润现在变成了一只没有生命的布娃娃。她走过去抱起布娃娃，很伤心地哭着，她说布娃娃没有任何反应，很冷，自己的心也很痛。咨询师让她把布娃娃放下，然后离开布娃娃，当她放下布娃娃时，她看到布娃娃又变成了有生命的小润，此时小润也正在看着她，看起来她不那么害怕了，就这样让她静静地看着小润，待她情绪平静了，让她回到现实中。

第二次让她继续观想小润，也很顺利，她看到小润仍然是那个样子，咨询师让她靠近小润，当她走过去时，小润这次没有变成布娃娃，而是疑惑地打量着她。她告诉小润她是真心来帮助她的，不会伤害她，她可以保护她，她尝试着把小润抱在怀里，小润并没有排斥她，她感觉到自己的心里很踏实，她抱着小润抚摸着她的头，她说她很心疼小润，甚至感觉自己的心又开始痛了起来。咨询师让她把小润放下，再静静地看着小润，她感觉心不痛了，内心也放松了许多。

第三次让她观想同时感受小润。开始观想也很顺利,她对小润的描述也很清晰,她感觉到小润也并没有那么害怕和排斥她。咨询师让她慢慢靠近小润,尝试着走进小润的身体,开始她说进不去,咨询师让她尽可能放松自己,经过多次尝试,她进入了小润的身体,她开始哭了出来,咨询师问她发生了什么?她说我感觉很害怕,身体不能动,我现在一个人在一间黑暗的房子里,身边没有任何人,感到很无助,父母也找不到我。咨询师问她为什么父母找不到她呢?她说她不想让父母找到,父母找到她只会打她骂她。咨询师让她深呼吸放松,想哭就哭出来,就这样静静地在那里待一会,然后慢慢从小润的身体中出来,出来后她感觉整个人也放松了许多。

经过多次对小润的观想与感受,以及对弃婴面具的变体"讨好者""孤独者"和"自强者"等面具的处理,她对小润的了解更加深入了,开始理解和包容小润了,在意识上也开始建立了自己是值得被爱的观念。每当孤独感出来的时候,她就能意识到是小润来了,她说她只要主动去关照一下小润,这种孤独感就会降低。自从处理了小润以后,她一个人时也不再害怕孤独了,她能够去面对孤独,内心又燃起了爱的火焰,后来她告诉我她顺利进入了一段恋情。

人格面具技术观想与感受,通过这种强烈的视角感和体验,让她更好地了解潜意识中的弃婴面具,帮助她释放和接纳弃婴,让弃婴面具置于意识的阳光之下。其实,弃婴面具在她身上也显现出了积极的一面,她在事业上成功,以及努力学习,都归功于弃婴面具的变体"自强者"面具。因为,她要获得别人的认可,不被抛弃就需要不断努力,去证明自己。因此,弃婴面具的影响也是有其积极的一面的。

二、问题综述

来访者在婚恋关系中反复失败,依人格面具理论,其实是弃婴面具主导的结果。来访者从小与父母的互动关系中,更多体验到的是抛弃,她把这种抛弃感内化形成弃婴面具被压抑在人格之中。当她长大恋爱进入新的亲密关系时,弃婴面具主导了她的关系模式,认为对方还会抛弃她,所以她不敢深入建立关系,甚至为了不被抛弃,而采取主动结束亲密关系。看似主动结束关系不是被抛弃,但其实还是满足了弃婴面具的需求。

从精神分析理论来看，来访者在婚恋关系中表现出来的状态是一种强迫性重复。弗洛伊德认为，强迫性重复是潜意识冲突的表现。这些冲突通常与个体的早期经历、尤其是童年时期的创伤性经历有关。在某些情况下，强迫性重复可能与自我惩罚的动机有关。个体通过重复某种令人痛苦或不适的行为来惩罚自己，以缓解内心的罪恶感或羞耻感。来访者童年早期被抛弃的经历，深深地压抑在潜意识之中，当关系再次出现时，潜意识中被爱的欲望和不配得到爱之间的冲突无法得到妥善解决，所以通过不断重复恋爱关系来寻求缓解。在婚恋关系中她主动结束关系，其实也是对自己想要得到爱的惩罚。

在客体关系理论中，个体在早期与客体的互动中，会内化与父母的关系模式，形成内在的客体关系表征。如果这些关系是创伤性的或未得到妥善处理，个体可能会在后来的生活中通过强迫性重复来重现这些关系。来访者与父母之间的抛弃与被抛弃关系模式被内化，这也是来访者熟悉的一种人际模式，她在婚恋关系中反复结束关系的行为，其实是她寻求安全感与控制的一种方式。

三、本案例使用了什么人格面具技术

在本案例中，咨询师主要使用了以下人格面具技术：

1. 命名技术：咨询师帮助来访者识别并命名了她的"弃婴面具"，将其命名为"小润"。通过命名，来访者能够更清晰地认识到自己在亲密关系中的行为模式背后的心理动因。

2. 观想技术：咨询师引导来访者通过观想技术，将"小润"形象化。来访者在观想中看到了一个4岁左右的小女孩，穿着破旧，手里拿着小摇鼓，表现出恐惧和孤独。通过观想，来访者能够更直观地感受到自己内心深处的"弃婴面具"，并与之进行对话和互动。

3. 感受技术：咨询师引导来访者进入"小润"的身体，感受她的恐惧、孤独和无助。通过这种"面具转换"，来访者能够更深刻地理解自己童年时期的创伤如何影响了她成年后的亲密关系。在感受过程中，来访者经历了从恐惧到逐渐接纳"小润"的过程，最终能够与"小润"建立一种新的关系，不再被她的恐惧所

控制。

4. 面具整合与接纳：通过多次观想和感受，来访者逐渐接纳了"小润"这一面具，并意识到"弃婴面具"并非完全消极，它在某种程度上也推动了她的事业成功和自我提升（如"自强者面具"的变体）。咨询师帮助来访者将"弃婴面具"与"自强者面具"进行整合，让她意识到自己既有脆弱的一面，也有坚强的一面，从而在亲密关系中更加自信和从容。

四、咨询中的面具互动

在咨询过程中，咨询师与来访者之间的面具互动主要体现在以下几个方面：咨询师的"爱心大使"面具：咨询师在整个咨询过程中扮演了"爱心大使"的角色，通过无条件的接纳和共情，帮助来访者感受到被理解和被支持。这种温暖的咨询关系为来访者提供了一个安全的环境，使她能够敞开心扉，面对自己内心深处的创伤。

咨询师的"精神导师"面具：咨询师在引导来访者进行观想和感受时，扮演了"精神导师"的角色，帮助来访者深入探索自己的潜意识，理解"弃婴面具"的根源及其对亲密关系的影响。通过这种引导，来访者逐渐意识到自己的行为模式，并开始尝试改变。

本案例通过人格面具技术，尤其是命名、观想和感受技术，帮助来访者 LL 深入探索了她在亲密关系中的行为模式背后的心理动因。咨询师通过"爱心大使"和"精神导师"面具，与来访者的"求助人"面具进行了有效的互动，帮助她逐步接纳和整合自己的"弃婴面具"与"自强者面具"。最终，来访者能够在意识层面建立"自己是值得被爱"的观念，成功进入了一段新的恋情，情感困扰得到了显著改善。

人格面具表演技术

当来访者感受到了人格面具的身体、情绪和思想，就可以通过表情、动作和语言把它们表演出来，所以，表演就是行动化（enactment, acting out）。

有的人在感受的时候就会有很强的情绪反应，但这不是表演。这样的情绪反应是自动的、不由自主的，而表演是自觉的、有意的、可控的。情绪反应属于发作，需要抽离和克制，而表演可以稍微夸张一些。

人格面具的表演与通常意义上的表演不同，后者也叫"角色扮演"，是扮演某个角色，而人格面具的表演是扮演自己的某个人格面具。

一、作用

1. 增强感受

自我觉察包括观想和感受两个方面，当一个人格面具出来的时候，或者一个人在使用某个人格面具的时候，他的感受就是人格面具的感受，对这种感受保持觉知，等于对这个人格面具有了觉知。有时候感受很微弱，很难被感受到。这时候，让自己进入人格面具，像人格面具那样行事，可以明显增强感受。另外，夸张的表演就是人为地增强对人格面具的感受。

2. 整合

观想和感受都有宣泄作用，相对而言，感受比观想的宣泄作用要强一些，而表演比感受的宣泄作用更强。这是因为，感受只是感觉，而表演是"运动"。为了加强宣泄的作用，表演的时候还可以适当夸张一些。

莫雷诺把宣泄分为两种，一种是"发泄性宣泄"，一种是整合性宣泄。感受属于前者，表演属于后者。发泄性宣泄是自发的，具有宣泄的功能，但没有整合的功能。整合性宣泄是自觉的、带着觉知的，所以具有整合的功能。

3. 创建

表演还有行为训练的作用，就是通过表演，使当事人学会某种行为模式，形成某个人格面具,也称"行为排练"或"行为演练"。当一个人熟练掌握扮演某个人格面具的技巧时,他就可以随心所欲地戴上或摘下人格面具,进出自由,收放自如,说明他已经能够驾驭人格面具了。

4. 驾驭

很多人会被人格面具牵着鼻子走,人格面具一上脸,就会完全控制他的身体,令他身不由己,很多心理问题都是这样引起的。一旦学会驾驭人格面具,就不会受制于人格面具,而能支配和控制人格面具,做人格面具的主人,避免心理问题的发生。

二、方法

经过感受,当事人了解了人格面具的内心活动之后,就用表情、动作和语言把感受表演出来。

表演和感受的区别:

(1)感受是用语言描述人格面具的身体感觉,如心慌、胃胀、发冷、背痛、头晕等,表演是用表情、动作和语言展现身体感觉,如皱眉头、捂胸、发抖、呵气、叫喊、"好冷啊"、"我要倒了";

(2)感受是用语言描述人格面具的心情,如快乐、悲伤、愤怒、恐惧,表演是用表情、动作和语言把心情展现出来,如笑、哭、捶胸顿足、全身发抖、呻吟、叫喊、骂人、"不要碰我"、"我要杀了你";

(3)感受是用语言客观、"平静"地描述人格面具的思想,包括对当前状态的看法、历史回顾、愿望,表演是带着情感地表达人格面具的思想。

表演需要情节。引导者要向来访者了解,这个人格面具是在什么情况下形成和被激活的,它的"对手"(对应的客体面具)是谁?必要的时候,引导者要扮演对手,与来访者配戏。但是,引导者的主要任务是引导来访者表演,而不是激发来访者的情绪。激发出来的情绪属于"发作",容易把来访者带走,而表演出来的情绪是在来访者的掌控之下的。

YR是一名心理老师,她的课经常被其他老师占用。有一次上心理课,学生被班主任叫去排练节目,迟迟没有回来。她派学生去叫,派去的学生也没回来,过了十几分钟，学生才陆陆续续地回来，她很生气，骂了学生，班主任听到了，过来道歉。课没法上了，她只好让学生自习，自己找班主任解释。

面具分析：被轻视者。

观想：长发，很乱，灰色，长脖子（木头做的），马脸，假眼，能动，长睫毛，小尖鼻子，红嘴唇，尖下巴，黑白呢大衣，没有表情，有点失落，想离开这里，但不能动荡，因为它是木偶。

感受：进入木偶的身体，全身僵硬，脖子最硬，冷，只有眼睛和手能动，失落，委屈，愤怒，主人造了她，但没造好，就把她丢弃了，和废物放在一起。她认为自己和这些废物不是同类。她想离开这里，到外面去，晒晒太阳。流泪。

表演：她模仿木偶的姿势，笔直地站着，眼睛骨碌碌转，模仿机器人的声音说："我是一个漂亮的木偶，主人没有把我造好，所以把我丢弃在这里，和废物一起，我很委屈。其实我和他们是不一样的，虽然没造好，也可以派上用场，譬如当稻草人，驱赶麻雀，或者当柱子，供小朋友跳橡皮筋。没把我造好，说明主人没本事，不是我的错。主人这样对我太不负责了，我很生气。"

引导者叫她把委屈和愤怒表现出来。她说她是木偶，身体不能动，没法表演。

引导者说，看来你跟废物没有区别，你就是废物，你这个样子当稻草人也赶不走麻雀，小朋友也不喜欢跟你玩。她热泪刷刷地下来。

引导者说，你只能待在这里。她说好吧。

引导者说，你现在还有什么想法？她说，没有想法，只有无奈，认命，但心里还是不服。

过了一会儿，引导者说，现在我把废物清除出去，你有什么想法？她说，这样好啊，房间大了，太阳也照进来了，主人可能会把这里装修成工作室，制造更多的木偶，说不定还会把她加加工，但这些都还是不确定的。

三、注意事项

先感受，后表演。相对于表演来说，感受就是热身。

很多人在感受的时候会自动表演，但这不是真正的表演，而是发作，说明他被人格面具带走了。必须抽离出来，带着觉知去感受。充分感受之后，再进行表演。表演是驾驭人格面具，可以夸张一点，也可以节制一点，根据情况而定。感受通常是闭着眼睛的，表演必须睁着眼睛。

早在两千多年前，亚里士多德就指出，戏剧具有净化心灵（catharsis）的作用。弗洛伊德认为，精神分析的作用也是净化心灵。歌德在《里拉》一剧中展示了戏剧的心理治疗作用。主人公里拉一直害怕其丈夫死于沙场，最终出现心理症状，包括被食人魔折磨的幻想。他的医生引导她的亲戚去扮演食人魔的角色，把里拉的梦魇表现出来，结果里拉的病好了。

二十世纪初，戏剧治疗在世界各地蓬勃发展起来，并形成了三大流派：莫雷诺的心理剧、兰德的角色法和约翰逊的发展转化法。

莫雷诺是精神科医生，但对戏剧很感兴趣。他听过弗洛伊德的课，但觉得精神分析太理性。他认为行动比语言更能表达情感，释放情绪。他所创建的心理剧就是让来访者把心理问题表演出来。在这个过程中，其他人可以扮演来访者生活中的重要人物，称为"辅角"，也可以扮演来访者，称为"替身"（double，站在来访者旁边，跟来访者说一样的话，做一样的动作）和"镜映"（mirroring，代替来访者表演，让来访者当观众），来访者则叫"主角"。导演通常不参与表演，如果没有其他人，可以用物品（譬如空椅子）当辅角。

兰德是戏剧出身的，熟悉莫雷诺的心理剧，后来自创角色法。角色法不是直接演来访者的故事，而是现场另编一个故事，由来访者轮流扮演故事中的角色。通常不需要其他演员，必要的时候导演（治疗师）会跟来访者演对手戏。

发展转化法更像游戏，而不是戏剧，没有故事情节，完全即兴表演。导演通过各种方法把来访者调动起来，让他哭，让他笑，让他发泄，把情绪充分释放出来。

心理剧比较情绪化，而角色法比较理智。前者接近斯坦尼斯拉夫斯基体系，后者接近布莱希特体系。

斯坦尼斯拉夫斯基认为，戏剧属于表现艺术，所以必须真实。为了让演员表演得更加真实，他会采用各种方法激发演员的情绪，譬如在演员的鞋子里撒小石子来帮助演员表现痛苦。布莱希特则认为，戏剧属于再现艺术，演员展现的不是自己的情绪，而是角色的情绪，所以不能太真，应该保持"距离"，以免观众把演员和角色混淆。有一个传说，一个演员在扮演一个恶棍的时候，因为演得太像了，激发了观众的情绪，一个观众向他开了一枪，把他打死了。斯坦尼斯拉夫斯基评价他是世界上最优秀的演员，而布莱希特评价他为最蹩脚的演员。

面具表演应该采用布莱希特体系，保持"审美距离"，发挥"隔离效应"，使来访者在表演的时候保持理智，以免把表演变成发作。

莫雷诺也承认，"表现"只有宣泄的功能，没有整合的功能。所以，他引进了替身、镜观等技术制造审美距离，把表现变成"再现"，以增强整合的功能。

需要注意的是，人格面具的表演不同于传统的戏剧治疗。在戏剧治疗中，表演者扮演的是角色或"他人"，而在人格面具表演中，表演者扮演的是他自己的人格面具。所以说，人格面具表演才是真正的"心理剧"，莫雷诺的心理剧和兰德的角色法是"社会剧"，人格面具表演所展现的是当事人的内心（人格面具），戏剧治疗所展现的是当事人的人际关系（家庭、社会）。

也有人说，戏剧治疗看起来是扮演他人，其实不是扮演真实的他人，而是扮演内在的他人或他人的表象，即客体面具。所以，戏剧治疗与面具表演无异，戏剧治疗的原理可以用人格面具理论来解释。这个说法很有道理，但不知道莫雷诺和兰德会不会接受。

为了更好地表演，可以适当运用道具和面具。

当表演武士面具时，拿一件武器会更有利于表演。当表演乞丐面具时，拿一个破碗、拄一根拐杖、弄乱头发会更有利于表演。这是因为，道具和化妆可以帮助来访者更快地转换面具、进入"角色"。

Persona 的本义就是面具（mask）。随着希腊文明的衰落，它被淡忘了。当荣格重新发现它时，它的本义已经丢失，荣格赋予它"人格面具"的新含义。人格面具是无形的，面具是有形的。如果让来访者戴上面具，可以更直观地展现人格面具。

在戏剧表演中，面具是一种很常用的道具。它具有双重作用，一方面可以让演员更容易进入角色，另一方面又可以制造距离感，避免演员把自己与角色混淆。演员一旦戴上面具，等于宣布"我已经不是我了"，我变成了"他"（人格面具），我不再为我的所作所为负责。这种情况类似于网络世界（虚拟空间）的匿名性，人的一部分本性就解放出来了。这个时候很难说到底戴上面具是真实的，还是摘了面具是真实的。

如果来访者入戏太深，表演变成了发作，引导者要及时喊停。一般说来，如果来访者停得下来，说明入戏还不算太深，可以继续表演。从某种意义上讲，喊停可以起到抽离、隔离的作用，更有利于来访者驾驭面具和整合面具。如果停不下来，就要强制结束表演。

有的人表演结束了，却仍然沉浸在人格面具中，无法出来，甚至把人格面具带到生活中去，造成不良影响。遇到这种情况，引导者要帮助表演者从人格面具中出来。如果是戴着面具表演的，从人格面具中出来会比较容易，摘下面具就可以了，必要的话也可以跟面具说声"再见"。如果不是戴着面具表演的，就要引导来访者做几个深呼吸，慢慢地从人格面具中出来。然后问来访者几个"现实问题"：你是谁？这是什么地方？现在是几月几日？看他是不是已经出来。如果还没出来，就要告诉他他是什么人，这是什么地方，现在是几月几日。

我都活不下去了，怎么还管得了你的死活

张静

一、案例报告

（一）基本情况

女，42岁，一儿一女，儿子16岁，女儿5岁。自己工作条件不错，收入不菲，老公也有一份令人羡慕的公务员工作。在外人看来，他们一家已经算得上中上阶层，一切都还OK。可是，儿子居然在学校出现自杀行为，被老师告知后带过来做咨询。在首访过程中发现儿子抑郁程度为轻中度，而来访者的抑郁程度超过儿子，是中重度，来访者居然对着儿子直言："我自己都活不下去了，哪还能管你的死活。"

（二）成长史

来访者爷爷是很有本事的手艺人，关门弟子是来访者舅舅。当年舅舅把来访者妈妈介绍给爷爷，爷爷肺癌死前把父母的婚事给办了，父母都是公职人员。妈妈曾经喜欢一个教师，外公不同意，让妈妈嫁给了爸爸。妈妈有洁癖，来访者从小没玩过水、泥巴，生活技能无。来访者从小跟奶奶一起生活，有个弟弟和妹妹。但是来访者不想在奶奶身边长大，因为奶奶总是指责她、挑剔她甚至嫌弃她。父亲经常家暴母亲，还经常出轨。来访者10岁时母亲想离婚，外公说不让来访者住他家，即便离婚了，孩子也是父亲家的，来访者妈妈说不离婚了，结果第二年就上吊自杀了。当时来访者出去了一下不在家，回来妈妈已经自杀，来访者非常内疚，觉得妈妈是自己害死的，自己不应该出去。父亲在妈妈死后一个月就再婚了，父亲在妈妈走后找了五个老婆。来访者在妈妈死后做过一个梦，梦中妈妈拿着农药走过来问来访："你想跟我一起死吗？"来访者12岁时就想死。来访者12岁还不会洗澡，妈妈走后感觉自己很没用。四五年级的时候遇到了一个好老师，教来访者各种生活技能，那两年过得还不错。来访者20多岁时舅舅给

她介绍了一个工作,父亲带着跟来访者一样大的女友来公司,惹得大家议论纷纷,令来访非常难堪,从而辞职。来访者后来找了个外地人当老公,就是不想让他知道自己家以前的事情。婚后丈夫多次出轨,曾经得过抑郁症,没有吃药,去杭州参加家排学习两年多。学习结束以后抑郁症有所好转但是没有彻底好转。回来以后早就听说了我这里有个工作室,但是一直没有过来,直到儿子在学校出了问题才过来咨询。

(三)个案概念化和咨询方案

来访者的问题首先是现实问题,儿子在学校出现自杀行为,引起来访者的高度焦虑;其次,妈妈的自杀让来访者非常内疚,这个可以作为一个童年创伤来处理;最后,来访者与丈夫的关系其实也是来访者与父亲关系的延续,也是需要处理的。

(四)各次咨询的情况及咨询效果

首访以后,妈妈确定母子俩分开做咨询。妈妈要求先帮儿子处理他的自杀问题,然后再处理她自己的问题,虽然首次访谈结果母亲的抑郁比儿子还严重,但是妈妈表示自己可以扛得住,不会自杀。所以我们确定先给儿子做咨询。

1. 儿子的咨询过程

迄今为止,儿子做了8次咨询,儿子已经恢复正常上学,自杀行为无,自杀意念无。

首次访谈中跟儿子进行个别谈话的时候,儿子提到为什么要自杀,原因有二:(1)妈妈要求过高,他达不到妈妈的要求,感觉活着没意思。(2)刚进入职高差不多一年的时间里,在寝室里遭受了室友的霸凌,例如语言攻击,各种捉弄,他觉得自己承受不了,觉得生不如死。在这两个因素下,他选择了想要跳楼。

当我问起他的成绩的时候,他表示小学三年级之前成绩还好,四年级开始成绩下滑,成绩下滑以后经常遭受妈妈的指责,经常拿他和别人比,甚至认为自己成绩下滑和平板有关,就把平板和手机都砸了。在咨询过程中,我发现孩子的语言表达能力比较差,眼神不灵活,思维比较缓慢,我的直觉告诉我这个孩子的智商也许不如常人。如果真是这样,妈妈对孩子的学习要求跟别人一样的话,这显然对孩子不公平,孩子也的确难以做到。所以在首次访谈结束以后,我跟妈妈有个反馈,希望她带孩子做一个智商测试。妈妈听到我这么说,当场就流下了眼泪,说:"老师,其实我儿子在小学四年级就做过智商测试,当时那个医生说孩子智商大概只有八九十,让我对他学习要求不要太高,我一直不相信,我不认命,我的儿子怎么会这样呢?我难以接受!现在您也这么说,看来是真的了。我不该逼他,不该拿他和别的孩子比!老师,其实我早就知道您了,早就想过来做咨询了,只是因为一些原因还没过来,我想这次来对了。"

关于在学校受到室友霸凌的事情,我问孩子是否需要告知父母时,孩子表示自己曾经跟妈妈说过同学欺负他,但是妈妈说:"你只要管好自己就行了,不要管别人说什么做什么。"他听了也不知道该怎么办。所以,我们确定咨询目标为两个:(1)学习目标和职业生涯规划;(2)如何应对霸凌事件。

在第二次咨询的时候,儿子的情绪明显比第一次好多了。在问起妈妈对他的学习要求的问题时,他说妈妈跟他说了,只要他认真学习,真的考不好,妈妈不会怪他,他说自己现在在学习上没有那么大的压力了。关于室友霸凌的事情,他说没有告诉班主任。我告诉他,如果那个室友一直这么对待他,他是可以要求老师换寝室的,同时,我们也要学会如何应对别人的这些霸凌行为。在接下来的三次咨询中,我们重点演练如何应对别人的霸凌,如何怼别人,如何正面向别人提出抗议和要求。在第六次咨询的时候,他已经是高二学生了。他说已经跟班主任说了要换寝室,现在的寝室室友对他非常友好,大家都能玩到一块,他很开心。他表示回家都会怼妈妈了。最后三次咨询我们锁定学习目标和职业规划。第八次结束的时候,他说自己现在很开心,也没有死亡的念头了,没有什么事情需要继续咨询了,所以他决定结束咨询,于是我们达成了一致决定。

2. 妈妈的咨询过程

来访者也已经做了 26 次咨询。在第一次咨询过程中,来访者就痛哭流涕,陈述童年时自己的妈妈因为抑郁症而自杀,自己当时不在妈妈身边,因此非常内疚,觉得是自己害死了妈妈。

来访者与儿子的关系:来访者对儿子的学习有较高的期待,从来没有表扬过儿子。孩子五年级之前因为夫妻关系问题而经常把情绪宣泄在孩子身上,甚至会打孩子,把孩子的平板、手机也砸了。接送儿子上学、培训等很频繁,很苦,因为经常要请假接送儿子而被领导说要裁员,很想辞职,但又怕没收入。自己得了抑郁症,不想看见孩子。

来访者与老公的关系:因交往三年的男友劈腿而断交,隔一年认识现在的老公,交往后不久就裸婚。老公从部队转业后成了公务员,后来还频繁出轨。最后一次是老公出轨对象的前男友要告老公,是来访者帮他摆平的,否则老公就会被开除。可能是这次动静太大了,老公终于收敛了一些,不再出轨,但是还有跟别的女人有暧昧关系,每逢敏感节日,还会送其他女人礼物,但是老公从来没有送给来访者礼物。老公双休都去跑马,把孩子留给来访者一个人照顾。不离婚是不甘心,不想把"好果"给他,同时也不想因为自己的婚姻影响孩子。怀二胎是为了挽回老公,让他归心。

咨询目标:我们确定了以下咨询目标:(1)调整情绪状态,调整与儿子的关系,(2)疗愈童年创伤,(3)调整夫妻关系。

3. 面具分析

来访者童年主要人格面具为苦命人面具,具体事件为:

(1)妈妈38岁那年自杀身亡,留下姐妹俩,来访者是老大(客体面具:妈妈的抑郁者面具,主体面具:苦命人、弃婴面具)。

(2)父亲在妈妈生前就一直在外面拈花惹草,对俩孩子不闻不问,来访者跟着奶奶长大。父亲在妻子自杀以后,不停地交女友,不停地离婚再娶(客体面具:爸爸的不忠者面具,主体面具:苦命人、弃婴面具)。

(3)来访者在父母闹离婚时去外婆家,外公不让进门,让她回父亲家(客体面具:外公的暴君面具;主体面具:弃婴面具)。

(4)在伯伯家住过一段时间,被伯母冤枉偷钱,白天吃堂哥吃剩的饭菜,晚上睡地铺(客体面具:伯母的暴君面具;主体面具:被冤枉者、不配者面具、弃婴面具)。

(5)去父亲新家住,回来的时候还没出门,后妈就已经把被套拿去拆洗了(客体面具:后妈的暴君面具;主体面具:弃婴面具)。

(6)来访者妈妈去世后一直和奶奶住,照顾奶奶,帮她管理财务(主体面具：照顾者面具）。

（7）奶奶一直会说她长得不漂亮，会嫌弃她这儿不好那儿不好，让她觉得自己不配（客体面具：奶奶的指责者挑剔者面具；主体面具：不配者面具）。

（8）从小都很乖巧，很勤劳，很听话（主体面具：讨好者面具）

这些面具一直影响着来访者的生命，给来访者带来很多困扰：

（1）来访者把妈妈抑郁者客体面具内化，变成自己的主体面具，从而自己也得了抑郁症。而自己的抑郁状态影响了儿子的心理健康状态。随着来访者咨询过程中抑郁状态的改善，情绪也得以好转，不再会把情绪宣泄在儿子身上了，儿子也慢慢好起来了。

（2）为了不让老公知道父亲是这样的人，嫁给一个外地人，结果老公也和父亲一样一直拈花惹草（父亲的不忠者客体面具投射到老公身上，老公投射性认同）。

（3）老公非常小气，生活费都没给来访者，来访者自己赚钱付一家人生活费。照顾奶奶的主体面具一直延续到现在的婚姻里，也充当着照顾者。

（4）本来可以有一个更好的工作，但是因为觉得自己不配而错失了机会。在和老公的关系中，一直觉得自己配不上老公，感觉老公不会爱自己，感觉老公会爱上别人。这些都是不配者面具在背后捣鬼，也就是苦命人面具。

（5）在工作中总是任劳任怨，比别人干得多但是没有相应回报。讨好者面具作祟的结果。

（6）来访者夫妻关系经常很紧张，来访者会看老公这里不顺眼，那里不顺眼。这是来访者把奶奶的指责者挑剔者内化变成主体面具的结果。

本个案主要采取事件分析、成长史分析、重要他人分析以及人格面具观想的技术。人格面具分析如上。

4. 重要面具的处理

（1）妈妈面具观想：来访者观想出来的妈妈非常漂亮，大大的眼睛，长长的波浪卷发，扎一个马尾，穿着很清爽、很秀气，态度和蔼可亲。来访者问妈妈是否怨她在妈妈自杀的时候不在妈妈身边，妈妈说不会怨她，即使她在身边，妈妈没有机会自杀，也会找别的时间地点自杀，妈妈的自杀跟她无关，她阻挡不了。

来访者问妈妈怎么舍得抛下自己和妹妹，妈妈回答说自己都活不下去了，怎么管得了她们。听到妈妈这么回答，来访者泣不成声，说自己也是这么对儿子说的！来访者说看到了自己身上有妈妈的影子。来访者问妈妈看到现在的女儿这个样子会不会失望，想不想让女儿过得好些？如果妈妈没有自杀女儿一定会过得更好。妈妈说自己虽然知道这样对女儿不好，但是也无能为力，她没有其他选择，这是她唯一的选择。来访者听了长长地叹了一口气，我问她叹气代表什么？她说她知道了妈妈不是万能的，妈妈有妈妈的局限和无奈，她不再强求妈妈了，自己过好自己的生活吧。

（2）恐惧者面具观想：来访者说自己经常胸口感觉很闷，有一种莫名的恐惧感，但是不知道这份恐惧感来自哪里。我们做了一个恐惧者观想，这个恐惧者大概只有六七岁的样子，个子非常瘦小，穿着很破旧，眼睛大大的，眼里满是恐惧。这个小女孩来到了一个很黝黑、很恐怖的村庄，然后她慢慢靠近村庄，来到了一座房子跟前，她说这个房子是她姥姥姥爷的房子。她叫开了房门，姥爷出来了。然后看到是她，就让她回家，姥爷说："你爸妈要离婚了，离婚了以后，你就不是我们家的人了，你去你爸爸那儿吧。"小女孩听到姥爷这么说，非常伤心，就站在那儿哭。我让她跟姥爷说，我今天过来不是要住在这里，我只是来看看的，然后姥爷让小女孩进去了。小女孩进去以后看到姥姥，姥姥抱着她哭，说自己没有赶她走的意思，是姥爷坚持这样做，自己也没有办法。小女孩也和姥姥一起抱着哭。哭够了，小女孩在房子里走了一圈，然后对姥姥说我要走了，以后不会再来了。然后小女孩跟姥姥挥泪告别，走了出来。出来以后，小女孩的回家路上有一个坟场是必经之路，这时候已经是夜深了，路上一个行人都没有，小女孩非常害怕，她边哭边走。我让来访者走到小女孩身边，告诉她，我今年38岁，是你的大姐姐，你不要害怕，有大姐姐陪着你回家，于是来访者牵起小女孩的手，送她安全到家。小女孩非常开心，也非常安心，对大姐姐依依不舍。这次观想以后，下周去回顾的时候，来访者说自己平常胸口那种莫名的恐惧感已经消失了。她说自己从来都不知道原来这种恐惧感来自这个陈年旧事，如果不是观想，她根本已经忘得一干二净了。

在妈妈面具和恐惧者面具观想以后，同时弃婴面具也得到了修复。因为妈妈的自杀和外公不让进门都激发了来访者的弃婴面具,随着妈妈面具和恐惧者面具的处理,弃婴面具的创伤也同时得到了修复。

(3)其他面具的觉察

在谈到老公出轨的事情对来访者的影响时,她表示之前是非常难以接受的,后来去杭州做了两年家排以后,已经慢慢接受了。只要他不再继续出轨,现在这种跟别的女人的精神出轨是在可以接受的范围,只是不希望老公在敏感节日送别的女人礼物,自己也不会向老公要礼物。我们分析出来这是不配者面具在作祟。谈到这些时,我们确定了要正面向老公提出请求,并且要学会向老公要礼物。在第4次咨询时,我们进行了不配者面具的观想。在这次观想之后,下次来访者咨询时说,自己向老公正面提出请求的时候,老公都会答应她,也会满足她。在经济方面和家务、带孩子等方面,她学会提请求(释放了照顾者面具)以后,大大地提升了幸福感。同时,她也学会了放手,有些事情就留给老公干,而不是抢着干。现在突然发现,老公其实比自己能干,很多事情干得比自己还好。

来访者说自己和老公的关系有时候不太好,然后叙述了一些事情说明发生了什么。在这个过程中,咨询师引导来访者自己去分析自己的人格面具。来访者分析出来说,最主要的是挑剔者。来访者总是挑剔老公,觉得老公这里不好那里不是。来访者说这个挑剔者面具来自于奶奶,她把奶奶的挑剔者内化了,变成了自己的主体面具,在老公那里使用,从而导致夫妻关系不好。来访表示愿意经常去觉察这个面具。来访者是个悟性很高的人,所以她在日常生活中一边觉察就能一边降低这个面具的能量。后来又在分析过程中发现,老公有一个孩子面具。以前来访者经常觉得老公很不正常,不能以大人的视角去对待。现在,来访者看到老公的小孩面具会觉得很可爱,没什么不好。来访者在分析过程中还发现自己有一个完美主义者面具,什么事情都要自己来,不放心交给老公。后来试着放下,让老公去处理一些家庭琐事,发现老公比来访者更细心、更可靠,这下完美主义者也放下了。挑剔者面具也在不断觉察中慢慢释放能量,现在夫妻关系得到了调整。

二、问题的综述

（一）来访者的主要问题是情绪问题、童年创伤问题，以及亲密关系问题。

（二）以下是主要心理学流派处理情绪问题的方式：

1. 精神分析流派

认为情绪问题源于潜意识中的冲突。比如童年时期的创伤经历被压抑到潜意识中，会以焦虑、抑郁等情绪问题的形式在成年后出现。

治疗情绪问题主要通过自由联想和梦的解析等技术，帮助个体挖掘潜意识中的冲突，使潜意识意识化，从而缓解情绪问题。

2. 行为主义流派

强调情绪是对外部刺激的反应。情绪问题是通过不良的学习过程形成的错误行为模式。例如，一个人在特定情境下多次受到惊吓，就会对该情境产生恐惧情绪。

主要通过系统脱敏法、暴露疗法等行为疗法来处理情绪问题。系统脱敏法是让患者逐步面对引起情绪问题的刺激，同时放松身体，从而减轻情绪反应。

3. 认知流派

认为情绪产生于个体对事件的认知和评价。比如，同样是面对考试失败，一个人认为是自己能力不足就会产生沮丧情绪；另一个人认为是这次运气不好，可能情绪就比较平和。

治疗上主要采用认知疗法，帮助患者识别和改变不合理的信念和思维方式，从而调整情绪。例如，通过让患者记录自己的自动思维，分析其中的不合理之处，进而改变情绪反应。

4. 人本主义流派

强调人的自我实现倾向，情绪问题往往是因为自我实现的过程受到阻碍。如个体在成长过程中没有得到足够的尊重和接纳，可能会产生自卑、焦虑等情绪。

主要通过提供无条件积极关注、真诚和共情的治疗环境，帮助个体认识自己的情绪，挖掘自身的潜能，从而解决情绪问题。像来访者中心疗法，咨询师专注于倾听和理解来访者,让来访者自己找到解决情绪问题的办法。

以上各派的方法各有侧重,看起来也比较繁琐。但是,运用人格面具技术就非常简单,只要咨询师充当爱心大使的角色,通过让来访者观想、感受、表演苦命人面具,让来访者苦命人面具的能量得到充分释放就行。其他包括童年创伤也一样。

至于亲密关系,只要咨询师充当好爱心大使、灵魂伴侣和精神导师的角色,慢慢让来访者感受到被理解、被接纳,苦命人面具在观想、感受、表演的过程中能量得以释放,慢慢转化成幸运儿面具,问题就解决了。所以,我认为人格面具技术是处理这些问题最快速、最简单易行的技术。

三、人格面具分析技术和观想技术

本案例使用人格面具技术中的分析技术和观想技术。

根据来访者的叙述,分析出相关的人格面具,使来访者对自己的问题有了深刻的了解。通过观想,对妈妈面具和苦命人面具进行了进一步处理。

四、咨询过程中来访者和咨询师的面具互动

在本个案的咨询过程中,咨询师主要采取爱心大使的角色,让来访者内在的小女孩感受到爱和接纳,从而疗愈童年失去妈妈的创伤和弃婴面具,继而使情绪得到了改善;在聊到爸爸这个角色时,回忆起小时候一直被爸爸指责,突然领悟到自己沿袭了爸爸对待自己的方式,以这种方式对待自己的儿子。此次顿悟之后,改变了对待儿子的态度,继而改善了亲子关系;同时,咨询师的爱心大使面具使来访者慢慢接纳自己的缺点,苦命人面具慢慢变成幸运儿面具。随着幸运儿面具的慢慢唤起,来访者在跟老公的互动过程中运用幸运儿面具,也慢慢改善了夫妻关系。咨询师还运用了灵魂伴侣的角色,去理解她,让来访者感觉被同理,使来访者多年淤积于胸的郁闷之情慢慢消除。咨询师还运用了精神导师角色,旁敲侧击,变着法让来访者明白她自己婚姻中出现的问题是什么问题,如何解决。

人格面具 OH 卡技术

OH 卡又名"无意识投射卡",可以把无意识的内容投射到卡片上。来访者在卡中看到什么,说明内心有什么。OH 卡分很多种,其中一种叫"人像卡",英文是 Persona,就是人格面具。

一、作用

1. 外化

用 OH 卡代表人格面具,可以把人格面具外化,让来访者看见。

2. 分化

用不同的 OH 卡代表不同的人格面具,就把人格面具分化开来了。

3. 整合

把不同的 OH 卡排列起来,"放在一起",就是对人格面具的整合。

4. 安置

来访者可以与 OH 卡互动、对话,也可以跟 OH 卡互换"角色",以便感受 OH 卡的感受,站在 OH 卡的立场上看问题,用 OH 卡的脑子思考问题,以达到理解、接纳、整合和安置的目的。也可以以旁观者的身份看待 OH 卡,把自己抽离出来,冷眼旁观,对自己的内心状况、人格面具和心理问题保持超然的觉知。

二、方法

人格面具 OH 卡分三种:

1. 随机法

随机抽取卡片若干张,或由别人帮忙抽取,然后让来访者仔细观察、描述卡片中的人的外貌(包括性别、年龄、五官、头发、衣着打扮、表情),以及心情、思想、身世,必要的时候与卡片中的人对话、互动,然后把卡片翻过来,贴在鼻子上,想象自己变成卡片中的人,去感受他的身体、心情、思想、身世,用卡片中的人的感官去感知外界，用卡片中的人的身体去行动，替卡片中的人实现愿望。

PG随意抽到三张人格面具卡，翻过来一看，立即陷入沉思。过了好一会儿，她说，他们分别是死人、迫害者、正直的法官。但是，仔细看，"死者"并没死，眼睛还睁着，可能快要死了。"死者"是自己，"迫害者"是自己的上司，"正直的法官"不知道是谁。

开始的时候，她和上司配合得非常好，后来她生病了，需要休息，但上司不让她休息，继续给她派很多任务，她很无奈，有两次想从楼上跳下来。老公得知她的情况，叫她辞职，但她不愿意。引导者让她再挑一张人格面具卡代表"病人"，她选了一个慈祥的白胡子老头。

引导者让她以"病人"的身份跟"上司"（迫害者）对话。她说："我需要工作，工作对我非常重要，我很想把工作做好，但是，我病了，那是没有办法的事。我也不想生病。如果没有病，我是很享受工作的状态的。"

引导者打断她，告诉她这不是"病人"说的话，而是另一个人格面具。这个人格面具很听话、很讨好、热爱工作、具有献身精神。引导者让她挑一张卡代表这个人格面具，她挑了一个漂亮的女人，她称之为"千里马"，因为上司自称"伯乐"。

她其实非常享受"千里马"的状态，她很感激上司给她带来很多荣誉。即使发生了上司不让她请病假的事情，她们仍然配合得很好。所以，她不敢得罪上司，只想通过非常婉转的方式换一个岗位。她甚至并不想换岗位，只想工作轻松一点。同时她对自己的"好逸恶劳"和"懒惰"感到愧疚。所以，当她需要请病假的时候，她的态度也很不坚决。可是，她确实病了，已经无法正常工作了。

这些话对大家都有触动，而她自己没有任何感觉，这是因为这些话从脑子到嘴里，没有经过心。引导者让她用心感受"病人"，再说说她的病和病后的心理活动。这一次，她有点激动。

她回忆起小时候妈妈非常重视她的学习，反复强调学习的重要性（如果不努力学习，将来就没有好的工作，就没有生活保障），所以她学习非常努力。上班以后，则工作非常努力。现在，其实不再需要那么努力了。老公收入很高，对她

§ 我都活不下去了，怎么还管得了你的死活 §

很好，家境也不错。她对"生活没有保障"的恐惧来自小的时候。而"病人"不断地提醒她，应该缓一缓了，不要再那样拼命了，需要休息和治病。但是，她的理智不接受"病人"的意见，认为"病人"一直在拖她的后腿。

PG 认为头三张卡分别代表自己、上司和正直的法官。她所说的"上司"可以理解为真正的上司（客体），也可以理解为她心目中的上司（客体面具）。人格面具理论倾向于后者。从某种意义上讲，纯粹的客体是不存在的，除非"客体"亲自到场，来访者所描述的客体都是客体面具。同样，来访者所描述的"自己"也不是整个自己，而是自己的一个人格面具。

2. 直觉法

让来访者自己挑选最有感觉的卡片若干张，然后仔细观察、描述卡片中的人的外貌（包括性别、年龄、五官、头发、衣着打扮、表情），以及心情、思想、身世，必要的时候与卡片中的人对话、互动，然后把卡片翻过来，贴在鼻子上，想象自己变成卡片中的人，去感受他的身体、心情、思想、身世，用卡片中的人的感官去感知外界，用卡片中的人的身体去行动，替卡片中的人实现愿望。

YX 选了三张人格面具卡，一张是"女王"，年龄偏大，但非常端庄；一张是"帅哥"，有点像汤姆·克鲁斯；一张是"歌女"，打扮很艳丽，脸有点模糊，估计很漂亮，嘴唇很红。

她说，三张人格面具卡分别代表她、老公和女儿。"女王"是她自己。她是企业高管，做事干练，在下属面前很有威望，老公和孩子都说她强势。"帅哥"是老公，但老公实际上没这么帅，甚至可以说比较难看，但人品很好，对她非常好。他是公务员，工作比较清闲，很多时间在家里，家务全包，还有时间种花、养鱼。"歌女"是女儿，喜欢唱歌跳舞，性格非常张扬，整天疯疯癫癫、咋咋呼呼，语文成绩还可以，数学一塌糊涂。她自己是理科女，所以怀疑女儿是不是她亲生的。

她自己小的时候也喜唱歌跳舞，但由于条件限制，父母没有培养她，所以非常遗憾。她一直很羡慕班上能歌善舞的同学，因为自己没有一技之长，只能埋头读书，最后成了毫无情趣的学霸。生了女儿以后，她就想让女儿帮她圆这个梦。现在女儿经常被老师告状，她意识到自己对女儿关心不够。最近一年，她尽量抽出时间参与女儿的教育，结果女儿根本不服管教，甚至故意顶撞她，令她火冒三丈，暴跳如雷。她很注意自我形象，在别人面前从来不会高声，但在女儿面前总是忍不住大喊大叫。

引导者说，"歌女"不是女儿，而是她自己的一个人格面具，她把这个人格面具投射到女儿身上，女儿接受了她的投射。她想了一下说，这就是"望女成凤"吗？

她问，难道"帅哥"也是她自己的一个人格面具？她非常羡慕老公，很想过老公那样的生活，无忧无虑，优哉游哉。但是，人在江湖，身不由己，只有等退休了，才能过上这样的生活。

3. 演绎法

先对来访者进行面具分析，然后由来访者挑选卡片代表人格面具。再让来访者仔细观察、描述卡片中的人的外貌（包括性别、年龄、五官、头发、衣着打扮、表情），以及心情、思想、身世，必要的时候与卡片中的人对话、互动。然后把卡片翻过来，贴在鼻子上，想象自己变成卡片中的人，去感受他的身体、心情、思想、身世，用卡片中的人的感官去感知外界，用卡片中的人的身体去行动，替卡片中的人实现愿望。

在捐款事件中，QM 使用了六个人格面具：好人面具、穷光蛋（小气鬼）面具、傻瓜面具、怀疑者面具、批评者面具、自私者面具。引导者让他挑选六张人格面具卡分别代表这六个人格面具。代表好人面具的是一个穿西服的英俊男性，代表穷光蛋（小气鬼）面具的是一个脸部变形的黑人，代表傻瓜面具的是一个小男孩，代表怀疑者面具的是一个绿脸的女人，代表批评者面具的是一个优雅的女人，代表自私者面具的是一个秃顶的男人。

引导者让他描述"好人"。他说，他是一个科学家，通过科学研究造福于人类。他也很关注社会，遇到不好的事就会出来制止，遇到捐款之类的事就会慷慨解囊。

"穷光蛋（小气鬼）"贫困潦倒，生活没有保障，所以衣服破旧，脸也没洗，看起来很脏。

"傻瓜"不是小孩，但心智像小孩，非常单纯，非常幼稚，没有生活经验，总是被人骗。

"怀疑者"非常生气,脸都气绿了,也变形了。为什么生气呢?因为他被别人骗了。吃一堑,长一智,他不再相信任何人。他很聪明,一眼就能把人看穿。

"批评者"让他想起他的妈妈,不管他做什么,她总是批评他。如果他捐钱,她就会说他傻;如果他不捐钱,她就会说他自私。

"自私者"让他想起他的爸爸。他的爸爸很自私,只顾自己,爱贪小便宜,经常向他灌输人都是自私的、要对自己好之类的观念。他这样自私,并没有变得很富有,反而失去了很多朋友和挣钱的机会。

所以,QM很讨厌爸爸,很想做一个好人。但是,做好人会被别人当成傻瓜,遭到妈妈的批评和爸爸的嘲笑。

引导者指出,他已经被爸爸同化了。他讨厌爸爸,却变成了爸爸。他说他不想变成爸爸,他想把爸爸从他身上剔除。谁能帮他剔除爸爸呢?他说,一个很有能力又非常公正的人,譬如包公。他选了一个黑人代表包公。

引导者让他以"包公"的视角点评一下其他人格面具。"包公"对"好人"说,人应该做好人,不能做坏人;对"穷光蛋(小气鬼)"说,没钱也可以做好人,有钱多捐一点,没钱少捐一点;对"傻瓜"说,傻瓜没什么不好的,傻人有傻福;对"怀疑者"说,无端怀疑是不对的,如果证据确凿,该抓的抓,该杀的杀;对"批评者"说,孩子大了,有自己的想法,你不要干涉太多,你应该多多鼓励他,而不是否定他;对"自私者"说,你就是太自私了,才变成穷光蛋的。

三、注意事项

OH卡是德国的人本心理学硕士莫里兹·艾格迈尔(Moritz Egetmeyer)和墨西哥裔的艺术家伊利·拉曼(Ely Raman)共同研发的,分为人像(persona)卡、伴侣卡、儿童卡、克服卡、复原卡,还有土著卡、西方神话卡、中国神话卡、一千零一夜卡等,是无意识投射的工具。与塔罗牌不同,OH卡没有"官方解释",完全由当事人任意解释,自由发挥。

用演绎法的时候,来访者很明确,OH卡代替他的某个面具。而在随机法和直觉法中,来访者常常会把OH卡认作别人,譬如自己的父母、配偶、兄弟姐妹、孩子、亲戚朋友、同事，某个名人或电影、小说里的人物。所谓"别人"，其实就是自己的隐性面具（也可能是显性面具）。这是因为，如果当事人没有"这个"人格面具，是无法给"这个"别人编故事的。如果他以为是在给别人编故事，说明他没有意识到这是他的人格面具，这样的人格面具就是隐性面具。很多人在编故事的过程中会突然发现，他不是在讲别人的故事，而是在说自己。

很多人"直觉"地知道随机法是自己的投射，所以一开始就是讲自己的故事，只是用了第三人称而已。也有一些人，告诉他别人就是自己了，还是明白不了。有的人甚至把演绎法中的人格面具也当作别人，如家人、同事、明星。遇到这种情况，就不要强行解释了，因为明白不明白并不重要，通过 OH 卡，面具得到处理就可以了。

用 OH 卡代替人格面具，其实就是把人格面具投射到 OH 卡上。观想也是投射，观想是把人格面具投射到脑子里，OH 卡是把人格面具投射到外部空间，所以 OH 卡可以代替观想。跟 OH 卡说话，比跟想象中的人格面具说话要容易得多。来访者不但可以跟 OH 卡说话，也可以替 OH 卡说话，也就是把 OH 卡翻过来，贴在鼻子上，与 OH 卡"合而为一"。这种方法可以代替感受，而且比感受要容易操作。

§ 我都活不下去了，怎么还管得了你的死活 §

网络诈骗受害者的心理干预

汤萍萍

一、案例报告

（一）基本情况

M，女，大学生，个子中等，长发，皮肤较白，五官小巧精致，是个很漂亮的女孩。在家排行老二，有一个姐姐和一个弟弟，父母在外经商。她从小被寄养在亲戚家，到高中才和父母生活在一起，比较自卑，自尊心强。为了能成为父母眼中的好孩子，她努力学习，成绩很好，考取了国内一所知名大学。

她从小很害怕爸爸，感觉爸爸经常否定别人，口头禅是"你是不对的"。爸爸常会出些题目，问孩子们怎么想。M永远都是最接近正确答案的人，因为她回答的不是自己真正的想法，大多数时候都是为了迎合爸爸。她常听到姐姐和弟弟回答不好时，就会被爸爸批评，说他们有点笨。她被爸爸批评会很难受，所以M会偏向于选择回答爸爸爱听的，不愿意跟爸爸讲真心话，变得只是顺从。

M常有这样的烦恼：担心自己做错事，或者自己没有做错，但别人说她错了，这都让她很有愧疚感。在人际关系中，为了能交到朋友，她常把自己的位置放得很卑微，但这样别人反而来伤害她。她很不解，自己都讨好对方了，对方怎么还这样对她。在大学与同学出去玩，每次都问她们想吃什么，从来不敢说自己想吃什么。在寝室里，她看到同学吃剩的方便面盒等垃圾，都积极地去整理，但同学对她的行为视而不见。有时她渴望帮助时，常常得不到回应，室友甚至说没让她整理，是她自己想做，自己又不欠她的。面对强势的同学和朋友，她都会像讨好父亲一样对她们，但结果是关系变得更糟糕，而父母却让她反省自己。她看不到自己的错，觉得是同学错，但自己却受到了惩罚，被孤立了，她不知道该怎么做。所以在人际交往中她越来越害怕，会去讨好所有人。

一天她接到了一个诈骗电话，骗子假扮警察对她威胁和恐吓，她很害怕，吓哭了，不知怎么办，只能服从、讨好骗子。在被骗的几个月里，她帮着骗子欺骗家人。当一切被揭露后，家人都说她是戏精，可以拿优秀戏精奖了。她很难受，非常讨厌自己，让家里遭到经济损失，觉得自己很恶心，对自己全盘否定、不接纳，很痛苦。身边亲朋好友越安慰，她会越难受，她常把自己放在加害者的位置上，觉得让父母经济上遭到了损失，自己是个骗子，把父母的钱骗过来给了别人，一度情绪低落，陷入自我怀疑的漩涡里，很痛苦。

（二）面具分析

1. 讨好者面具：来访者讨好父亲，不敢说真实的想法，想成为父亲眼中的好孩子。她也讨好同学朋友，想给同学好印象。接到"假警察"电话时，害怕自己真的犯错了，讨好骗子，顺从骗子，成了他们的帮凶。

2. 明君面具：来访者的父亲有很强的明君面具，被来访者内化，她对外界的评判也是对错分明。

3. 苦命人面具：来访者从小被寄养，很少得到父母的宠爱，在被同学孤立时，父母没有支持她，反而让她反省自己，她很受伤，情绪低落。她害怕犯错，时刻担心自己哪里做不好。

4. 受害者面具：被骗子长期精神控制，身心遭受很大伤害。

5. 迫害者面具：帮着骗子欺骗家人，让家人遭受了经济损失。

6. 自强者面具：为了成为父母眼中的好孩子，学习用功，考取了好大学。

M的困扰是不接纳自己的讨好者面具，觉得自己一直在演戏，从来不敢表露真实的自己。为了得到别人的认可，委曲求全。在原生家庭里，讨好的行为会得到明君型父亲奖罚分明的对待，但室友却是昏君型，让她的讨好行为得不到认可，很困惑。面对骗子的威胁恐吓，她害怕自己犯错被惩罚，相信骗子的谎言，只要她好好配合，就会立功，就可以拯救家人。她很想有机会展现自己，但真相大白时，她不能接受那个为了讨好所有人、一直在演戏的自己，自我怀疑，自我否认，内心冲突。

对于不接纳的面具，人格面具理论认为，可以通过人格面具的多种技术处理，如命名，给人格面具取个名字，概念化；观想，也是视觉化、意象化或想象，把人格面具的形象构想出来；感受，通过想象进入人格面具的内心，感受人格面具的身体、情感、思想；表演，扮演人格面具，把人格面具表演出来；替身，让别人来扮演来访者的人格面具；象征，用人偶、棋牌、椅子、面具来代替人格面具。

在此案例中，咨询师选择了用象征物——沙盘中的沙具人偶来代替来访者不接纳的面具，就是把人格面具投射到沙盘中的人物沙具上。观想是把人格面具投射到脑子里，象征是把人格面具投射到外部空间，所以象征可以代替观想。跟象征物说话，比跟想象中的人格面具说话要容易得多。

（三）人格面具沙盘演绎法的具体使用

咨：假如让你给讨好者面具取个名字，你会叫她什么？

访：戏精

咨：好，那你去沙具架上拿一个代表戏精的沙具。

访：(选了一个沙具）

咨：为什么选她？

访：因为她看起来很普通，很正常。因为戏精要演的是一个正常状态的形象。

咨：你描述一下她。

访：她年龄二十七八，年纪比较大，红唇，眼睛比较大，五官比较分明，皮肤比较白，头发棕色。穿着时尚，紫色上衣，牛仔短裙，棕色靴子，手里拿着黄色的包。她很成熟，这样才能够让身边的人觉得安心。她很厌倦，演累了，有点烦躁，因为一直要演，在所有人面前演，很厌倦。戏精在诈骗事件中，对自己很满意，这个形象不仅能让身边的人更安心，还有一个因素，好不容易有这么重大的时刻用上她，角色的难度又比较高，完成度也很不错，所以对此很满意，无论是去骗家人还是面对骗子，都觉得不错。

咨：她此刻的情绪呢？

访：她此刻的情绪是骄傲的，完成了高难度的事情，她有些自负，很兴奋，觉得像拍戏，跟自己以前的经历都不同，觉得很特别。戏精刚开始不是很熟练，也有些紧张，后面情绪上已麻木了，演得也越来越好了，开始按照骗子的剧本走，后来为了提高完成度，让更多人相信，她给自己加了很多戏。

咨：当初她接到这个"剧本"的时候，是一个怎样的想法呢？

访：不太愿意去做，后来被说服了，被别人说服了，也被自己说服了，自己想要好好利用这次机会，完成这部"戏"，等待别人赞美她这件事情做得有多好。还有一个原因，她也没有别的选择，除了继续演下去之外。因为演，会让身边的人不会有察觉，让身边的人舒服些，这就是最初的任务，但演着演着就慢慢地越来越会骗人了。为了让"剧本"变得越来越完善，情绪上也越来越麻木，戏精越陷越深，只要身边的人不要察觉，把任务完成了就好了。

咨：那段时间戏精过得怎么样？

访：不怎么样，有点强行逼迫自己演下去，在骗子面前留一个好印象。戏精曾动摇过，她不想干这个活，太累了，和骗子说不想演了，骗子又重新说服了她。重复说这个"剧本"、这个过程有多么的精彩，她又继续做下去了，并给了她一个期限，多久后就不用演了，她似乎又有了动力。只有结束，大家才知道她的功劳，不结束就要不断地继续演。她不仅要演完，还要演好。她害怕父母知道真相，身体不好的他们受不了打击而倒下。戏精只有演，才能让所有人舒服些，包括自己，因为越入戏，情绪越稳定，转移了注意力，暂时性地忘掉很多痛苦。

咨：为什么继续演，周围人会舒服一点？

访：大家都相信那才是原本的她，她该有的状态。如果"剧情"演下去，功劳多少都会是她的，她会被夸。如果中途停止，就没有意义了，还会被骂。而且每天有人跟她过"剧本"，每天给她分配任务，没有办法拒绝，只能说服自己，这样做是对的，是好的，结束后会得到夸奖的，会被大家感谢的。开心也是一天，伤心也是一天，换个角度去看，把这件事情当作是表现自己的机会。

咨：戏精最后演完了吗？

访：不知道。我不太确定她是否消失，或者说她太投入这个角色，可能已演到一个非常好的程度，完全融进了本体里，可以随意地出现或消失，因为她演到一个自己都非常相信自己所说的一切的地步。

咨：你可以拿起她，和她作个对话，问她此刻是什么状态，什么感受？

访：现在看可能她有些不安和不甘心，因为原本演的明明是主角，是英雄，是有正义感的人，现在变成了反派，变成了伤害大家的人。本来戏精是有点自豪，有点骄傲，觉得自己演得不错。当真相大白后，觉得很可笑，因为演得越好，反派的杀伤力更强。戏精不甘心，还想有反转，寻找主角让自己演下去，但内心的其他面具都排挤她，除了两个面具以外，一个是伤心者面具，另一个是被害者面具。这两个面具需要她，因为戏精在演时，会减少这两个面具的出现次数。它们出来时，会让主人陷入恐惧，陷入悲伤。戏精的作用可以让主人开心起来，而且效果最快，因为开心者面具已经不知道去哪里了。

咨：主人对戏精是怎样的看法呢？

访：刚开始是感谢，主人自己做不到这些事情，觉得看戏挺有意思的，整部"戏"的剧情都编排得挺不错的。但后面真相大白时，主人怪罪她：就是因为你演得太好了，如果没有那么好，早点被发现，事情也不至于这么严重，伤害也不会那么大。

咨：主人这样的评价，戏精是什么感受呢？

访：愤怒吧，她会时常出现，让主人回忆她之前演的过程，演得有多好。她越想让主人看到，主人就越难受。戏精需要主人给她应得的夸奖和认可，主人不愿意，认为戏精要负主责。戏精觉得她是做得很好的，她按照"剧本"完成而已，责任并不是她，而是下达给她任务的那些人。明明她是所有面具做得最好的，结果是被骂得最惨的。

咨：主人觉得怎样才能让戏精的愤怒变得少一点？

访：戏精的能力大家都知道，只是没用对地方，可能要再给她机会，用在正确的地方上，让她从反面重回正面形象。

咨：主人会怎么做呢？

访：让主人的其他面具和戏精作个对话。

咨：那你再拿几个沙具来代表这些面具。

M拿了三个，分别代表智者面具、被害者面具、伤心者面具。

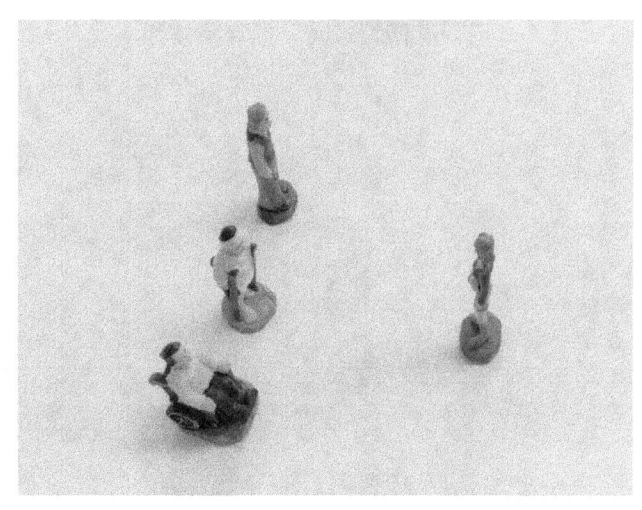

智者对戏精说：谢谢你，因为那段时间我不在，你担起了重任，让主人坚持了下来。如果不是你，主人是坚持不下来的。辛苦你了，不容易，你做得挺好的，这件事情不应该怪你。

戏精听了，说不出话来，有一种终于被人理解了的感觉，不是孤单一人了，有人知道她的付出。戏精希望智者给她更多帮助，以后的"剧本"让智者来编，希望智者给她找新的角色，让她的出现有意义并能受到夸奖，不要再被骂了。

智者回答说：会的，你开心等着就好。

第二个是被害者面具，对戏精说：谢谢，因为只要你上场，大家都可以休息，我也可以不在，所以挺好的，非常感谢！

戏精听了感觉欣慰，她是知道有帮助到被害者面具的。她们拥抱了一下，拥抱代表着感谢、解脱。

　　第三个是伤心者面具，也说了谢谢，感谢戏精短暂地让他感受到了一些开心，或者说忘掉了自己的伤心。

　　戏精听到这声谢谢，感到被认可了，她与伤心者也拥抱了。

　　现在她需要一点时间去恢复，去接受自己。她不会再带着愤怒和不甘的情绪出来，更多的是带着善意提醒主人，希望在合适的时候，智者安排她出来，为主人争光。她想在智者的后面，跟着智者学习，才能有机会再演戏。如果没有智者，她可能再一次演得忘掉自我。

　　M重新排列了面具，把智者移到中间，把戏精移到了智者的后面。

　　咨：此刻你作为她们的主人，看到这样的状态会有怎样的感受？

　　访：感觉心情好了很多，不会讨厌戏精了，看到了她的不容易。戏精自己不知道自己在做什么，也不是她一定要这样去演，更理解和接纳了。

（四）小结

　　通过人格面具沙盘的演绎，用沙具代表"戏精"这个让来访者厌恶的面具，将其外化，让来访者去看见、去观想，这也是一个接纳的过程。

　　用不同的沙具代表来访者内心的智者面具、被害者面具、伤心者面具，就把人格面具分化开来了,更看清了各个面具,并且沙具的排列,就是对这些人格面具的整合。

来访者通过与"戏精"面具互动,"戏精"与其他三个面具的对话,这样的过程可以让来访者感受到沙具的感受,站在沙具的立场上看问题,用沙具的"脑子"思考问题,就达到了理解、接纳、整合和安置的目的,并以旁观者的身份看待沙具,把自己抽离出来,冷眼旁观,对自己的内心状况、人格面具和心理问题保持超然的觉知,最终让冲突减少,内心变得和谐。

二、电信诈骗

电信诈骗随着互联网的迅猛发展愈发猖狂,心智不成熟和社会经验不丰富的大学生群体成为电信诈骗分子的重要目标。骗子背后整套的诈骗话术,利用的是受害人的心理弱点。

1. 大学生受骗心理主要有以下情形:

(1)幸运心理

渴望天上掉馅饼,期望自己获得出乎意料的好运气。趋利避害是人类常见的行为,获得最有利于自己的资源、机会是人类生存的法则。期望幸运是人性中固有的成分。

(2)助人(利他)心理

骗子利用人与人之间相互帮助的特性,编造与受害人利益相关性很强的身份,在身份获得确认后,编造自己需要经济帮助的各种理由,借此要求受害人予以帮助。

(3)求职心切心理

大学生空闲时间较多,兼职成为大部分大学生业余生活的重要选择之一。如"线上刷单"推广员刚开始会应允其返利承诺,但这只是其诈骗圈套的第一步。

(4)虚荣消费心理

骗子利用大学生急需用钱、有虚荣消费心理,以提升额度为诱饵,通过伪造合同与公章等方式获取大学生信任,让大学生向其转移额度进行诈骗。

（5）"拒绝沉没资本"心理

当沉没资本发生在自己的投资时，许多人会拒绝承认，而选择增加投资，以期待挽回已有损失。

（6）对权威的服从心理

冒充警察、导师、领导等身份是比较典型的案例。骗子构造自己权威的身份，利用普通群众对于权威感的服从进行诈骗活动。部分学生，面对权威时不敢发表自己的意见，即便觉察不合理，也不敢过多询问，只能乖乖听话。

本案例 M 的受骗心理主要是第六种，即对权威的服从心理。

2. 遭遇诈骗后产生的心理问题

（1）信任问题

受害者常常面临信任的困扰。他们可能开始怀疑自己的判断力和决策能力，觉得自己太容易相信别人或者太容易受骗。这种怀疑会导致他们在与他人建立关系时感到担心和紧张，难以轻易相信他人的真诚意图。他们可能会变得封闭和孤立，对周围的人持有怀疑态度，甚至可能对亲密关系造成影响。

（2）自责和羞耻感

受害人可能责怪自己的疏忽和轻信，觉得自己应该更加警惕和谨慎。这种自责和羞耻感会导致他们对自己产生负面的评价，降低自尊和自信心。他们可能感到难以面对他人的批评和嘲笑，甚至对自己的经历保持沉默，不敢寻求帮助和支持。

（3）心理创伤

这种创伤可能表现为焦虑、恐惧、抑郁、失眠等精神和情绪问题。受害者可能会出现持续的痛苦和内心的不安，回忆起被骗的经历会引发强烈的情绪反应。他们可能对未来充满恐惧，害怕再次成为诈骗的目标。这种心理创伤可能需要专业的心理辅导和支持来帮助受害者逐渐恢复。

3. 解决此类心理创伤的方法

（1）寻求支持：与家人、朋友或专业心理咨询师交流，分享经历和感受，寻求情感支持和安慰。

（2）接受现实：接受被诈骗的现实，避免自责和自我苛责，理解任何人都有可能成为诈骗受害者。

（3）建立安全感：重新建立信任和安全感，避免过度怀疑和疑神疑鬼。

（4）学习防范措施：通过学习识别诈骗手段和加强个人信息保护意识，提高自我保护能力。

（5）积极参与活动：参与有意义的活动，培养兴趣爱好，保持积极的心态，逐渐恢复信心和自尊。

三、人格面具沙盘游戏

人格面具理论认为，沙盘是来访者内心的投射，沙盘中的人物沙具是来访者的人格面具的象征。借助于沙盘游戏，让来访者与沙盘互动，或感受沙具的感受，可以帮助来访者了解和处理人格面具。

人格面具沙盘游戏的方法有：随机法、直觉法、演绎法。此案例主要使用了人格面具沙盘的演绎法。

四、咨询互动中的面具分析

咨询师在咨询过程中运用了三个咨询师面具：

1. 爱心大使面具：来访者刚来咨询时是苦命人面具，很痛苦，情绪很低落，整个人蜷缩在椅子里。咨询师的爱心大使面具包容共情来访者，无条件地接纳来访者，抱持、接纳来访者的情绪，建立了很好的咨询关系。

2. 灵魂伴侣面具：来访者的情绪得到一些缓解后，开始讲述事件的前因后果，咨询师使用灵魂伴侣面具站到来访者的旁边，一起分析她的人格面具，分析她的心理问题根源。

3. 精神导师面具：当来访者的面具分析出来后，咨询师又运用精神导师面具，引导来访者用人物沙具进行演绎，因势利导，让来访者自己想办法去解决问题。来访者使用了合作者面具，很配合咨询师的引导。

人格面具沙盘技术

人格面具理论认为,沙盘中的人物沙具都是来访者的人格面具,沙盘中的动物、植物、物体都是来访者人格面具的变形。通过沙盘游戏,可以了解来访者的人格面具;通过与沙具互动,可以对人格面具进行处理。

一、作用

1. 外化

用沙具代表人格面具,可以把人格面具外化,让来访者看见。

2. 分化

用不同的沙具代表不同的人格面具,就把人格面具分化开来了。

3. 整合

把不同的沙具排列起来,"放在一起",就是对人格面具的整合。

4. 安置

来访者可以与沙具互动、对话,也可以跟沙具互换"角色",以便感受沙具的感受,站在沙具的立场上看问题,用沙具的脑子思考问题,以达到理解、接纳、整合和安置的目的。也可以以旁观者的身份看待沙具,把自己抽离出来,冷眼旁观,对自己的内心状况、人格面具和心理问题保持超然的觉知。

二、方法

人格面具沙盘游戏有三种使用方法:

1. 随机法

让来访者随机挑选若干人物沙具,然后给它们编故事,也可以由别人挑出若干人物沙具让来访者编故事,或者摆出一幅沙盘让来访者解读,来访者在编故事和解读沙盘的过程中会把自己的内心活动投射出来。

同一幅沙盘,不同的人的解读差异很大,甚至截然相反,可以形象地展示什么是"投射"。

在这个过程中，可以让来访者想象自己变成人物沙具或沙盘中的人，去感受沙具的身体、心情、思想和身世，用沙具的感官去感知外界，用沙具的身体去行动，帮沙具实现愿望。

引导者出示一幅沙盘，中间是一个"？"型的湖，半岛上有一个亭子，亭子的后面是一个背书包的小男孩，前方是一个裸女，左上角是一个牛仔，右下角是一个土著，右上角是一个修女，修女的前面是绿巨人，左下角是草丛，上方有房子和三辆轿车，湖里有鳄鱼和蛇。

QX认为，亭子后面的小男孩是留守儿童，他很想念妈妈，想到妈妈那里去，但是路途遥远，道路曲折，充满危险（鳄鱼、蛇、绿巨人）。不过还好，有牛仔、土著（拿着弓箭）和圣母（修女）在保护他。牛仔、土著和圣母都不是现实生活中的，而是男孩想象出来的。

QX自己喜欢幻想，遇到困难的时候就会想象自己变成超人或蝙蝠侠。这说明男孩、牛仔、土著和圣母都是他的人格面具。

他为什么会认为小男孩是留守儿童呢？他自己曾经留守过吗？他说，他没留守过，但是最近经常看到有关留守儿童的报道，他小的时候身边的小伙伴很多都是留守儿童。这样看来，留守儿童是他的客体面具。引导者了解到，他现在一个人在温州工作，父母、老婆、孩子都在老家，是不是也是一种"留守"？他若有所思地说，也算。他经常思念家人，一有机会就回家探亲。所以，"留守者"是他的主体面具。

他不了解绿巨人，以为绿巨人是坏的，它妨碍他回家。它应该代表工作和事业。如果不是因为现在的工作和事业，他早就回家与家人团聚了。另外，绿巨人也代表他的事业心和成就欲，也就是进取者面具。如果不是因为这个人格面具，他完全可以放弃现在的工作，回到家人身边。

WP看到的是一个陷入婚姻危机的女人（裸女），她情感细腻，追求高品质的生活。但是，她的丈夫是一个粗人（绿巨人），精神上无法跟她共鸣，她爱上了牛仔，丈夫非常嫉妒。她想过离婚，但是，为了孩子，她不能这样做。孩子太可怜了，受到同学的排斥，一个人躲在亭子后面，孤苦伶仃。另外，她也要顾及社会舆论，修女代表社会舆论，或者超我。所以，她很矛盾，很痛苦。

引导者问：土著代表什么？她说，土著在与蛇和鳄鱼搏斗，代表危险和抗争。危险是指什么呢？她说，就是精神出轨，面临婚姻破裂。土著要消灭精神出轨和婚姻破裂，所以他的作用和修女是一样的。但是，如果他成功了，女人会很痛苦，她不得不跟四肢发达、头脑简单的老公继续生活。不过，话说回来，她的老公还是一个蛮负责任的人，对她也很珍惜。人无完人，应该多关注别人的优点。

引导者问她是不是在说自己？她说，很多人的婚姻都是这样，婚姻和爱情是两回事，爱情是虚幻的，婚姻是现实的。有的男人适合当情人，但不适合当老公；有的男人适合当老公，但不适合当情人。两者无法兼顾。

引导者问：你说很多人都这样，是不是你也这样？她说她跟老公是相亲认识的，因为他很适合当老公，所以就嫁给他了。他确实是一个很称职的老公。她对自己的婚姻很满意。

引导者让她想象自己就是沙盘中的女人，现在"她"的心情是什么样的？她说她好像回到了少女时代，无忧无虑，尽情地享受生活，整天幻想着白马王子。其实这些想法是不现实的，哪有那么多白马王子？白马王子多半是花花公子。

引导者让她想象自己是牛仔，现在"他"的心情是什么样的？她说他是一个不切实际、没有责任感的人，只会花言巧语、夸夸其谈。也许他也想真心对别人好，但他没有这个能力，他自控力很差，很容易移情别恋。但是，这种人对无知少女有致命的吸引力，很多人会飞蛾扑火。她已经过了这个年龄，把这一切都看透了。

引导者让她想象自己是小孩，现在"他"的心情是什么样的？她说，父母经常吵架，让他非常害怕。他知道父母为什么吵架，所以从小认为感情是一个多余的东西，人要克制感情，不要被感情所左右。

2. 直觉法

让来访者精心挑选若干沙具摆成沙盘（同传统的沙盘游戏），或者不摆成沙盘，而是放在桌子上或拿在手里，然后让他讲故事，与沙具对话、互动，帮他了解自己的内心活动。必要时让来访者想象自己变成沙具，去感受沙具的身体、心情、思想、身世，用沙具的感官去感知外界，用沙具的身体去行动，帮沙具实现愿望。

上述沙盘的作者是这样解释沙盘的：一个女人在洗澡，一个男孩躲在亭子后面偷窥。这个时候，她的丈夫（绿巨人）出现了，他想教训男孩子，而牛仔和土著出来打抱不平。一个修女站在远处看着这一切，心里非常羡慕。

修女羡慕什么？洗澡的女人有一个深爱她的丈夫。男孩偷窥，从某种意义上讲也是一种爱慕。女人并不觉得被冒犯，反而非常享受。看到丈夫的反应，她特别有成就感。牛仔和土著对她也垂涎三尺，所以为男孩打抱不平。

引导者让当事人想象自己就是裸女，内心是什么感受？当事人说，非常享受啊，有这么多人喜欢我，关心我。但是，一想到被人偷窥，心里还是有点不是滋味。另外，丈夫心眼儿太小，老是监视我，心里也不是滋味。引导者让当事人给裸女取个名字，当事人给她取名为"风流寡妇"。

引导者让当事人想象自己是绿巨人，内心是什么感受？当事人说，因为有这样一位妻子而感到自豪，同时又很担心，怕她被别人抢走，另外还觉得她有点不守妇道，需要好好管束。当事人给他取名为"嫉妒的丈夫"。

引导者让当事人想象自己是男孩，内心是什么感受？当事人说，好奇心比较强，什么都想知道，别人越是遮遮掩掩、躲躲藏藏，我越想知道。当事人给他取名为"科学家"。

引导者让当事人想象自己是牛仔，内心是什么感受？当事人说，觉得小男孩就是小时候的自己，天真无邪地做了一件事情，却被别人误解，所以想为小男孩打抱不平。当事人给他取名为"保护者"。

引导者让当事人想象自己是土著，内心是什么感受？当事人说，我既不是保护者，也不是破坏者，我只是为了生存而寻找食物，并时刻准备应对危险（鳄鱼、蛇、绿巨人）。当事人给他取名为"生存者"。

引导者让当事人想象自己是修女，内心是什么感受？当事人说，我还是很羡慕裸女，我羡慕她是因为我不能像她那样生活。但是，人生很短暂，美好的东西转瞬即逝，不可太留恋。我不知道这是超脱，还是压抑。我就不给她另外取名了，就叫"修女"吧。

当事人承认裸女和修女是自己的两种状态，当她是裸女的时候，会受到各种诱惑和干扰，譬如享受爱情和阳光（风流寡妇），满足好奇心（科学家），同时也要为生存而奔波（生存者），保护自己和家人（保护者），还要防止老公出轨（嫉妒的"妻子"）。当她变成修女的时候，所有这些都跟她没有关系了。但是，现在她还不想放弃这一切，所以她内心很纠结。

3. 演绎法

先分析来访者的人格面具，然后由来访者亲自挑选相应的沙具代表他的人格面具，再把沙具摆在沙盘里或桌子上。来访者一边讲解各个人格面具的情况，一边摆弄沙具，把内心的活动投射到外部空间。

YK跟老婆吵架了。老婆叫他做事情，他动作比较慢，老婆就说他不爱她。他认为老婆没逻辑，所以教导老婆，结果老婆就生气了。他认为老婆生气是她自己的问题，说明她有情结。老婆更气了，说学心理的都有毛病。他说："那就离婚吧。"老婆说："离就离。"其实他并不是真的想离，只是作为一种策略，迫使老婆改变。发现这一招不管用，他就说："两个人走到一起多不容易，怎么可以说离就离呢？"

引导者帮他分析出四个人格面具：慢性子，跟不上老婆的节奏，所以老婆觉得他不爱她；逻辑老师，发现老婆说话没逻辑，想改变她；赌气的孩子，用离婚"威胁"老婆；讨好者，发现威胁没用，立即"妥协"。

他对赌气的孩子没有觉知，认为并不是真的想离婚，而是把离婚当作一种策略，迫使老婆改变。引导者说，逻辑老师不可能使用这种策略，这种策略太没逻辑了，如果逻辑老师使用这种策略，问题就严重了，老婆一定会非常伤心。他说，他们经常说离婚的，知道不是真的。什么人格面具可以这样"胡说八道"？只有赌气的孩子。

引导者叫他去沙盘室拿四个沙具代表四个人格面具，他拿对了两个（逻辑老师、赌气的孩子），另外两个拿错了（引导者叫他拿慢性子和讨好者，他却拿了老婆和情侣）。他显然没有听明白引导者的话。

他经常听不明白别人的话，他自称"选择性忽视"。什么样的人会让他选择性忽视呢？他说父亲、老板，还有引导者。

他跟父亲的冲突一直非常强烈，父亲叫他做什么，他偏偏反着来。他终于意识到他的赌气的孩子面具确实很强。这说明，他不只是动作慢，而是"怠慢"。怠慢就是抵触，就是赌气，包括故意不回应。老婆说他不爱她，不是因为他动作慢，而是没有及时回应。

引导者叫他另外拿两个沙具，分别代表讨好的孩子和慢性子。引导者把慢性子放在赌气的孩子前面。

慢性子和赌气的孩子与逻辑老师是 A 和 –A。他常常听不懂别人的话，别人也听不懂他的话。他说他知道自己表达能力不好，所以在很多场合保持沉默。在本团体，大家已经多次指出他的话很难懂。他不接纳这个人格面具，所以投射给别人，譬如老婆，觉得老婆没逻辑，努力纠正她。纠正的时候说出"离婚"二字，非常没逻辑。

那么，他在什么人面前不会赌气、怠慢、没逻辑呢？他说温和、说话比较慢的人。引导者叫他拿一个沙具代表在这样的人面前的人格面具。他拿了一个圣母，说明他没有听懂引导者的话。圣母代表不会激发他的慢性子和赌气者面具的人，而引导者要他拿的是与圣母这样的人对应的人格面具。结果他拿了八个沙具，有开心的、淘气的、亲密的（情侣），还有一个恶魔。他说他在"圣母"面前会同时展现多个人格面具，处于完全解放的状态，非常自由。

他说他老婆就是"圣母"一样的人，大家听了非常羡慕。引导者把因为错拿而弃之不用的"老婆"拿出来，放在圣母旁边。他迟疑了一下，承认老婆有两面，有时候是圣母，有时候有点严厉。当老婆呈现圣母的一面时，他很自由，当老婆呈现严厉的一面时，他就会怠慢。引导者说，看来他的面具转换是由老婆操控的。他的表情有点失落。

引导者问，会不会是他的恶魔面具出来时，老婆切换成严厉的人格面具？他立即说"有可能"。如果是这样，那么开关就掌握在他的手里。然后，当他戴上讨好者面具时，老婆又切换成圣母。

他不好意思地说，这种情况也有，但是他还有别的方法可以改变局面。

三、注意事项

沙盘游戏是卡尔夫在威尔斯"地板游戏"和洛温菲尔德的"世界技术"的基础上，结合荣格的分析心理学理论而创建的一种心理治疗技术。其原理是借助于沙盘、沙子、沙具，把来访者的内心活动呈现出来，以达到疗愈的目的。沙盘游戏既可以用于诊断（即了解来访者的内心），也可以用于治疗。按荣格的观点，来访者在玩游戏的过程中会自发地发生"自性化"和疗愈。

人格面具沙盘游戏不同于传统的沙盘游戏之处是：传统的沙盘游戏必须把沙具摆在沙盘里；除了人物，还有许多其他物品，如动物、树木、花草、建筑物、交通工具、武器等。而人格面具沙盘游戏不一定要摆在沙盘里，也可以放在桌子上，或者拿在手里，而且只用人物，不用其他物品，因为只有人物是人格面具的象征，其他物品不是人格面具的象征（其中动物是阴影的象征）。最别具一格的是随机法，来访者不摆沙盘，而是解读别人的沙盘。在解读别人的沙盘时，他把自己的人格面具投射出去。

很多来访者会把沙具当成某个具体的人，把沙盘摆成生活照。其实，沙盘中的人和物，都是当事人的人格面具。如果他认出来那是他的人格面具，就是显性面具；如果他认不出来那是他的人格面具，否认那是他的人格面具，就是隐性面具。这是因为，如果当事人那个沙具不是他的人格面具，他是无法给"这个"沙具编故事的。很多人在编故事的过程中会突然发现，他不是在讲别人的故事，而是在说自己。

强势外壳下：爱与温柔的觉醒之旅

吕红景

一、案例报告

（一）一般情况

1. 来访者基本信息

小南，35岁，女性，身材高挑苗条，说话爽朗，外貌清秀甜美且富有亲和力。已婚，育有一子，10岁，就读小学四年级。小南与丈夫均在单位任职。她热爱学习、爱好广泛、善于思考，具备较强的辩论与反思能力，有较好的自知力。工作能力突出，能独当一面，家中大事小事大多由她定夺。此次前来咨询，主要因亲子关系中辅导孩子学习时存在暴力行为，以及怀疑丈夫有外遇这两大问题。

小南使用的求助者面具是：支配者面具和合作者面具。咨询师使用的是：爱心大使面具和灵魂伴侣面具。

2. 家庭背景

小南的父亲是大学老师，身形高大、长相英俊，才艺丰富，为人做事踏实忠厚，性格内敛，做事不爱主动。父亲出身农村，凭借自身努力进入教育系统工作。母亲也是学校老师，外公是已退休的公务员，外婆是慈祥的家庭妇女。舅舅在体制内工作，属全能型精英，家庭条件尚好且高大帅气。爷爷奶奶勤劳朴实在家务农。小南是家中长女，有一对双胞胎弟妹。弟妹出生后，因父母养育孩子方面精力不足，3岁的小南被送往外婆家生活，上幼儿园，外婆对她极为宠爱，舅舅也宠爱她。几年后，父母把小南接回身边读小学，一家人团聚在一起。可是小南却始终觉得自己还是个被抛弃的孩子，感觉不是父母亲生的，因为回到父母身边并没有得到他们的关心和宠爱。她观察到父亲偏爱妹妹，母亲偏爱弟弟，感觉父母对他们是真心相待，而自己只是被当作父母带孩子的帮手，承担家里诸多家务，小伙伴招呼她出去玩也没得去，失去了自己自由玩耍的时间。加之父母自己也常跑出去玩，留她在家里照顾弟妹。导致她一边很恼火一边又很羡慕弟妹得到父母那么多的爱，也不用离开父母。自己虽然人在父母身边，却没有归属感，所以寒暑假期间更愿意待在外婆家，感觉在那边更自在，外婆不会对她有那么多的要求，就算是批评她顽皮也是宠爱多。她认为这么多年来，都是外婆的爱支撑着她成长。虽然父母在物质上未曾亏待她，但父母对她客客气气有如客人一般，那种疏离的相处模式让她很受伤。

3. 咨询过程

第一阶段：亲子关系咨询

小南因辅导孩子学习时频繁使用暴力而苦恼，前来寻求帮助。咨询师运用爱心大使面具，充分接纳小南因成长经历中被送外婆家以及被父母忽视所产生的悲伤、委屈等负面情绪。通过耐心倾听小南的倾诉，给予共情陪伴与支持，与小南一同对人格面具进行命名与分析。例如，从她辅导儿子作业时揍儿子的行为中，识别出"暴君面具"，并探究该面具源于父亲这一事实。同时，深入剖析"暴君面具"在小南成长过程中的功能，有自我保护一面，以及在当下亲子关系中造成的危害。

小南性格开朗，热情大方又豪爽，喜欢跟朋友聚在一起玩，要么请朋友到家里来聚，要么几个小家庭组织起来去户外玩耍。她一般都是组织者，愿意在精力和财力上付出。儿子性格开朗、善解人意，模样讨人喜爱，也很喜欢跟着妈妈出去玩，跟小伙伴们很快就能玩到一起。幼年时候，小南对儿子期待不高，很少去参加培训班的学习，觉得健康开心最重要，尽情地玩就好了。儿子开始会讲话后，就常说出让小南感到很惊讶的观点，观察其他小朋友没有这么深刻的言语。小南认为儿子有很好的天赋，因此对儿子以后更多的顶嘴行为也是持乐观的态度，认为儿子有主见且敢于表达是个很积极的现象。儿子生命力特别强，怎么玩都玩不累，几个长辈陪着玩都不够，还需要他们夫妻再陪，体力可以一对四。有时小南也会好奇儿子的战斗力，怎么体力如此旺盛。

随着进入小学，出现了一些状况。老师老是跟她反馈儿子上课不专心，做作业也是拖拖拉拉不完成（那时家庭作业都是在学校完成）。小南不以为然，认为儿子智力和理解力非常强，随他爸爸，况且一二年级也没有很高深的内容。有次班主任邀请了几个家长跟学生们一起上课，她听课后的感觉是现在老师上课的知识内容太浅，难怪孩子要开小差，她觉得自己听着听着也想开小差。

到了三年级，老师联系她的次数更多了，说她儿子成绩得抓抓，书法也得练练，字写得实在太难看，现在再不练以后就改不回来之类的劝告。她看到老师的来电就头疼，心想虽然她没有希望儿子成绩有多好，但如此被老师念叨成了常态，也开始不好意思。儿子做不到前几名，中等水平总要有的，然后就开始狠抓儿子的学业。当时目的只是希望老师不要老是来电告儿子的状。

可是在辅导作业过程中，儿子顶嘴越来越厉害，说一句顶几句。以前觉得可爱，现在听到很是恼火，因为儿子不认真学习导致老师都投诉到她这来了。随着矛盾的升级，非得骂一顿才重新书写，打一顿才加快做作业的速度。常常是做作业的时间还没打骂的时间多。骂够了、打够了，儿子反倒是开始认真书写作业了，每次写完作业已是深夜。小南感觉白白在那里浪费时间，而伴侣也没有好的办法，不喜欢她的教育方式，动辄打骂，可是他又不来负这个责任。父亲可以教大学的学生，却教不了外甥，说这外甥不好教，还对外甥一副孺子不可教的神态，只负责接送上学，照顾生活部分。这点让她也是有点郁闷，认为对她儿子不上心就是对她不上心。

后来随着打骂次数的增多，打的时候也越来越暴力，身边有什么物品拿起就打，扫把都打断几根。事后发觉这样不对，打的时候控制不住，打完自己心口疼，头也晕乎乎，整个人状态都不好，甚至有几次觉得气都喘不过来。其实伴侣指导作业的方式很适合儿子，没她那么强硬，是属于温和型的，不会强求儿子做到怎样，也不会骂他，会让儿子按着他自己的节奏来，但实在忍不住时候也会揍儿子。看到伴侣揍儿子，小南又会出来跟伴侣吵，两个人都不希望看到对方打儿子，只能是自己打。两个人趁势又吵一场，很是耗费心力。

在这个阶段中，咨询师采取的是面具分析。通过来访者的倾诉，除了共情陪伴支持，就是命名和分析。从揍儿子这个行为里命名为暴君面具，以及去探求暴君面具是怎么来的，分析了暴君面具给她带来的各种不同功能，接纳了这个面具，随即行为上就有调整。再辅导孩子作业，当暴君面具想出来时能够控制一下能量。同时也发现了使用暴君面具后还有一个内疚者面具，自己会因为打骂孩子而深深地自责，自己也会很心痛。随着暴君面具能量的下降，内疚者面具的能量也下降到一个平衡水平，没有再出来打扰她。

小结：

（1）小南因辅导孩子学习时频繁使用暴力而苦恼，前来寻求帮助。咨询师运用爱心大使面具，充分接纳小南因成长经历中被送外婆家以及被父母忽视所产生的悲伤、委屈等负面情绪。通过耐心倾听小南的倾诉，给予共情陪伴与支持，与小南一同对人格面具进行命名与分析。例如，从她辅导儿子作业时揍儿子的行为中，识别出"暴君面具"，并探究该面具源于父亲这一事实。同时，深入剖析"暴君面具"在小南成长过程中的功能，以及在当下亲子关系中造成的危害。

（2）小南在咨询师引导下，逐渐意识到"暴君面具"的存在及其负面影响。此后，在辅导孩子作业时，她开始有意识地弱化"暴君面具"，尝试切换为温柔面具。这一转变使亲子关系得到显著改善，儿子开始主动写作业，书写更端正，顶嘴行为大幅减少，寒假作业顺利完成，第一阶段咨询目标达成。

第二阶段：伴侣关系咨询

亲子关系改善后，小南向咨询师透露怀疑丈夫有外遇，咨询目标转变为探讨婚姻走向及改善伴侣关系。小南讲述了与丈夫之间的诸多问题，包括对丈夫性格和行为的不满。如认为丈夫过于安逸，在单位不善于拓展人脉、缺乏上进心；生活中不够积极，缺乏激情，还不喜欢她组织聚会等。此外，小南提及父母婚姻对自己的深远影响，母亲常在她面前数落、贬低父亲，导致她在自己的亲密关系中不自觉模仿这种模式，对丈夫诸多挑剔。

伴侣是理工男，负责技术类工作，尤其数学特别好，思维逻辑能力很强。有时候讨论哪个问题时，伴侣会逗她说话处事不用脑思考、瞎嚷嚷，导致她以为伴侣是讥笑她智力不够、没他聪明，自卑感油然而生。伴侣来自农村，家境一般，公婆都挺普通。他初中起就自个到外面求学，一路靠自己努力。因打小离开家，性格偏内向但独立能力很强，对自己目前的工作和现状很满意也有优越感，公婆和亲友邻居都以他为豪，没有其他更大的追求和拼搏精神。

结婚以后，小南做事比较有主见，对家里采购、投资方面比较擅长，因此家里购房、装修、购置家具及购车等大事小事都是做主的一方。因为跟伴侣商量通常都办不成事，反而会拉后腿，错过很多极好的机会，导致形成习惯，做事都不跟伴侣商量。伴侣性格内向，不爱太过交往，对小南常组织聚会出去玩很是反感，但也会勉强跟着参加几次。他宁愿在家里安静地待着，做些他自己喜欢做的事，看看书、养养花。小南知道伴侣也很了解她的作风，如果做了正确的事，对家庭发展是有好处的，不跟他商量也没关系；要是办不妥了，他会在一边说风凉话，或者挑剔小南办事不力。对小南的不满，他不会采取温和的沟通模式，而是采用冷暴力、冷漠的态度，不会直接表达他的想法和建议，可能有时表达了也会被小南否认。家庭气氛就很压抑，连房间里的空气也压抑。

通过分析，小南承认自己有暴君面具，但之前从未知道自己有这一面，一直以为自己很温和。继而联想到父亲也有这个暴君面具，这个面具是从父亲那里来的。在这几次咨询里，咨询师使用的是爱心大使面具，接纳了小南被父母送外婆家这个分离带来的悲伤情绪。接回来后，父母还是都把重心放在弟妹身上，去理解小南被忽略后不受待见受到的伤害。父母对小南照顾不周，反而不停要求小南干这干那，看到小南没得到父母的爱，反而不断被索取的无力感和许多委屈等等。通过跟小南一起去看到，一起给看到的人格面具命名，一起去分析，一起去接纳这些人格面具。小南释放了许多压在心里的情绪，觉察力也不断增强，想起她们时隔几年就要谈起离婚的话题。几年前因双方父母都不同意，还有一些现实问题原因合好，去年又有提起这个词。小南对这段婚姻有深深的迷惑，自己一直在为这个小家努力地付出，身兼数职各种努力，希望能让家庭有更高的物质水平，怎么就没有得到伴侣的认可和肯定，反而还做出深深伤害她的行为，有太多的委屈和不甘，考虑着这样的婚姻是否还继续。

伴侣在单位里搞技术类，不屑去跟领导搞关系，认为技术好才有立足之地，凭自己本事踏实。小南提起父亲也是农村里出来的大学生，而母亲出身城市，对父亲的很多农村习惯有诸多的看不惯。尽管她父亲也很优秀，可是母亲经常在她跟前贬低父亲，她也就同意母亲的看法，认为父亲没社交能力，没有给家庭带来更好的物质生活，妈妈和她都看不惯。母亲怎么讲都不改，家务也不做，像个甩手掌柜。父亲的优点就是长得帅，个子也高，爱好很多且厉害，琴棋书画样样精通，跳舞也是杠杠的。小南认为父亲就是一个巨婴，除了自己的本职工作之外就是玩，整个家的琐事都是母亲在操劳。后来父亲升职当了中层的领导，又认为父亲这个职位母亲也帮了忙，这是通过家里一起吃饭时从父亲的聊天里猜测。如果这些事她来做的话，会比父亲做得好，总之对父亲肯定的少，否定的多。这些描述的实际情况跟偏见同时都存在。

小南认为男人有没有那么多爱好倒是不打紧，爱好又没有实质收入，要会打理家庭，会购置家产，让家里物质水平不断提高，让家人过得更好才算是真本事。光讲究文艺不给家庭增加财富，不能算优秀。她舅舅就能够两者兼顾，所以她看不起父亲，看不起伴侣，只崇拜舅舅。小南很喜欢舅舅，希望自己以后找个像舅舅那样的男人。之前交过一个男朋友，那个男友确实各方面都跟舅舅类似，跟自己也是很投机，性格跟工作都匹配，可后来就是莫名其妙分手了。后来跟伴侣认识，说处处看，那时伴侣态度是很积极主动，她也是看他学历好、人也还踏实同意交往，婚后才开始淡漠。在生活里，伴侣也不积极，缺少激情，缺少浪漫，从来不会主动送她鲜花和礼物，还不喜欢她搞派对。后来她为了家庭和谐，就放弃了组织朋友来聚会或者一起去户外。有时周末她自己跟闺蜜出去玩，把他们父子撂在家里还有内疚感。觉得自己都放弃了这么多爱好，还得不到伴侣的认可，又是委屈又是暴躁。伴侣理科非常厉害，她是文科好，有时会被伴侣调侃她不会数学，小南就认为伴侣在学识上也有瞧不起她，有一种互相看不起的味道。

她看到的现象是，家里家外都是母亲在操劳，把所有的事情都处理得井井有条，便觉得父亲就是无能，母亲就是比父亲优秀。后来她上了高中，住在学校，不用在家听母亲的抱怨，感觉很轻松，跟同学关系也好。本来读书成绩一般的她，那段时间特别努力，最终如愿考上了大学。到大学后，跟父母分开得更远，就更轻松了，不用去理会父母之间的恩怨，自己好好读书便可，认为大学时光是最开心的一个时期，好怀念。可以自由自在地做自己，跟同学们的相处也很愉悦。

伴侣的不关心和忽视，让小南对自己产生自我怀疑。本来根据自己评估，她在各方面能力都还好，热爱生活、性格开朗，对单位工作、家里事务都是积极主动。伴侣怎么就如此不珍惜，对她这么冷淡，不主动关心，关系就更加淡漠。通过一次又一次的探讨，小南的方向越来越清晰。她看到对父亲、对伴侣的各种抱怨都有其缘由，母亲对父亲就是这个模样，无论父亲的表现如何，母亲都是持否定的态度。她从小听到大，难免会在心里留下很深的痕迹，在不知不觉中模仿，继而在自己的生活中体现，造成亲密关系的不和谐。很大部分来自原生家庭模式的延续，在最初选择伴侣的时候就已开始这个过程。

根据人格套娃技术发现，自己外交面具、社交面具能量很好，面对大领导、大场合都可以从容面对，在应酬方面可以自如应对；工作面具和朋友面具非常强，跟同事相处能够和谐，遇到不公平对待能够去反抗，从而得到自己应该有的待遇，跟朋友很合得来，能够互相帮助、互相吐槽，同性朋友、异性朋友都能处；独处面具也可以，自己一个人时也待得愉悦。同时，在家庭面具和伴侣面具这两个面具的能量就明显弱了，因为自己童年没有得到很好的照顾，父母的婚姻不美满，缺少了婚姻和谐的参照物，所以在这个阶段就出现了亲子关系、伴侣关系的困扰。然后进行进一步的讨论：要么继续模仿，要么改变。调整认知与行为，改变原有的脚本。小南有疑惑：为什么她不喜欢妈妈的方式，可是行为却又如此地像她妈妈？理由就是：把原因当理由，把自己当成妈妈的复制品，归于命运。想要改变的话，就是现在找到了原因，有了新的自我认识：没必要对妈妈忠诚。想自我提升，必然要有些反叛，那时脚本就自然改变，现实层面的现象也随之改变。

咨询过程中，咨询师与小南之间出现了明显的人格面具对抗。例如，当小南从求助者面具转换为当事人面具后，使用了暴君面具，整个状态都充满了强势的气息，可脸上依然挂满笑容。这个面具引发了咨询师的抵制者面具，导致咨询时间迟到了几分钟。当觉察到这部分，咨询师立即跟小南道歉，小南很大度，连连说没关系，她不会在意这个。然而，在下一次的咨询中，她就出现迟到的现象了，并解释了好多为何会迟到的缘由。这里反映出她嘴里说没关系、无所谓、不在乎，其实内心很在意咨询师迟到这个事，跟着迟到就是一个没原谅的行为。把这部分进行深入讨论，联想这么一个行为模式，小南回忆平常生活中是常出现的，跟伴侣强势相处而不自知，而伴侣面对她的强势很不满，都是使用抵制者面具来对应，这就引发小南采用报复者面具，嘴巴说没关系，实则都是采用破坏关系的行为。不良的互动模式环环相扣着。小南对这些的发生表示很惊讶，表示一直以来从没有认识到这些，都是一边倒地认为全都是伴侣的问题，对这个发现很是震撼。

经过半年咨询，在咨询师帮助下，小南与丈夫双方都愿意为维持婚姻努力，开始尝试降低对彼此的期待值，调整自身行为和态度，夫妻关系得到明显改善，第二阶段咨询顺利结束。

小结：

（1）亲子关系改善后，小南向咨询师透露怀疑丈夫出轨，咨询目标转变为探讨婚姻走向及改善伴侣关系。小南讲述了与丈夫之间的诸多问题，包括对丈夫性格和行为的不满，如认为丈夫过于安逸，在单位不善于拓展人脉、缺乏上进心；生活中不够积极，缺乏激情，还不喜欢她组织聚会等。此外，小南提及父母婚姻对自己的深远影响，母亲常贬低父亲，导致她在自己的亲密关系中不自觉模仿这种模式，对丈夫诸多挑剔。

（2）咨询过程中，咨询师与小南之间出现明显的人格面具对抗。例如，当小南从求助者面具转换为当事人面具后，使用暴君面具，其强势表现引发咨询师的抵制者面具，致使咨询师出现咨询迟到行为。小南察觉到咨询师迟到后，在下一次咨询中也跟着迟到，这一行为反映出她内心其实并未原谅咨询师的迟到，是一种报复行为。通过对这一现象的深入讨论，小南惊讶地发现，这种行为模式在她与丈夫的日常相处中经常出现，自己的强势引发丈夫的抵制，而丈夫的抵制又进一步引发她的报复，形成恶性循环。

（3）经过半年咨询，在咨询师帮助下，小南与丈夫双方都愿意为维持婚姻努力，开始尝试降低对彼此的期待值，调整自身行为和态度，夫妻关系得到明显改善，第二阶段咨询顺利结束。

二、问题综述

（一）亲子关系问题

1.精神分析流派

（1）重视潜意识和童年经验：认为亲子关系问题往往源于孩子童年时期的潜

意识冲突和未解决的情感问题。通过自由联想、梦境分析等技术,帮助家长和孩子探索潜意识中的情感冲突,例如分析孩子对父母的潜意识渴望或恐惧,以及父母在童年经历中形成的对亲子关系的潜在模式。

(2)处理移情和反移情:在咨询中,关注孩子与咨询师之间的移情现象,以及咨询师的反移情反应,以此理解亲子之间可能存在的情感投射和互动模式。帮助家长认识到自己可能在孩子身上投射了自己过去的情感和期望,导致亲子关系出现问题。

(3)分析人格结构:依据本我、自我、超我理论,分析亲子双方的人格结构在互动中的表现。例如,当孩子的本我需求过于强烈,而家长的超我要求过高时,可能会产生冲突,咨询师帮助双方调整人格结构的平衡,促进健康的亲子关系。

2. 行为主义流派

(1)强化与惩罚:通过明确的行为塑造和矫正来改善亲子关系。对于孩子的良好行为给予及时的正强化,如表扬、奖励等;对于不良行为采取适当的惩罚措施,如暂时隔离、减少奖励等,帮助孩子建立良好的行为习惯,同时也让家长学会正确运用强化和惩罚机制。

(2)行为契约:制定具体的行为契约,明确亲子双方的权利和义务,以及相应的奖励和惩罚条款。例如,孩子完成作业后可以获得一定的娱乐时间,家长承诺在孩子表现好时给予陪伴和关注等,以规范双方行为,增强亲子之间的合作和信任。

(3)观察学习:鼓励家长成为孩子的良好榜样,通过观察学习,让孩子模仿家长的积极行为。同时,也引导孩子观察和学习其他良好的亲子互动模式,例如让孩子观看一些亲子关系和谐的影视作品或故事,促进孩子积极行为的养成。

3. 人本主义流派

(1)无条件积极关注:要为家长和孩子提供一个无条件积极关注的环境,让他们感受到被接纳、被理解和被尊重。咨询师鼓励家长以同样的态度对待孩子,无论孩子的表现如何,都给予充分的爱和关注,增强孩子的自我价值感和安全感。

（2）促进自我实现：帮助家长认识到孩子的独特性和自我实现的潜力，鼓励家长支持孩子的兴趣和发展，让孩子在自由、民主的家庭氛围中成长，充分发挥自己的潜能。

（3）真诚与共情：以真诚的态度与亲子双方交流，表达对他们情感的理解和共情。同时，引导家长和孩子之间也做到真诚沟通，让双方能够真实地表达自己的感受和需求，增进彼此的理解和信任。

4. 认知行为流派

（1）认知重构：帮助家长和孩子识别和挑战负面的认知模式和自动思维。例如，当家长认为孩子不听话就是故意作对时，引导家长重新审视这种认知，可能孩子只是有自己的想法和需求。帮助孩子改变对父母的一些不合理看法，如认为父母不关心自己等，通过认知重构调整亲子双方的情绪和行为。

（2）问题解决技巧：教授亲子双方具体的问题解决技巧和沟通策略，如如何表达自己的观点、如何倾听对方的意见、如何协商解决冲突等。通过角色扮演、模拟练习等方式，让亲子双方在实践中提高解决问题的能力，改善亲子关系。

（3）情绪管理：帮助亲子双方认识和管理自己的情绪，当出现情绪激动时，学会运用放松技巧、情绪调节策略等，避免情绪对亲子关系的负面影响。例如，教孩子深呼吸、数数字等方法来缓解愤怒情绪，让家长学会控制自己的焦虑和烦躁情绪，以平和的心态与孩子沟通。

5. 家庭系统流派

（1）分析家庭结构：将家庭视为一个系统，分析家庭中的权力结构、沟通模式、角色分配等。例如，判断家庭中是否存在过度纠缠或疏离的关系模式，是否有三角关系等问题，通过调整家庭结构，改善亲子关系。

（2）改变家庭规则：审视家庭中现有的规则是否合理，是否有利于亲子关系的发展。对于一些不合理的规则，如过于严格或宽松的规则，进行调整和改变，建立更加健康、灵活的家庭规则，促进亲子之间的良好互动。

（3）促进家庭沟通：强调改善家庭中的沟通模式，鼓励家庭成员之间开放、坦诚地交流。组织家庭会议等活动，让亲子双方有机会表达自己的感受和需求，共同解决家庭问题，增强家庭的凝聚力和亲子关系。

(二)伴侣关系问题

1. 精神分析学派

(1)探索潜意识:精神分析学派认为,老公出轨可能源于其潜意识中的欲望、冲突或未解决的童年问题等。咨询师会通过自由联想、梦境分析等技术,帮助来访者探索其老公出轨行为背后潜在的心理动力,以及来访者自身对于出轨事件的潜意识情感和反应,例如是否在早期经历中存在被背叛的创伤,导致对老公出轨特别敏感等。

(2)处理移情和反移情:关注来访者在咨询过程中对咨询师产生的移情,以及咨询师自身可能出现的反移情,利用这些情感反应来理解来访者在与老公关系中的情感模式,帮助来访者认识自己的情感反应模式,并进行调整。

(3)修复内在心理结构:帮助来访者修复因老公出轨而可能受到冲击的自尊、自我认同等内在心理结构,增强来访者的心理韧性和自我功能。

2. 行为主义学派

(1)行为分析与改变:行为主义学派会着重分析老公出轨行为以及相关的环境因素和强化机制。例如,了解老公出轨行为发生的情境、频率等,同时观察来访者在面对老公出轨后的行为反应,如是否过度指责、冷战等。通过设定明确的行为目标和计划,帮助来访者改变对老公出轨的不当应对行为,比如鼓励来访者以更积极、开放的沟通方式与老公交流,而不是一味指责。

(2)建立新的行为模式:运用行为塑造、正强化等方法,帮助来访者和老公建立新的、更健康的互动行为模式,增加积极行为的出现频率,减少可能导致关系恶化的行为。比如,当老公有试图回归家庭、修复关系的行为时,及时给予肯定和鼓励。

(3)环境调整:关注家庭环境等外部因素对关系的影响,帮助来访者调整家庭环境中的一些不利于关系修复的因素,如改善家庭沟通氛围,为双方创造更多积极互动的机会。

3. 人本主义学派

(1)促进自我成长:人本主义学派强调来访者的自我成长和自我实现。在处理老公出轨问题时,会帮助来访者关注自身的感受和需求,鼓励来访者表达内心的痛苦、愤怒等情绪，让来访者在安全的氛围中充分体验和接纳自己的情感，从而促进自我成长和自我认知。

（2）建立良好关系：咨询师以真诚、理解和无条件积极关注的态度与来访者建立良好的咨询关系，为来访者提供一个安全的情感港湾，使来访者能够在这种关系中获得力量，去面对和处理老公出轨带来的问题，帮助来访者相信自己有能力解决问题，提升自我效能感。

（3）引导自主决策：相信来访者有能力做出适合自己的选择和决策，咨询师不会直接给出建议，而是通过提问、反馈等方式，帮助来访者澄清自己的价值观和目标，引导来访者自主地决定如何应对老公出轨问题，如是否选择原谅、如何修复关系等。

4. 认知行为学派

（1）认知重构：认知行为学派认为，来访者对老公出轨的认知和看法会影响其情绪和行为反应。咨询师会帮助来访者识别和挑战不合理的认知，如"老公出轨就意味着我们的婚姻彻底失败了"等，通过认知重构，引导来访者形成更合理、客观的认知，从而改变负面情绪和行为。

（2）情绪管理：教授来访者情绪管理的技巧，如深呼吸、放松训练等，帮助来访者在面对老公出轨带来的压力和负面情绪时，能够更好地调节自己的情绪，避免情绪失控导致关系进一步恶化。

（3）行为改变计划：结合认知调整和行为训练，制定具体的行为改变计划，帮助来访者采取积极有效的行动来应对老公出轨问题，如设定与老公沟通的目标和方式，制定改善关系的具体步骤等。

5. 家庭系统学派

（1）系统分析：将老公出轨问题放在整个家庭系统中进行分析，关注家庭结构、家庭成员之间的互动模式等因素对这一问题的影响，例如是否存在家庭权力失衡、沟通不畅等问题，导致老公在家庭外寻求满足。

（2）调整家庭结构：通过家庭治疗等方式，调整家庭结构，改善家庭成员之间的互动模式，建立更健康、平衡的家庭关系。比如，帮助夫妻重新建立平等、相互尊重的沟通模式，调整亲子关系与夫妻关系的平衡，避免因过度关注孩子而忽视了夫妻关系。

（3）促进家庭功能恢复：注重恢复家庭的正常功能，如情感支持、问题解决等功能，通过家庭会议、共同活动等方式，增强家庭成员之间的凝聚力和合作性，帮助家庭从老公出轨的危机中恢复过来，重新建立稳定、和谐的家庭环境。

三、人格面具技术运用

本案例主要运用面具分析技术，对来访者的三个主要面具进行了处理：

1. 暴君面具：通过在辅导儿子作业过程中忍不住老揍儿子这个事件，识别和命名出了一个暴君面具，还讨论出父亲也有这个面具。接下来在辅导作业时，就有意识地弱化暴君面具，切换了温柔的面具，亲子关系就有了明显的改善。跟伴侣相处的时候，也常会不自觉使用这个面具，各种挑剔、指责和看不起，也造成了对伴侣的伤害。伴侣无法正面反抗，就通过其他方法来对抗小南，造成一个反复的互相伤害。通过观想，看到了自己深深的委屈，为了保护自己不得不使用这个面具。小南表示要用温和及合适的方法去表达自己的需求，而不是一味地去付出，多方面去自我满足，把暴君面具安在一个恰当的位置。

2. 弃婴面具：生下弟妹后被送到外公外婆身边照顾，小南有很强的被抛弃感。接回来读小学后，感觉父母关心的都是弟妹，她被边缘化了。去观想这个面具，小南能让悲伤的情绪流动，谈到虽然外婆很疼爱她，但是内心里还是很孤单的。之后再联系当下父母照顾她儿子这个事实情况，这个面具的能量也降低了，小南感受到父母还是爱自己的。恨意释放很多，爱的能量回来，自己内心充盈了，也就能去爱儿子、爱伴侣。

3. 照顾者面具：起初，小南对妈妈总是让她带弟妹很是恼火，后来接受了。长大后，妈妈有不愉快的事总是跟她诉说，不断加强这个面具的能量。看到妈妈自己这个面具也很强，把一家人都照顾得很好，付出太多却没得到相应的肯定，因此心里又有委屈，就都表现得很强势，掌控了一家的话语权。能量消耗掉太多，没有得到滋养，温柔一面就很难出来。通过听小南倾诉，进行面具命名分析，识别出造成她困扰的几个面具，展开讨论后有了不一样的认知。有些开始不愿接受（隐性面具），进行观想感受后也慢慢接纳。一些固化的认知和行为模式在悄悄地松动，亲子关系、伴侣关系、与父母的关系也就和谐多了。

四、咨询中的面具互动

1. 移情：小南在咨询过程中，将生活中对强势权威（如父母）的情感和态度转移到咨询师身上。当她从求助者面具转换为当事人面具并使用暴君面具时，可能是将对父母权威地位的模仿以及对过去未被满足需求的渴望，投射到咨询关系中，试图在咨询中重现熟悉的人际模式，期望从咨询师这里获得不同于父母的回应，以弥补童年的心理创伤。

2. 反移情：咨询师面对小南的暴君面具，产生了抵制者面具，进而出现咨询迟到行为。这是咨询师对小南强势态度的无意识反应，反移情现象真实反映出小南在咨询外的人际关系中，其强势态度可能引发他人类似的抵制反应。这为深入理解小南的人际困扰提供关键线索，也促使咨询师更敏锐地察觉小南的行为模式对他人的影响，更好地引导小南进行自我认知和行为改变。

人格面具内观技术

闭上眼睛,想象自己在一个人很多的地方,仔细观察看到的人,把他们记录下来,这就是内观。人格面具理论认为,内观时看到的人都是当事人的人格面具。

一、作用

1. 了解自己

内观时看到什么人,说明你有什么面具。如果是具体的人,说明你已经把他内化,他是你的人物面具;如果识别出人物的身份,说明他是你的角色面具;再把他归入十六个原型面具,就能知道自己的人格结构。

2. 宣泄

在内观的过程中,对需要处理的人格面具进行观想和感受,释放人格面具的能量,使其能量减弱,避免"发作",或干扰来访者的正常生活。

3. 接纳

观想和感受就是接纳,尤其是感受,通入人格面具的身体,与人格面具认同,接纳人格面具。

4. 整合

当一个人格面具被认同之后,就得到了其他人格面具的接纳,与整个人格整合。

二、方法

选择一个安全的环境,躺着,或者坐着,闭上眼睛,深呼吸,想象自己来到某个人多的地方,如商场、机场、剧院(由当事人自己定),周围有很多"人",然后仔细"观察"。

或者想象自己走在一条小路上,小路稍微有点向下倾斜,沿途看到各种各样的"人",仔细分辨,把他们识别出来。这条向下倾斜的小路,其实就是从现在到过去、从意识到潜意识的"时间线"。

熟练掌握内观技术后,只要闭上眼睛,邀请人格面具出场,脑中就会出现各种各样的"人",仔细分辨他们,把他们一一识别出来。

内观的场景必须由来访者定,他所选择的场景是最能够充分展示他的人格面具的。如果换一个场景,很多人格面具就出不来了。即使出来,也会感觉很别扭,因为有些人格面具不太可能出现在这个场景。例如,有人把内观场景定在电影院,正在放一部动画片,结果观众全是小孩,成人面具出不来。虽然有几个成年人,但平均年龄被拉下来了。不过,如果在内观中看到不该出现的人格面具(与情景不协调),那是非常有意义的,说明这个人格面具能量很强,蠢蠢欲动,很想出来,很想被"看见"。

在内观过程中,人格面具可能是一个一个地出来,也可能是一对一对,甚至一组一组地出来;出来的速度可能很快,也可能很慢,也就是说,人格面具之间的间隔是不均匀的。如果出得太快了,看不清楚,可以把它们"定格",慢慢观察,也可以在人格面具出完以后再回过头来看那个没看清楚的人格面具,这种方法叫"回放"(倒带)。通常情况下,最先出来的是现实生活中的人,然后是以前见过的人(包括已故的),再后来是不认识的人,最后是动物。这实际上就是从意识到无意识,从现在到过去的过程。动物出现,意味着已经从"人格面具"过渡到"阴影"。

现实生活中的人如果是最近刚刚见过的,不属于人格面具,而是现实的反映,只有最近没有见过的才是人格面具。很多人说,明明是别人,怎么是人格面具呢?脑中的印象虽然来自别人,但已经不是别人了,而是"心中的别人",所以是客体面具。也有人不承认看到的"人"是自己的人格面具,因为自己没有这一面。这有两种情况,第一,它可能是客体面具,没有转化为主体面具,没有被你使用过,所以你认为它不是你的人格面具;第二,它可能是隐性面具,它确确实实是你的人格面具,只是你不认识它而已。

BB做内观时看到:

(1)一家三口,父母三十来岁,女孩五六岁;

（2）两个闺蜜，二十来岁；

（3）一对夫妇，男的四十来岁，女的三十来岁；

（4）一对老夫妇，七八十岁，男的身体不好，女的扶着他；

（5）三个学生，两男一女，十五岁；

（6）一群学生，男，十五岁。

（一）分析

把看到的"人"全部记录下来后，分析他们的性别、年龄、人物面具、角色面具、原型面具和正负面具。

1. 性别

统计一下，男的几个、女的几个，算出性别比率，即男/女，或男/（男+女），它就是当事人的"性度"（男性化/女性化）。如果男/女大于1，或男/（男+女）大于0.5，就是男性化；如果男/女小于1，或男/（男+女）小于0.5，就是女性化。对于男性来说，男/女=2，或男/（男+女）=0.67是合适的，男/女=1或男/（男+女）=0.5就是中性化，男/女小于1，或男/（男+女）小于0.5就是女性化；对于女性来说，男/女=0.5，或男/（男+女）=0.33是合适的，男/女=1或男/（男+女）=0.5就是中性化，男/女大于1，或男/（男+女）大于0.5，就是男性化。

如果人格面具是成对或成群出来的，计算性度就要采取加权法，即把一对（如夫妻、恋人、母子）或一群（如十几个中学生，三个男的，其余都是女的）视为一个单元，算出它们的性度。

（1）一家三口，父母三十来岁，女孩五六岁，一男两女，性度为0.33（男为1）；

（2）两个闺蜜，二十来岁，性度为0；

（3）一对夫妇，男的四十来岁，女的三十来岁，性度为0.5；

（4）一对老夫妇，七八十岁，性度为0.5；

（5）三个学生，两男一女，十五岁，性度为0.67；

（6）一群学生，男，十五岁，性度为1。

0.33,0,0.5,0.5,0.67,1，相加除以六，等于0.5，中性。

内观看到的男人相当于荣格的阿尼姆斯，女人相当于阿尼玛。阿尼姆斯有四个发展阶段：赫拉克勒斯，代表力量；亚历山大，代表行动力；阿波罗，代表智慧；赫耳墨斯代表灵性。阿尼玛也有四个发展阶段：夏娃，代表性；海伦，代表美；玛丽亚，代表爱；索菲亚，代表智慧。

第一组中的父亲可能是阿波罗，母亲可能是玛丽亚；第二组中的闺蜜可能是海伦；第三组的夫妇可能是阿波罗和玛丽亚；第四组的老夫妇可能是赫耳墨斯和索菲亚；十五岁的男生应该是赫拉克勒斯，女生应该是夏娃。

2. 年龄

各个人格面具的平均年龄就是当事人的"心理年龄"。换句话说，小孩面具太多说明性格幼稚、不成熟；老人面具太多说明心理老化、老于世故。有的人的人格面具集中在一个年龄段，是面具单一的表现。正常情况下应该各个年龄都有，而且比例适当。

平均年龄的算法就是把所有人格面具的年龄相加除以人格面具数。如果人格面具是成对或成群出来的，计算年龄就要采取加权法，即把一对或一群视为一个单元，算出它们的平均年龄。

（1）一家三口，父母三十来岁，女孩五六岁，平均 22 岁；

（2）两个闺蜜，二十来岁，平均 20 岁；

（3）一对夫妇，男的四十来岁，女的三十来岁，平均 35 岁；

（4）一对老夫妇，七八十岁，平均 75 岁；

（5）三个学生，两男一女，十五岁；

（6）一群学生，男，十五岁。

22,20,35,75,15,15，相加除以六，平均年龄是 30 岁。

3. 人物面具

如果看见认识的人，要注明是家人、亲戚、邻居、朋友、同学、同事、客户，还是明星、名人、历史人物或虚构的人，他们有什么性格特点。按人格面具理论，他们已经被当事人内化，变成人格面具，他们代表当事人的人格面具和性格特点。

另外，如果家人比例比较大，说明比较在乎家庭；如果朋友比例比较大，说明比较在乎友情；如果同事比例比较大，说明比较在乎工作。

BB 在内观中没有看到认识的人。

4. 角色面具

不管是认识的人，还是不认识的人，确定他们的身份。不同的身份具有不同的性格。哪种身份的面具多，说明哪种性格比较突出。有一个来访者看到的人都是做生意的，有一个来访者看到了美国总统、联合国秘书长，个体差异昭然若揭。

（1）一家三口，父亲、母亲、孩子，家庭面具；

（2）两个闺蜜，朋友关系，职业不详；

（3）一对夫妇，夫妻关系，职业不详；

（4）一对老夫妇，夫妻关系，职业不详；

（5）三个学生；

（6）一群学生。

六组人物有三组涉及夫妻关系，两组是学生，一组是家人，一组是朋友，说明 BB 非常在意夫妻关系和家庭。

5. 原型面具

把看到的人归入十六个原型面具，哪个原型面具比例比较大，说明这个原型面具的能量比较强。

第一组的父母和孩子可能是明君、仁君和幸运儿；第二组闺蜜应该是自娱者；第三组的夫妇情况不详；第四组的老夫妇是苦命人（身体不好）和保护者（扶着对方）；两组学生情况不详。

6. 正负面具

最后，把所有的人分为"正性"的（快乐、友好、漂亮、正义、卓越）、"负性"的（痛苦、残疾、邪恶）和"中性"的。"正性面具"多于"负性面具"说明心理比较健康，反之就是心理不健康。

老夫身体不好，是负性的，其他都是正性的。

如果在内观中看到非常负面的人格面具，使当事人陷入消极情绪，引导者可以采用以下方法进行应对：

（1）继续内观，后来出现的人格面具会冲淡前面的人格面具，当事人的情绪会相应地发生变化；

（2）停留在负性面具上，让来访者把负性情绪释放出来，直到情绪自然平复；

（3）采用观想、感受、对话等方式处理负性面具，然后继续内观。

一个人格面具得到充分处理之后，继续内观。如果遇到新的负性面具，用同样的方法进行处理。也可以先做完内观的整个流程，然后回过头来逐个处理负性面具。

（二）观想

对于内观看到的比较负性面具，可以用观想技术进行处理。具体方法是：让来访者停下来，观想这个负性面具，观想它的外貌、衣着打扮、动作和姿势、表情，观想它的情绪、思想，猜想它的身世，充分认识它，接纳它。如果它有情绪，也接纳它的情绪。必要的时候还可以跟它对话，或者通过"动作"安抚它。

引导者让BB观想"老夫"：八十多岁了，满头白发，脸上布满老年斑，眉毛也是白的，眼睛红红的，流着泪，不是哭，而是眼睛有病，发炎了。他低着头，躬着背，不停地咳嗽，吐痰，张着嘴，流着口水，一只手拿着纸巾，捂着嘴，另一只手拄着拐杖。他很难受，很着急，想去医院，叫老伴陪他去。

（三）感受

然后进入人格面具的身体，感受它的身体状态、情绪和思想。如果人格面具情绪强烈，就让来访者待在情绪中，让情绪充分释放，直到情绪平静下来。

引导者带她感受：她进入"老夫"的身体，立即感到全身酸痛，而且头昏、眼花，胸口很堵，好像有一口痰，堵得喘不过气来。她想起了小时候有一次得了肺炎，住院治疗，就是这种感觉。他想赶紧去住院，老伴磨磨蹭蹭，他很生气。医生说过，他这种病不能生气。他强忍着怒气，气堵在胸口，变成了痰。

引导者告诉她："现在你就是他，他就是你，你想做什么都可以。"她说她要叫救护车，赶紧去医院。上了救护车，医生给他戴上氧气，感觉就好多了。但是，眼睛还是模模糊糊，看不清楚。现在不用走路，看不清就看不清吧。看不清还好一点，不用看老伴的脸色。

引导者让他对老伴说几句话，他说："亲爱的，我知道你很不容易。俗话说：久病床前无孝子。我病了这么多年，让你受连累了。等我病好了，一定好好报答你。"她一边说一边流泪。

过了一会儿，引导者让她从"老夫"的身体里出来，再回头看看"老夫"，他躺在救护车里，戴着氧气，闭着眼睛，泪水不断地流，但表情安详。

（四）表演

必要的时候可以让来访者用语言、动作和表情，把人格面具的情绪和思想表演出来。

三、注意事项

内观的结束需要注意几点：（1）人格面具常常是一组一组出现的，中间会有间隔和停顿，这是结束的时机；（2）如果出现动物，就可以结束了，因为动物代表阴影，说明当事人已经进入到更深的意识水平；（3）如果前面出现过的人格面具后来又出现了，也可以结束了；（4）不要在负性面具出现的时候结束，应该继续内观，看到中性或正性的人格面具再结束，以免当事人把负性情绪带到生活中去。

内观最好在咨询师引导下进行，咨询师先引导来访者深呼吸，全身放松，集中注意力，消除杂念，然后进行内观。如果来访者什么也"看"不到，引导者可以继续引导。如果实在"看"不到，就停止。"看"不到是阻抗的表现，说明来访者还没准备好面对自己。如果来访者"看"到了负性面具，并出现强烈的情绪反应，如愤怒、悲伤、恐惧，引导者要保持镇静，提示来访者深呼吸，放松心情，陪伴来访者，共同面对，直到情绪平复。如果来访者承受不了，可以中止内观。

一个女孩极度渴望爱却始终活在被抛弃中

曹秀华

一、案例报告

（一）基本情况

A女士，23岁，出生在东北，未婚，目前租房独自一人在外单住。其父亲、母亲做生意亏本欠债。A是家里的老大，下面有一个比她小4岁的弟弟尚在读书。她和原生家庭关系很疏远。

她是一个人见人爱的漂亮女孩。身高1.60米，身材姣好；瓜子脸，大眼睛，高鼻梁，肤色白嫩；盘发，穿黑色风雪衣，牛仔裤，运动鞋。她说话语速快，音量中等，常一边说一边哭，咨询师无法插进一句话。明显是一个倾诉愿望强、处于非常焦虑状态的姑娘。

（二）咨询目标

缓解目前状态。

（三）主要问题

关系问题：亲子关系，同胞关系，托管者之间、恋人之间的关系。

（四）成长史

她并不知道自己出生及养育情况。好像自己2、3岁跟父母去外地。4岁时弟弟出生，就在乡下老家亲戚轮流带。陪伴她的人对她不好，经常打骂她，她有强烈的被抛弃感。奶奶去世早，她并不认识。她是由远房亲戚轮流带，偶尔爷爷带。上学后寄养在老师家，也转换过好几个老师。她觉得没有一个人对她好，没有一个人喜欢她。

读书成绩一般，高中就有男朋友。

父亲、母亲做生意亏本，债主来讨账，她记得当时父母四处躲避，感觉自己一直寄居别人家而没有根，不知道到底哪里是自己的家……

父母是打压式的教育，从小一直被父母贬低，家里发生倒霉事都是"我"不好。她明显感觉父母对她弟弟好，她就是要为弟弟做事，感觉到她就是为父母弟弟服务而生，是他们的工具。

（五）个案概念化

来访者自述从小生活的家庭天天吵架、打架，母亲寻死觅活，父亲暴怒，家里老是被讨债、被恐吓。家人把她作为工具使用。从小没有得到父母、亲人和陪伴者的爱，从未体验到什么是爱。她没有感觉到被爱，也不知道爱别人。她说父母是打压式的教育，重男轻女观念强，一直贬低指责她。家里不管发生什么事都是她的错……她有童年创伤，存在"被抛弃恐惧，低自尊，金钱和分离"等等议题。

1. 人格水平评估：介于神经症水平、边缘水平。

2. 依恋类型：回避型依恋。

3. 自尊困扰：渴望亲人的关爱却不敢坦露真实的自我，只要"闲"下来就觉空虚，焦虑，迷茫；依赖他人赞美而来确认自己足够好。

4. 与父母关系：咨询中她一直都没有谈到母亲，当问及母亲时她只是说母亲和父亲吵架出走，父亲对她暴怒，要她出去找母亲。母亲回来后父母二人又粘在一起，好像什么事情都没有发生一样。而她被看作没有用的人没人过问。对父亲是爱恨交结，表现在听到父亲的电话不想接，但不敢不接；对父亲的要求心里抵抗，但行为上还是顺从照办。

5. 与弟弟关系：非常淡漠，没有深入交流。

6. 与男朋友关系：刚开始二人相亲相爱，一旦交往深了就会害怕，担心对方不要自己，就先提出分手。

7. 为什么变成今天的样子

从她的描述里可见父爱不够，母爱也缺乏。缺乏母爱会导致没有安全感。弟弟出生后她就被强行送到亲戚家，产生严重的被抛弃感。家庭的生活、教养模式导致她性格上如父亲（易暴怒），生活上如母亲（"黏""做作"）。

8. 焦虑、情绪不稳问题的背后原因

童年的经历影响她的"第一个人生脚本"，也称为"内隐记忆"或"程序记忆"，一旦形成，就会在之后的生活中不断重复而得到巩固，成为自动化的反应模式。

9.来访者焦虑类型属于

（1）内心冲突导致了她对父母严重的抵触情绪。她认为父母是不爱她的。当她看到父母和弟弟在一起时的言语表情，相互很融洽，感受到他们才是一家人，自己是外人，是专门为他们服务而生的工具，于是只想远离他们。

父母打压式的教育导致她必须听父母的话，父母的要求不敢拒绝，从小是一个顺从听话的"小大人"。在她那个年龄本应该是天真、活泼、可爱的，但她一直在逆来顺受，在被抛弃的阴影中生活。

（2）对未来事情过分不好的预估引起的期待性焦虑。这种焦虑背后有对自己的过高期待和完美追求。

a、每次咨询，衣着打扮和妆容都是精心修饰过，得体，酷。她要获得别人的认可，工作上拼命加班，每天一点一线几乎不停地工作。

b、对男朋友：是"我"不好，"我"不配有这么好的人。一旦感情走深了就会怕，怕他逃走，不要自己，脑子里就会出现"先推开他"，结果就剩下自己一个人孤苦伶仃。

c、对父母：其实"我"心里非常缺少爱，渴望父母的关心，但行为上却把他们推开。头脑中经常有两个"我"在打架：理性与感性；时而理性赢，时而感性赢。后者占上风时脾气暴，就不知道自己在干什么。两个男朋友都是"我"脑中出现后者时推开的。

（六）面具分析

来访者主动求询，有当事人面具、求助者面具：表现为来访者有咨询目标，自己知道存在问题非常明确。她在咨询中一边说一边哭，甚至嚎啕大哭（移情）。

讨好者面具：遵纪守法（工作，咨询室）。

苦命人面具："我"不配有好生活，都是"我"不好。

被害者面具：被讨债，被恐吓。

幸运者面具：喜欢小朋友，爱护保护小朋友，爱和小朋友在一起；活泼开朗，友好，乐观，敢作敢当。在情感上容易坠入爱河，全身心投入和男朋友的交往（这里主要是和男朋友交往）。

自强者面具：她在事业上成功得到领导、学生、家长的认可。弃婴面具在她身上也显现出了积极的一面，归功于弃婴面具的变体"自强者"面具。因为，她要获得别人的认可，不被抛弃就需要不断努力，去证明自己。因此，弃婴面具的影响也是有其积极的一面的。

观察者面具：能观察他人如父亲、母亲、弟弟与男女朋友。自我观察，能反思。

仁君面具：对小朋友、家长、朋友（包括男女朋友）。

暴君面具：发生在和男朋友交往深入时脾气暴，担心对方会抛弃她，就先抛弃对方。

叛逆者面具：对父母，心里渴望爱，行为上却推开而逃离；对男朋友也如此。

（七）观想技术的使用

咨询片段1

当说起原生家庭，她的眼泪哗哗流下，越哭越响，直到嚎啕大哭。她描述的原生家庭的痛，已经刻在她的骨髓里，无法摆脱。她以拼命工作的方式生活，即工作、睡觉（一点一线），累了就睡，否则一个人在家无法独处……尤其是过年放假孤独到有点难以忍耐、克制。一直都觉得如果真的哪天熬不住了那就死掉也没有关系。

她是多么渴望父母能给她一个电话叫她回家过年……结果新年时她弟弟打电话说"亲戚下一辈要碰面"，她却说没有时间，她弟弟就说"那就算了"。

说到此，A停了一会。只见她手按胸口，表情痛苦，绝望。

此时咨询师叮嘱她放松，深呼吸，轻轻告诉她，自己一直在她身边陪伴……沉默不语约2分钟。

她接着说："我想他们才是一家人，我感觉和他们就没有办法融入在一起"。

总结：多么冷淡的对话啊，首先是弟弟说话语气，语句投射到她这里，她接收到的是：又一次的被抛弃……立马感觉不舒服，回复"没有时间"。弟弟说"那就算了"，总共只有15个字就结束了。这个渴望已久的链接，就这样又断了……

咨询片段2

咨询过程中A几次提及弟弟出生后……

经讨论双方确定观想人格面具为：恐惧面具，被抛弃者面具（弃婴面具）

咨：闭上眼睛，深呼吸，全身放松，想象刚才你说胸部不舒服，怎样的不舒服？

访：真的静下来时胸腔的感觉是一样的，这两天我会觉得有一点特别的不舒服，就是很难受，非常的难过，就没有办法去转移我的注意力。我不管是运动也好，还是去唱歌也好，还是在公司也好，我觉得那个难过的情绪就是一直在的。

咨：想象前面有一条路，路上有个"人"，开始可能有些模糊，你再仔细看看，会慢慢清晰起来。现在你看到他了吗？他长什么样？年龄多大？是男是女？他的头发是什么样的？鼻子，眼睛？嘴巴？

访：我看到了一个小女孩，大概5-6岁，跟着一个中年男人一起来到一个村庄。那里的人我都不认识，我害怕，停一会儿。

咨：再看看这个中年男人是谁？你认识吗？

访：像我爸，是，他就是我爸。他和这里的人在说话，后来我感到他要走了，我就紧紧抱住我爸的腿不放，哭着，叫着要他把我带走，不要把我丢下，我要和爸爸一起回家。我死死地抱住爸爸的腿不松手，一直哭、叫，爸爸不理我。我声音都哭哑了，爸爸好像没有听到一样。（此时声音嘶哑，无力。停了一会，她继续说：我猛然抬头看到爸的脸上表情，他还挺高兴的样子……我惊呆了，爸妈不要我了……（又大声哭）

咨：看到此时小女孩很无力，沮丧……叫小女孩问爸爸"是不是不要你了"。

访：小女孩问："爸爸，你不要我了吗？请把我带回家，我一定会听爸、妈的话。"此时我看到爸爸弯下腰和我说："不是的，爸妈做生意，还有弟弟，忙不过来，这里是你的亲戚家，我已交代，他们会对你好的。等爸妈忙过了这阵子，过一段时间把你接回家。"

几分钟后，咨询师看到此时A安静些了，她慢慢睁开眼睛，呼吸平稳。

观想后讨论：A还是认为她和她的爸妈就是没有感情，回想被抛弃，此时就是绝望，崩溃……

人格面具技术观想与感受：通过这种强烈的视角感和体验，让她更好地了解潜意识中的弃婴面具，帮助她释放和接纳弃婴，让弃婴面具置于意识的阳光之下。其实，弃婴面具在她身上也显现出了积极的一面，她在事业上成功，以及努力学习，都归功于弃婴面具的变体"自强者"面具。因为，她要获得别人的认可，不被抛弃，就需要不断努力去证明自己。因此，弃婴面具的影响也是有其积极的一面的。

（八）咨询过程和效果

这个个案共咨询 5 次。咨询师倾听、共情、陪伴，鼓励其情绪宣泄并加以引导。

第 2、3 次，主要探讨原生家庭的痛苦所带来的愤怒与难过。

第 4 次，来访者精神状态好多了，她表示这周比较舒服，睡觉情况也还好。她提到自己看了一部电影《想到这个世界是爱的》，我们讨论了这部电影的观后感。

第 5 次，来访者讲述了 2 个梦，通过观想和圆梦技术，结束访谈。

（九）结束访谈

来访者表示自己情绪变好了，睡眠也有所改善，咨询目标达到了。最后，来访者表示也想做咨询师，要学习心理学知识，并要参加咨询师培训，在学习中若有不懂的地方再请教咨询师。

二、问题综述

1. 自体心理学流派：从"自体心理学"的角度来理解亲子互动的本质，亲子关系的质量往往深刻影响着个体的"自体发展"和"自尊"的形成。通过几个关键点来阐述这一问题的核心：

（1）"自体客体的缺失或失败"在科胡特的理论中，父母作为"自体客体"，承担着提供"镜映""理想化"和"孪生体验"的功能。如果父母无法有效满足孩子的情感需求，孩子可能会感到不被理解、不被重视，从而导致"自体脆弱"。

例如：

"镜映失败"：孩子的情感表达被忽视或否定，导致他们无法形成健康的自尊。

"理想化失败"：父母未能提供稳定的支持，孩子可能感到无助，难以建立对他人和世界的信任。

（2）"情感调谐的缺失"亲子关系中的的"情感调谐"是孩子发展情绪调节能力的基础。如果父母无法敏锐地感知和回应孩子的情感状态，孩子可能会感到孤独，甚至形成"防御机制"，如"否认"或"压抑"以应对内心的痛苦。这种情感隔阂会进一步加剧亲子关系的疏离。

（3）"未修通的创伤"：许多亲子关系的问题源于父母自身的"未修通创伤"。如果父母在童年时期经历了情感忽视或虐待，他们可能无意识地将这些模式传递给下一代。例如，父母可能会过度控制孩子，试图通过孩子来弥补自己童年的缺失，这种行为会让孩子感到窒息，甚至引发"自恋暴怒"或"反抗"。

（4）"沟通模式的僵化"：亲子关系中的沟通模式往往是问题的核心。如果沟通以"批评""指责"或"冷漠"为主，孩子会感到被拒绝，进而关闭心门。这种"防御性沟通"会导致亲子关系的恶性循环，双方都无法真正理解彼此的需求和感受。

（5）"边界不清"：健康的亲子关系需要清晰的"边界"。如果父母过度侵入孩子的生活，或者完全忽视孩子的独立性，孩子可能会感到困惑和无力。这种"边界不清"会导致孩子无法形成稳定的"同一性"，甚至影响他们未来的人际关系。

如何改善？

（1）"修复自体客体功能"：通过提供稳定的支持和理解，帮助A建立健康的自尊。

（2）"开放沟通"鼓励A分享她的感受和经历，通过言语化、坦诚的对话创造一个安全的情感空间，让她顿悟自己的情感和行为，减少因误会而产生的冲突。

（3）通过"移情""反移情""活现"诠释他和重要他人之间的关系模式；通过修通这些模式建立更健康的人际关系。

（4）总之，亲子关系不良的核心往往在于情感连接的断裂和"自体客体功能"的缺失。通过修复这些断裂，我们可以重新建立起健康的亲子互动模式，促进 A 和父母共同成长。

2.客体关系流派：

亲子、同胞及托管者关系中，若出现关系不良，其核心问题往往与"依恋模式""早期客体关系"及"情感调谐"的失调密切相关。从精神分析的角度，特别是基于"客体关系理论"和"依恋理论"，来深入探讨这些问题的根源。

（1）"依恋模式的失调"：早期亲子关系中的依恋模式对个体的情感发展和人际关系具有深远影响。如果父母或主要照顾者未能提供"足够的安全感"和"情感回应"，孩子可能会形成"不安全依恋"。这种依恋模式可能在成年后表现为对亲密关系的恐惧、依赖或回避，进而影响亲子、同胞及托管者之间的互动。具体表现可能包括：害怕被抛弃，可能导致亲子关系中的过度控制或同胞间的竞争；"回避型依恋"，情感疏离，难以建立深层次的情感联结，可能导致亲子或托管者关系中的冷漠或冲突。

（2）早期客体关系的扭曲：根据"客体关系理论"，儿童早期与主要照顾者的互动会内化为内在的"客体表征"，并影响其后续的人际关系。如果早期关系中存在"创伤性体验"（如忽视、虐待或过度保护），个体可能会将这些扭曲的客体关系投射到当前的关系中。例如："投射性认同"，孩子可能会将内心的愤怒或恐惧投射到同胞或托管者身上，导致关系中的冲突或误解；"分裂机制"，将他人简单地分为"全好"或"全坏"，这可能引发同胞间的嫉妒或亲子关系中的极端化情绪。

（3）"情感调谐的缺失"："情感调谐"是指照顾者能够准确感知并回应孩子的情感需求。如果父母或托管者缺乏这种能力，孩子可能会感到"情感孤立"或"被误解"，进而影响其情感表达和人际互动。具体表现可能包括："情感压抑"，孩子可能学会隐藏自己的情感，导致亲子或托管者关系中的疏离；"情感暴发"，未得到调谐的情感可能以愤怒或焦虑的形式爆发，引发关系中的冲突。

（4）"同胞竞争与俄狄浦斯情结"：在同胞关系中，"竞争"和"嫉妒"是常见的现象，尤其是在资源(如父母的关注)有限的情况下。这种竞争可能与"俄狄浦斯情结"相关，即孩子对父母的爱与对同胞的敌意之间的冲突。如果父母未能妥善处理这种竞争，可能会导致同胞关系的长期紧张。

（5）"托管者角色的复杂性"托管者(如祖父母、保姆或教师)在亲子关系中扮演着重要角色，但他们可能缺乏与父母相同的情感联结。如果托管者未能与孩子建立"安全的情感纽带"，或者与父母之间存在"权力冲突"，可能会导致关系不良。

解决方向要改善这些关系，关键在于"修复依恋模式"：通过治疗或干预，帮助个体重新建立安全的情感联结。"重新内化健康的客体关系"：通过"修通"早期的创伤性体验，修正扭曲的客体表征。"增强情感调谐"帮助照顾者更好地理解并回应孩子的情感需求。

"处理同胞竞争"：通过家庭治疗，帮助家庭成员理解并化解竞争与嫉妒。

3. 依恋理论

亲子关系和同胞关系不良的核心问题往往深植于个体的潜意识之中，涉及复杂的心理动力和情感互动。从精神分析的视角来探讨这些问题的可能根源。

（1）"俄狄浦斯情结"：在亲子关系中，孩子可能会对异性父母产生情感依赖，同时与同性父母形成竞争关系。如果这一情结未能得到适当的处理，可能会导致亲子关系的紧张和冲突。

（2）"投射性认同"：父母可能会将自身未解决的情感问题投射到孩子身上，导致孩子内化这些情感并表现出相应的行为。这种机制可能会加剧亲子关系的复杂性。

（3）"分离个体化"：在孩子成长的过程中，未能顺利完成与父母的分离个体化过程，可能会导致孩子在成年后仍然依赖父母，或者在同胞关系中表现出竞争和嫉妒。

（4）"同胞竞争"：同胞之间为了争夺父母的关注和资源，可能会形成竞争关系。如果父母未能公平地对待每个孩子，这种竞争可能会演变成长期的冲突和敌意。

（5）"未完成事件"：家庭中未解决的情感问题或创伤可能会在亲子关系和同胞关系中反复出现，影响家庭成员之间的互动和情感连接。

（6）"防御机制"家庭成员可能会使用各种防御机制来处理情感冲突，如否认、投射、反向形成等。这些机制虽然短期内减轻了焦虑，但长期来看可能会阻碍健康的情感表达和沟通。

理解这些核心问题需要深入探讨每个家庭成员的潜意识动力和情感体验。通过精神分析治疗，可以帮助家庭成员识别和处理这些潜在的问题，促进更健康的亲子关系和同胞关系。

三、人格面具技术的使用

这个案例主要采用事件分析、成长史分析、重要他人分析、观想、圆梦技术。

通过事件分析、成长史分析、重要他人分析，让来访者了解了自己的人格面具。

通过观想，来访者看清弃婴面具。她是一个小女孩，被爸爸放在亲戚家，她以为爸爸不要她了，抱着爸爸不松手。在咨询师的引导下，小女孩问爸爸："你是不是不要我了？"爸爸的回答是："不是的，爸妈做生意，还有弟弟，忙不过来，这里是你的亲戚家，我已交代，他们会对你好的。等爸妈忙过了这阵子，过一段时间把你接回家。"这句话对弃婴面具是有疗愈作用的。

第4次咨询讨论了电影《想到这个世界是爱的》。人格面具理论认为，当来访者讲一个故事时，故事里的人都是来访者的人格面具，不管故事是自己编的，还是从哪里听来的，或者是来自小说、电影。通过分析故事情节，可以帮助来访者了解自己；如果对故事中的人物进行观想、感受，可以处理相应的人格面具。

第5次咨询对来访者的梦做了处理。人格面具理论认为，梦中的人都是来访者的人格面具，对梦中人进行观想和感受，可以处理相应的人格面具。

四、咨询关系

来访者第一次来时就在咨询室大哭，一边说一边哭。后来知道来访者把咨询师理想化了，认为咨询师是退休医生，感觉一下子放松，有亲切感。咨询师心疼来访者，感觉她的不容易。咨询师用"爱心大使面具""灵魂伴侣面具""精神导师面具"及"观想"技术进行处理，同时稳稳坐在那用非语言姿势回应陪伴。

1. 爱心大使面具：无条件积极关注，鼓励情绪宣泄，真诚、抱持、涵容。

寻找积极面、闪光点：如对小朋友的关爱。

接纳一切：一切都是最好的安排，存在即合理。

2. 灵魂伴侣：共情，替代性内省、同调、镜映。

重建叙述的内容，视觉化（观想）。

探索抱着好奇心，共同讨论因果联系。

3. 精神导师

引导，鼓励，支持：激发思考，让来访者自己得出结论。

在治疗过程中，咨询师的作用是提供一个涵容者的环境，让家庭成员能够安全地表达和探索他们的情感和冲突。通过涵容和修通，家庭成员可以逐渐理解和解决这些深层次的问题，从而实现更和谐的关系。

总结：目前社会上大部分人心里都渴望爱，但不知道怎么爱……

爱是人类生活中一个极为复杂而深奥的概念，可以在多种形式和程度上被体验和表达。在心理学、哲学、文学和艺术领域，爱已经被详细探讨了数千年之久（科胡特）。

自体心理学理论中，"爱"可以被视为一种深刻的自体客体经验，其中自体的核心需求通过与他人的互动得到满足，进而形成一个健康的自我。"爱"在这里不单单是一个感情，而是个体发展和幸福感不可或缺的部分。

人格面具圆梦技术

人格面具理论认为，梦中的人都是做梦者的人格面具。对梦进行分析，有助于了解自己。

很多人经常做噩梦，是因为梦见了非常负性的面具。对它们进行观想、感受、表演，有助于找出噩梦背后的原因，处理负性的面具，提升心理健康，摆脱噩梦。

一、作用

1. 了解自己

梦中的人都是做梦者的人格面具，梦中的动物、植物、物体都是人格面具的变形，通过释梦，可以了解自己的人格结构。

2. 宣泄

在释梦的过程中，对需要处理的人格面具进行观想、感受、表演，释放人格面具的能量，使其能量减弱，避免"发作"，或干扰来访者的正常生活。

3. 接纳

感受和表演就是接纳。通过进入人格面具的身体，扮演人格面具，与人格面具认同，可以起到接纳人格面具的作用。

4. 整合

当一个人格面具被认同之后，就得到了其他人格面具的接纳，与整个人格整合。

二、方法

弗洛伊德认为，梦是无意识的反映。他把梦分为显梦和隐梦两个方面，显梦就是梦中的意象，隐梦是指梦的含义。他认为，梦中的意象有三个来源：童年经历，最近的心情（日有所思夜有所梦），身体状况。梦的含义各不相同，最终都是"愿望的满足"。通过分析梦中的意象，可以破解梦的含义。

荣格把弗洛伊德的释梦法称为客观法，就是把梦与客观现实联系起来。他认为，梦与现实没有关系，它是内心活动或无意识的显现。这些内心活动分为两个层面，有的是个人无意识，有的是集体无意识。与个人无意识相关的意象属于情结，与集体无意识相关的意象就是原型。由于集体无意识比个人无意识更博大，所以梦中的意象大多具有原型的性质。把梦中的意象当原型来分析，就会涉及神话，牵扯出很多东西，荣格称之为"扩充技术"。

人格面具理论认为，梦中出现的人都是梦者的人格面具，其中大部分是客体面具。由于梦是无意识的反映，所以梦中的人格面具绝大多数是隐性面具。

下面是一个精神科医生的梦：

我在看电影，电影的主角是一个科学狂人，类似于玛丽·雪莱的小说《弗兰肯斯坦》的主角，他手舞足蹈，不知道在讲什么。

然后场景转移到精神病院，正在举办培训班，班里有科学狂人、我，还有一位我非常敬重的老精神科医生，当然还有其他人。我们意识到，举办者是把我们当精神病人看的。科学狂人很恐慌，他想证明自己不是病人。但是，说自己不是病人，就是自知力缺乏，说明病情严重。老精神科医生始终很坦荡，他认为正常人和精神病人没有本质的区别。我的观点介于两者之间，既不想与精神病人为伍，也不打算证明自己不是病人，只想找个机会逃走，却找不到鞋子。终于找到了，发现两只是不一样的，左鞋又长又窄，鞋尖还有一个洞，右鞋又短又宽，还是女式的。我的一个病人把自己的鞋给了我，结果两只都是左脚。

这个病人还给我出了一个主意：赶紧举办一次活动，在公开场合亮亮相，向公众证明我没有生病，没有被关在精神病院里，可以自由行动。一位老同事也示意我趁早离开这个是非之地。

中途醒过来，我把梦境回忆了一遍，竭力把它记住。过一会儿又睡着了，做了第二个梦：我和一位非常要好的少年朋友去精神病院参观，在放风的精神病人中间穿梭。看到许多病人脸上有伤痕，我断定他们受到了虐待。我担心他们纠缠我，结果没有。直到参观快结束的时候，一个小孩拉住了我，似乎想跟我离开精神病院。他光着身子，皮肤鲜嫩，白里透红，手指细长而柔软，但力气不小，很难掰开。我们费了九牛二虎之力才摆脱了他。

（一）分析

梦和内观非常相似，不同点在于梦是睡觉的时候做的，内观是清醒的时候做的。梦是无意识的，内观是有意识的。释梦的方法与内观相同，把梦中人的身份、年龄、性别、精神状态、所作所为记录下来，然后进行分析。

1. 性别

梦中的"我"是梦者的主体面具，科学狂人、老精神科医生、病人、老同事、少年朋友、小孩都是客体面具。老同事和病人是女的，男女比例为5:2。

梦中的科学狂人代表亚历山大，少年朋友代表阿波罗，老精神科医生代表赫耳墨斯，女病人是玛丽亚，老同事是索菲亚。

2. 年龄

年龄跨度为3-65岁，平均42.8岁。

小孩代表儿童面具，其他人代表成人面具，老精神科医生代表老人面具。梦者对自己的儿童面具是不接纳的（可能有童年创伤还没处理好），对其他人格面具都比较接纳。

3. 人物面具

科学狂人、老精神科医生、老同事、少年朋友都是人物面具，说明他们已经被梦者内化，成为梦者人格的一部分。科学狂人极具创新精神，治疗技术上常有突破，但缺少人情味，不把病人当人看（把病人当实验动物或机器）；少年朋友现在是大学教授和院长，主要从事科研、教学和行政；老精神科医生很人性化，甚至认同了病人，不给病人贴标签，真心地跟病人做朋友；老同事是一个很功利的人，喜欢开大处方，明目张胆收红包，为此还受过处分。

4. 角色面具

科学狂人是医生，少年朋友也是医生，加上老精神科医生和老同事，四个医生，比例极高，原因在于梦者本人是医生。如果自己不是医务人员，梦中出现这么多医务人员，应该考虑躯体化障碍（病人面具过强导致医生面具过强），或提示身体即将出现状况。

病人是医生的客体面具，医生梦见病人是很普遍的事。梦者对病人的态度是很复杂的，有理解和同情，也有排斥和漠视。因此，病人面具分化为两个，一个给他送鞋子，帮他逃离精神病院，还给他出主意如何证明自己没有被关在精神病院里；一个是小孩，拉着他不放，让他无法摆脱。

5. 原型面具

科学狂人代表叛逆者，病人代表仁君，老精神科医生代表纵容者，老同事代表昏君，少年朋友代表明君，小孩代表苦命人。

6. 正负面具

科学狂人是中性的，小孩是负性的，其他四个是正性的，说明精神状态相当好。

（二）观想

如果梦见负性的面具，可以通过观想进行处理，具体方法是：锁定需要处理的梦中人，仔细观想他的外貌，包括性别、年龄、五官、发型、衣着打扮、表情、姿势、动作、言语，以及心情、思想、身世，必要时与梦中人对话、互动。

小孩拉着他的时候，他的情绪是恐惧。引导者问他恐惧什么？他说，因为小孩很诡异，不像是人，而是鬼。他可能是一个夭折的孩子，也可能是一个还没出生的孩子。想到这里，他一阵恐慌。引导者问他有没有让妻子或女友流产过？他说没有，但他的妻子在认识他之前做过人流。难道这个小孩是被妻子流掉的胎儿？从理论上讲，这是可能的。妻子流产的时候把胎儿内化，形成"死婴"面具。梦者结婚以后，把妻子内化，形成妻子面具，同时把妻子的"死婴"面具也复制了过来。

（三）感受

在观想的基础上，想象自己进入梦中人的身体，与梦中人合而为一，感受自己（也就是梦中人）的身体各个部位有什么感觉，以及心情、思想和身世，必要时用梦中人的感官去感知外界，用梦中人的身体去行动。

引导者建议他感受一下这个小孩。他重新观想小孩，发现小孩有点像电影里的外星人，身体是半透明的，头很大，眼睛空洞。他渐渐靠近小孩，融入小孩的身体，又是一阵恐慌，因为眼前一片漆黑，不知道自己身在何处，一切都是未知的。

原来小孩是瞎子！他刚刚抓到了一只手（梦者），所以死不松手。梦者叹了一口气说："可怜的孩子！我可以抱抱他吗？"

引导者让他从小孩的身体里出来，重新观想小孩，然后把小孩抱在怀里。这一回他没有恐惧，而是深深的同情。

他想起小时候，可能只有三岁，不知道做错了什么事，被妈妈关进柜子里，柜子里一片漆黑，什么也看不见。他当时非常恐慌，拼了命地哭喊、砸柜子的门，但没人理他。

他从小怕黑，可能就是从那个时候开始的。长大以后，他有意识地训练自己，很快就克服了怕黑的毛病。但是，见到盲人，他还是会害怕，后来也渐渐被他克服了。现在知道了，原来他不是怕盲人（互补性反移情），而是替盲人怕（一致性反移情）。盲人不是作为客体让他害怕，而是他把自己"代入"，变成盲人而感到害怕。

盲人为什么会出现在精神病院？梦者说，他不是真的眼瞎，而是怕黑。瞎代表黑，黑意味着不可知、不可控、不确定、有危险。

咨询师说，黑还代表无意识，心理障碍就是无意识的显现，精神病院则是无意识的舞台。

（四）表演

在感受的基础上，可以让当事人用表情、姿势、动作和言语，把梦中人的感受、心情、思想和身世表演出来。

三、注意事项

弗洛伊德释梦是非常理性的，荣格发明主动想象，使"释梦"变得感性。但是，主动想象属于观想，是比较抽离的，是以旁观者的身份看待人格面具，虽然也可以起到宣泄、接纳、整合的作用，但效果有限。只有加入感受，让来访者进入人格面具的内心，感受人格面具的感受，才能更充分地宣泄、接纳和整合。在这个方面，美国的资深荣格心理分析师罗伯特·伯尼克（Robert Bosnak）做了开创性的工作，他把自己的方法叫作"意象体现"（embodied imagination），就是让来访者模仿梦中人的表情、动作、姿势，从而感受梦中人的身体、心情和思想。

圆梦技术可以与团体结合,把表演环节做成戏剧治疗,由团体成员扮演梦中的他人、梦中的自己、做梦的自己,先复原梦中的故事情节,然后即兴表演,让故事情节发生变化,得到一个更加圆满的结局。

www.ingramcontent.com/pod-product-compliance
Lightning Source LLC
Chambersburg PA
CBHW081153070526
44583CB00021B/2814